Beck'scheReihe

BsR 1130

Nach dem großen Erfolg der Schlüsselerlebnisse von Augustinus bis Popper (BsR 1030) setzt Otto A. Böhmer seine kurzweilige Einführung in Grundgedanken abendländischer Philosophie fort mit den „Erweckungsgeschichten" von Platon, Epikur, Montaigne, von Voltaire, Hume und Diderot, von Novalis, Darwin und Steiner, von Plessner, Benjamin, Fromm und Adorno. Was für Darwin die Weltreise, war für Benjamin ein Plakat in der Berliner Stadtbahn und für den jungen Fromm der Selbstmord einer von ihm verehrten schönen Malerin ...

Otto A. Böhmer lebt als freier Schriftsteller in Nieder-Wöllstadt (Wetteraukreis). Geboren am 10. Februar 1949 in Rothenburg ob der Tauber. Aufgewachsen in Warendorf (Münsterland). Studium von Philosophie, Politologie, Soziologie und Literaturwissenschaft an den Universitäten Münster und Freiburg i. Br. In Freiburg 1979 Promotion zum Dr. phil. mit einer Dissertation über J. G. Fichte. Von 1977–1986 Lektoratstätigkeit. Zahlreiche Veröffentlichungen. Zuletzt erschienen: *Holzwege. Ein Philosophen-Kabinett,* der Essay-Band *Zeit des schönen Scheins* und der Nietzsche-Roman *Der Hammer des Herrn*.

OTTO A. BÖHMER

Neue Sternstunden der Philosophie

Schlüsselerlebnisse großer Denker
von Platon bis Adorno

VERLAG C. H. BECK

Für Christel und Mareike

Die Deutsche Bibliothek – CIP-Einheitsaufnahme
Böhmer, Otto A.:
Neue Sternstunden der Philosophie : Schlüsselerlebnisse
großer Denker von Platon bis Adorno/Otto A. Böhmer. –
Orig.-Ausg. – München : Beck, 1995
  (Beck'sche Reihe ; 1130)
  ISBN 3 406 39230 X
NE: GT

Originalausgabe
ISBN 3 406 39230 X

Umschlagentwurf: Uwe Göbel, München
Umschlagabbildung:
© Zygmunt Januszewski, Baum der Erleuchtung, 1988
© C. H. Beck'sche Verlagsbuchhandlung (Oscar Beck),
München 1995
Gesamtherstellung: C. H. Beck'sche Buchdruckerei, Nördlingen
Gedruckt auf säurefreiem,
aus chlorfrei gebleichtem Zellstoff hergestelltem Papier
Printed in Germany

Inhalt

Vorwort 7

„Das Wesen der Dinge"
Platon 11

„Wie ein Gott unter Menschen"
Epikur 24

„Weder ein Wohl noch ein Übel"
Michel de Montaigne 36

„Der unwissende Philosoph"
Voltaire 49

„Deine Wissenschaft sei menschlich"
David Hume 68

„Daß ihn der Teufel hole"
Denis Diderot 82

„Mehr als die Tiefgelehrten wissen"
Novalis 96

„Eine Art Maschine"
Charles Darwin 109

„Die Anschauung von der Geisteswelt"
Rudolf Steiner 123

„So will es der Träumer"
Walter Benjamin 137

„Homo absconditus"
Helmuth Plessner 150

„Die Antwort des Lebens"
Erich Fromm 163

„Vertagendes Denken"
Theodor W. Adorno 176

Literaturhinweise 190

Vorwort

Philosophie, so wird uns in diesen Tagen mitgeteilt, hat Konjunktur. Das altehrwürdige Spiel der Nachdenklichkeit, ein ernsthaftes Freizeitvergnügen, bei dem man letztlich weder frei noch der davonschleichenden Zeit habhaft werden kann oder gar auf Dauer vergnügt bleibt, erfreut sich steigender Beliebtheit: Philosophische Debattierclubs schießen aus dem Boden, man führt wieder kluge Gespräche, und die Zahl der Bücher, die sich den ersten und letzten Fragen und damit auch den ureigenen Problemen der Philosophie zuwenden, wächst. Daß diese Tendenz, wenn sie denn als solche tatsächlich eingeläutet wurde, für vernünftig gelten darf und erfreulich anmutet, ist kaum zu bestreiten – ebensowenig die Vermutung, daß eine solche Tendenz wohl nicht auf ewig anhalten wird und schon bald von einer anderen zeitgeistigen Modeströmung abgelöst werden könnte. Sei's drum: Das Interesse für die Philosophie, ob echt oder aufgesetzt, hat auch ein Interesse für die Philosophen reanimiert, jene Spezies seltsamer Menschen, die sich im Nachdenken aufhalten und dort den notorisch flüchtigen Wahrheiten nachstellen, von denen anzunehmen ist, daß sie nie und nimmer dingfest zu machen sind.

Ihnen, den Philosophen, gilt auch das Interesse dieses Buches, wobei wir dreist genug sind, uns für die jeweilige Lebensgeschichte eines Philosophen mindestens ebensosehr zu interessieren wie für die Werke, die er hinterlassen hat. Es geht um Vorgänge, Erlebnisse, Denkanstöße, die in der Biographie eines Philosophen Auslöser für seine intensive Beschäftigung mit der Philosophie selbst gewesen sein könnten – eine bewußt vorsichtig gesetzte Formulierung, welche schon anklingen läßt, daß *Philosophische Schlüsselerlebnisse*, von denen wir bereits im ersten Band der *Sternstunden der Philosophie* berichteten, interpretationsbedürftig sind und an einer Deutung hängen, der nicht jedermann zu folgen vermag. Was sie, die Sternstunden, aufzeigen können, ist jedoch der enge Zusammenhang von Leben und Denken, den wir, anders als die wissenschaftliche Philosophie, der wir mit Respekt verbunden bleiben, von der Seite der Lebensgeschichte her aufzudecken versuchen – ein Ansatz, der uns spannender erscheint, weil er offenkundig macht, was die Philosophen mit den Normalsterblichen und ihrem Alltagsbetrieb gemein haben.

Es ist eine mächtige Diskrepanz, die sich zwischen dem Anspruch der Philosophie und der gewöhnlichen Lebenstüchtigkeit auftut, welche man auch von den Philosophen abverlangen kann. Aus ihr blitzt, gelegentlich, jene Heiterkeit auf, die wir in unseren besten Stunden als einen tröstenden Schimmer auszumachen glauben, der über den Dingen liegt. Es ist so, wie es ist: Der Philosoph kann scheitern im Leben, und er befindet sich damit in vorzüglicher Gesellschaft. Auch der Tod löst nicht das Problem, das er, letztendlich, selber ist: „Wenn ein Philosoph", beschied schon der boshafte Schopenhauer, „etwa vermeinen sollte, er würde im Sterben einen ihm allein eigenen Trost, jedenfalls eine Diversion, darin finden, daß dann ihm ein Problem sich löste, welches ihn so häufig beschäftigt hat, so wird es ihm vermutlich gehn wie einem, dem, als er eben das Gesuchte zu finden im Begriffe ist, die Laterne ausgeblasen wird..."

Mag sein, daß die einst groß zu nennende Philosophie abgedankt hat und ihre Vertreter, die großen Philosophen, längst in den allgemeinen Ruhestand befördert wurden. Dann wäre es nur folgerichtig, wenn heute überwiegend mit kleiner Münze gezahlt wird oder aber wendige Sinn-Designer die Szene beherrschen, die sich in den Asservatenkammern der abgelegten Gewißheiten bedienen und das dort Entrümpelte, neu aufgemöbelt, in den Edelboutiquen des Zeitgeistes verhökern.

Philosophie kann nicht leisten, was, im wiederkehrenden Anspruch, von ihr verlangt wird; sie ist nicht so stark auf der Brust, wie manche es gerne hätten – ein Defizit, aus dem, auch, das auf- und niederschwappende Interesse stammt, mit dem sich die Philosophie konfrontiert sieht. Wenn alles so viel weniger eindrücklich ist, als man vermutet hat; wenn die Antworten fehlen, dafür aber neue Fragen auftauchen, dann werden die Philosophen zurückgeworfen auf die Anfänge des Denkens, das sich von jeher im Kreise bewegt. „Philosophie ist", notierte Jürgen Habermas einmal, „unfähig gewesen, die faktische Sinnlosigkeit des kontingenten Todes, des individuellen Leidens, des privaten Glücksverlustes, überhaupt die Negativität lebensgeschichtlicher Existenzrisiken durch Trost und Zuversicht so zu überspielen (oder zu bewältigen?), wie es die Erwartung des religiösen Heils vermocht hat. In den industriell entwickelten Gesellschaften beobachten wir ... den Verlust der, wenn schon nicht mehr kirchlich, so immer noch durch verinnerlichte Glaubenstraditionen abgestützten Erlösungshoffnung und Gnadenerwartung als ein allgemeines Phänomen ..." Um so mehr scheint demnach der Blick zurück zu lohnen: Nostalgie ist erlaubt, ja: erwünscht. Was gedacht wurde, kann, in aller Unverbindlichkeit, wieder gedacht werden; vom Museum des Denkens führen noch immer ein paar Fluchtwege hinaus ins Unbehauste. Es steht uns frei, die Philosophie von einst zu feiern – respektvoll, aber auch maliziös, wie es einer Zeit, die das bessere Wissen durch Besserwissen ersetzt hat, entspricht.

Die großen Philosophen – von denen wir in den *Sternstunden der Philosophie* erzählen – waren kühn genug, es mit Gott und der Welt aufnehmen zu wollen, wobei sie sich selbst nie vergaßen; darin liegt ihre Würde, eine stille Komik auch wohl, der wir, wie betagte Traumtänzer, noch immer gerne verfallen ... Im Leben, in dem es bekanntlich lebensgefährlich zugeht, erweist sich die Philosophie als Verständigungsprogramm für selbstbewußte Aussitzer und anspruchsvolle Verlierer. Die „Käuze im Reich des Wissens", als welche die Philosophen einmal bezeichnet worden sind, brüten anscheinend nichts Neues mehr aus unter der Sonne; so lassen wir sie, in der Erinnerung, im Nachdenken, noch einmal hochleben, um zu verhindern, daß sie, seltene Vögel allesamt, doch noch zur Strecke gebracht werden, endgültig, – und als ausgestopfte Jagdtrophäen enden über den Stammtischen und Tresen der Neunmalklugen ...

Wöllstadt, Mai 1995   *Otto A. Böhmer*

„Das Wesen der Dinge"

Platon

Einem Philosophen geht es, er mag es beklagen, zumeist nicht viel besser als anderen Menschen. Er wird geboren, er lebt und stirbt, und in der Zwischenzeit müht er sich mit seinen Gedanken ab, die oft mehr versprechen, als sie zu halten imstande sind – besonders dann, wenn sie auf Verständnis auch dort rechnen sollen, wo sich der private Wirkungskreis des Philosophen verliert und die Domäne anderer Menschen beginnt. Genau dies kann sich zum Problem entwickeln: Er hat es mit Menschen zu tun, ein Umstand, der sich, in der Regel, auch durch die versierteste Einsiedelei und Zurückgezogenheit kaum verhindern läßt. Der Denker, ob er nun will oder nicht, muß zum Denker von Welt werden; über die Leere, auch die Menschenleere, darf er wohl grübeln, aber es ist, allemal, ein fruchtloses Unterfangen, und so sollte er sich besser beizeiten auf die Pflichten einstellen, die sich aus der Tatsache ergeben, daß der Mensch eine Art merkwürdiges Herdentier darstellt, welches sein Tun und Lassen am liebsten in der Gemeinschaft mit anderen vollzieht.

Ist ein Philosoph menschenunfreundlich, wie es ja eines der beliebten Klischees besagt, das der Denkerzunft anhängt, ist er zudem griesgrämig und vom Wissen um die Vergeblichkeit aller irdischen Liebesmüh geprägt, so wird er versuchen, seinen Zeitgenossen aus dem Weg zu gehen; er hält sich statt dessen an die Devise: Alleine lebt und denkt sich's am besten. Es kommt jedoch auch vor, und die kolportierte Philosophiegeschichte weiß davon zu berichten, daß ein Philosoph die ihm gemäße Geselligkeit entwickelt; er stellt sich den Kommunikationsanforderungen, die an ihn ergehen, und vermag daraus, wenn's denn beliebt, einen speziellen Gewinn zu ziehen, der, beispielsweise, darin bestehen kann, daß er einen Menschen kennenlernt, der ihm, im Idealfall, Lehrer und Freund, Vorbild und Anreger in einem ist. Die Begegnung mit einem solchen Menschen wird ihm zum Schlüsselerlebnis – zum prägenden Ereignis, aus dem sich alle noch folgenden und zu erarbeitenden Konsequenzen, in stiller Selbstverständlichkeit, ergeben.

Für den griechischen Philosophen Platon, der etwa um 428 v. Chr. das helle Licht der Welt erblickte, wurde ein einziger Mann zum Beispiel für den schwierigen, aber letztlich erfolgreichen Versuch, Leben und Denken in Einklang zu bringen. Sokrates, so hieß der Mann, galt als einer der berühmtesten und umstrittensten Philosophen seiner Zeit: Er trat im Stil eines umtriebigen Moderators auf, der, sehr bescheiden, mit seiner angeblichen Unwissenheit kokettierte und am liebsten Passanten und Müßiggänger auf den Athener Plätzen in philosophische Gespräche verwickelte, bei denen es vorwiegend darum ging, das Selbstverständliche zu bezweifeln und die gewohnten Gewißheiten ein wenig zu demontieren. Sokrates betrieb Philosophie als die hohe Kunst, Fragen zu stellen; auf Antworten schien er nur deswegen Wert zu legen, weil sie ihm zusätzliche Stichworte lieferten, die dazu dienten, mit Hilfe weiterer, hartnäckig nachstoßender Fragen den eigenen Gedankengang voranzutreiben. Seine Bereitschaft zu reden war alles andere als monomanisch; er konnte, ungeachtet seiner Fähigkeiten, ein Gespräch ganz in seinem Sinn anzuleiten und zu steuern, wie ein väterlicher Ratgeber zuhören; Wissen, so machte dieser Philosoph zumindest für seine Anhänger deutlich, mußte als ein ebenso ernstes wie gefährdetes Erkenntnisgeschäft betrieben werden, das keine persönlichen Spekulationsgewinne versprach, dafür aber eine beträchtliche und mit Würde zu behandelnde Allgemeinnützigkeit.

Platon, so wird berichtet, begegnete Sokrates erstmalig im vergleichsweise zarten Alter von dreizehn Jahren. Welche unmittelbare Folgewirkung dieses Zusammentreffen zeitigte, ist nicht überliefert; es läßt sich jedoch vermuten, daß ein tiefgreifender Eindruck entstand, der den Knaben, dem man ohnehin einen Hang zur Altklugheit nachsagte, nicht mehr losließ. So kam es, daß die zweite Begegnung zwischen Platon und Sokrates, welche, den Chronisten zufolge, sieben Jahre später stattfand, zu einem einschneidenden Erlebnis werden konnte, das beizeiten vorbereitet worden war. Sokrates stand inmitten einer Gruppe von jungen Müßiggängern und führte, liebenswürdig und konsequent, wie man es von ihm gewohnt sein durfte, das philosophische Wort, als der zwanzigjährige Platon hinzustieß, dessen Interessen damals eher der Dichtkunst und den Winkelzügen der Athener Realpolitik galten. Es war wohl so etwas wie Liebe auf den ersten Blick; Platon sah seinen Philosophen, er hörte, was der weise Mann sagte, und seine Entscheidung stand fest: Von Stund an wollte er sich der Philosophie widmen ...

Die Beziehung, die sich aus dieser Begegnung ergab, war keineswegs einseitig, wie man vielleicht annehmen konnte. Auch Sokrates nämlich, so weiß Diogenes Laertios, der bekannteste unter den antiken Philosophie-Geschichtsschreibern zu erzählen, nahm Platon wahr: Er erwiderte seinen Blick, zog den Jüngling ins Gespräch und begann mit der behutsamen Hinführung zu jener Erkenntnis-Arbeit, die er selbst begonnen hatte und die nun von Platon, in aller Selbständigkeit, weitergeführt werden sollte. Sokrates, so will es der Chronist und die Legende, auf die er sich beruft, sah sich auf wundersame Weise mit seinem Nachfolger konfrontiert, von dem er zuvor noch im Schlaf Kenntnis erhalten hatte ...

„Es geht die Erzählung, Sokrates habe geträumt, er halte auf seinem Schoße das Junge von einem Schwan, das alsbald befiedert und flugkräftig geworden, in die Lüfte emporgestiegen sei mit schallenden Jubeltönen; und tags darauf sei ihm Platon vorgeführt worden; da habe er gesagt, dies sei der Vogel. Seine philosophischen Studien betrieb (Platon) zunächst in der Akademie, dann in dem Garten am Kolonos ... Als er dann mit einer Tragödie in den Wettbewerb eintreten wollte, verbrannte er, des Sokrates Mahnungen folgend, seine Dichtungen vor dem Dionysischen Theater ... Von da ab ... war er ununterbrochen des Sokrates Hörer ..."

Platon verabschiedete sich von seiner Dichter-Existenz, die er wohl ohnehin nicht allzu zielstrebig verfolgt hatte, und wurde Philosoph. Daß dieser Berufswechsel möglicherweise doch noch tiefere Spuren hinterlassen hat, als man vordergründig meinen konnte, zeigte sich in seiner späteren Bewertung der Poesie, die durchgehend ungnädig ausfiel; möglicherweise erfolgte damit eine zweite strenge Abstrafung ursprünglich gehegter Intentionen, die, vergessene Jugendträumen nahestehend, doch nicht so vergessen waren, wie es die philosophische Ernsthaftigkeit dekretieren mußte. Platon nämlich war kein schlechter Dichter; von den 33 erhalten gebliebenen Epigrammen, die man dem Philosophen zuschreibt, sind die meisten mehr als bemerkenswert: Sie lassen etwas von der dunklen Seite des Lebens anklingen, jenen rätselhaften und sperrigen Mächten, mit denen ein Philosoph wie Platon, der auf die lichte Ideenwelt setzte, ansonsten nicht so sehr viel anfangen konnte. In seinen Gedichten gestand er Sehnsüchte ein, gestattete sich Ausflüchte – Ahnungen zudem und Einsichten in den Verfall der Zeit, die dem Tod vorherläuft...

„Schaust nach den Sternen empor, mein Stern. O wär ich mit tausend Augen/ der Himmel, ich sähe nieder mit ihnen auf dich. –

Morgenstern warst du dereinst, der unter den Lebenden strahlte;/ nun bei den Toten im Tod strahlst du als Abendgestirn. –

Eines Gestrandeten Grab! Und ein Landmann schlummert daneben: Siehe Land und Meer ist er gemeinsam, der Tod. Mich, den Nußbaum, pflanzte man hier an der Straße; nun werfen/ Jungen so im Vorbei spielend mit Steinen nach mir. / Immerfort treffen sie mich; schon haben sie all meine Äste/ und mein sprossend Gezweig mit ihren Steinen geknickt. / Hat es noch Zweck, ein Fruchtbaum zu sein? Ich Armer, ich brachte/ meine Früchte doch nur, um mich mißhandelt zu sehn. –

Alles führt weiter die Zeit; die säumenden Jahre des Lebens/ ändern des Leibes Gestalt, Namen und Glück und Natur."

Das Lehrer-Schüler-Verhältnis, das zwischen Sokrates und Platon bestand, währte acht Jahre; es erwies sich als fruchtbar und spannungsfrei. Die Spannungen, die es gab, hatten nichts mit der Philosophie zu tun, sondern beruhten auf der fatalen Situation, in der sich das athenische Staatswesen befand. Nach dem Peloponnesischen Krieg, der mit dem Sieg Spartas endete, übernahmen in Athen dreißig Aristokraten die Macht. Unter ihnen waren einige Verwandte des jungen Platon, der selber aus einer reichen und einflußreichen Familie stammte – sie wurde, das sei nur am Rande vermerkt, von einem Philosophiehistoriker unserer Tage mit dem Kennedy-Clan in den USA verglichen. Platons politische Ambitionen, die er zeit seines Lebens pflegte, weil sie ihm als wesentliche Ergänzung, ja sogar als anzustrebende Verwirklichung philosophischer Wesensschau erschienen, machten sich bei Dienstantritt der Dreißig deutlich bemerkbar. Er spekulierte nicht nur auf ein Amt, was seinem Lehrer eher mißfallen mußte, sondern auch, und dies vor allem, auf eine moralische und sittliche Läuterung der athenischen Gesellschaft, gegen die Sokrates sicher nichts einzuwenden gehabt hätte. Platons Hoffnungen jedoch wurden schon bald enttäuscht; er mußte erkennen, daß die Realpolitik ihre eigene Gesetzmäßigkeit pflegte und zudem mit einem weit größeren Beharrungsvermögen ausgestattet war, als es die ihnen entgegengestellten Ideale wahrhaben mochten – eine Erkenntnis übrigens, die der Philosoph noch öfter machen sollte ... Im siebenten seiner Briefe, dem bedeutendsten autobiographischen Zeugnis, das uns erhalten geblieben ist, schrieb Platon:

„Ich glaubte nämlich, sie (die Dreißig, O.A.B) würden den Staat so verwalten, daß sie aus einem Zustande der Ungerechtigkeit zu einer gerechteren Lebensweise ihn hinführten, so daß ich mit großer Spannung erwartete, was sie ausrichten würden. Da ich nun aber sah, daß diese Männer in kurzer Zeit die frühere Verfassung als eine goldene erscheinen ließen, unter anderm einen mir befreundeten älteren Mann, den Sokrates, den ich fast unbedenklich für den gerechtesten aller damals Lebenden erklären möchte, nebst andern nach einem Bürger aussandten, um diesen mit Gewalt seiner Hinrichtung entgegenzuführen, damit jener, ob er nun wolle oder nicht, bei ihrem Tun sich beteilige; er aber gab ihnen kein Gehör und setzte sich lieber der äußersten Gefahr aus, als daß er an ihrem frevelhaften Treiben teilnahm; – da ich das alles sowie noch manches dem Ähnliche von nicht geringer Bedeutung sah, da erfüllte es mich mit Unwillen, und ich selbst zog mich von dem damaligen schlechten Regimente zurück."

Sokrates führte Platon vor, was es bedeutet, seine Gesinnung auch in ungemütlicher werdenden Zeiten zu bewahren – ein Bravourstück, das um so mehr wog, als der Philosoph nicht nur Kritik, sondern die handfeste Bedrohung von Leib und Leben fürchten mußte. In der von Intrigen und Machtkämpfen geprägten Atmosphäre des Stadtstaates Athen, der unter einer tiefen Verunsicherung seines zuvor oft über Gebühr zur Schau gestellten Selbstbewußtseins litt, hatte sich eine Opposition gegen das mit dem Namen Sokrates verbundene freie Philosophieren aufgebaut, von dem gemutmaßt wurde, es trage zur verderblichen Meinungsbildung bei und untergrabe die ohnehin nur noch mühsam aufrecht erhaltenen sittlich-religiösen Fundamente des Gemeinwesens. Sokrates selbst schien das Ränkespiel, das gegen ihn inszeniert wurde, nicht bemerken zu wollen; er präsentierte sich weiterhin als freundlicher Denker, der, um der Sache des Wissens zu dienen, auch die Unwissenheit in Kauf nahm. Für die Angelegenheiten der Politik, im besonderen ihre offensichtlichen Schattenseiten, ließ er sich nicht einspannen; wenn es darauf ankam, so hatte er vorgeführt, konnte der liebenswürdige Philosoph auch hart sein und zu einer Entscheidung stehen, die er selbst nur mit seinem Gewissen und dem Erkenntnisinteresse, das er verfocht, auszumachen hatte. So kam es, wie es wohl kommen sollte: Seine Gegner formierten sich und stellten ihn unter Anklage, ein an sich schon unerhörter Vorgang, den der Philosoph jedoch so gelassen zur Kenntnis nahm, als ginge es nur darum, eine neue Antwort auf alte Vorwürfe zu finden. Daß sein Fall längst dem Geltungsbereich gepflegter Gesprächskultur entzogen worden war und zu einer Entscheidung über Leben und Tod führen würde, ahnte er durchaus; trotzdem wollte es ihm so vorkommen, als müßte seine Sache, mit all ihren Konsequenzen, ans

Ende gebracht werden, um die eigentliche Wahrheit aufleuchten zu lassen. Sokrates wurde der Prozeß gemacht; man verurteilte ihn zum Tode – ein Vorgang, den Platon vergleichsweise emphatisch in seinem Dialog „Phaidon" beschrieb. Über das Ende des Philosophen, der einen Becher mit Gift leerte, heißt es dort:

„Sokrates ... aber sagte: Was macht ihr doch, ihr wunderbaren Leute! Ich habe vorzüglich deswegen die Weiber weggeschickt, daß sie dergleichen nicht begehen möchten; denn ich habe immer gehört, man müsse stille sein, wenn einer stirbt. Also haltet euch ruhig und wacker. Als wir das hörten, schämten wir uns und hielten inne mit Weinen. Er aber ging umher, und als er merkte, daß ihm die Schenkel schwer wurden, legte er sich gerade hin auf den Rücken ... Darauf berührte ihn eben dieser, der ihm das Gift gegeben, von Zeit zu Zeit und untersuchte seine Füße und Schenkel ... und zeigte uns, wie er erkaltete und erstarrte. Darauf berührte er ihn noch einmal und sagte, wenn ihm das bis ans Herz käme, dann würde er hin sein ... Bald darauf zuckte er, und der Mensch deckte ihn auf; da waren seine Augen gebrochen. Als Kriton das sah, schloß er ihm Mund und Augen. – Dies, o Echekrates, war das Ende unseres Freundes, des Mannes, der unserm Urteil nach von den damaligen, mit denen wir es versucht haben, der trefflichste war, und auch sonst der vernünftigste und gerechteste."

Was Platon hier beschrieb, war ein Ereignis, das, unabhängig von den noch zu bedenkenden moralischen Implikationen, nach einer persönlichen Antwort verlangte. Er hatte nicht nur miterleben müssen, wie die Politik, unter den Vorzeichen selbsterteilter Legitimation, buchstäblich über Leichen ging; ihm wurde darüber hinaus auch, und das durchaus drastisch, vor Augen geführt, daß die Philosophie wehrlos war, wenn sie sich nicht selber wehrhaft machte, und zwar mit den Mitteln, die ihr zur Verfügung standen. Die Konsequenzen, die der nunmehr 28jährige Platon aus der Hinrichtung seines geliebten Lehrers zog, waren entsprechend: Er betrieb seinen Rückzug aus dem politischen Tagesgeschäft, zumindest was die Belange

Athens anging, und stellte seine Kräfte ganz in den Dienst der Philosophie. Dem Mann aber, der ihn recht eigentlich erst auf den Weg des Denkens gebracht hatte, stattete er auf ganz besondere Weise seinen Dank ab: Er machte ihn zur literarischen Figur, die dazu geschaffen war, die Zeiten zu überdauern. Der tote Sokrates überlebte mit Hilfe der Platonischen Schriften, in denen er als weiser Sprecher eines Autors auftrat, der sich der Argumentation eines anderen bediente, um die eigenen Gedanken deutlich werden zu lassen; ein Konzept, das Kunstgriff und ehrendes Gedenken in einem bedeutete. Die Erinnerung, die sich mit dem Namen Sokrates verband, ließ sich somit verfügbar halten; sie konnte, mit den Mitteln des Erzählens, vergegenwärtigen, was die Wirksamkeit des Philosophen ausmachte – so als wären die bedeutendsten seiner Reden, wie auf Abruf, noch einmal und immer wieder zu hören:

„Hört aber einer dich selbst oder von einem andern deine Reden vorgetragen, wenn auch der Vortragende wenig bedeutet, sei es nun Weib oder Mann, wer sie hört, oder Knabe, alle sind wir wie außer uns und ganz davon hingerissen. Ich wenigstens, ihr Männer, ... wollte es euch auch mit Schwüren bekräftigen, was mir selbst dieses Mannes Reden angetan haben und noch jetzt antun. Denn weit heftiger ... pocht mir, wenn ich ihn höre, das Herz, und Tränen werden mir ausgepreßt von seinen Reden; auch sehe ich, daß es vielen andern ebenso ergeht."

Nach dem Tode des Sokrates begab sich Platon auf Reisen. Wohlhabend genug, um es sich leisten zu können, war er allemal; er gehörte zu den Privilegierten der Athener Gesellschaft, ein Umstand, den er selbst für naturgegeben und selbstverständlich hielt. Platon besuchte die griechischen Kolonien im Mittelmeerraum und gelangte sogar, schenkt man den Chronisten Glauben, bis nach Ägypten. Seine wichtigste Reise führte ihn nach Syrakus, der noch immer mächtigsten Griechenstadt auf Sizilien. Dort herrschte der Tyrann Dionysios I., dem später, unter ähnlichen gewaltherrschaftlichen Vorzeichen, sein Sohn Dionysios II. in der Regentschaft folgte. Am Hof in Syrakus legte man Wert darauf, eine in Maßen aufgeklärte Diktatur zu betreiben; Philosophen und Künstler waren willkommen, hatten sich aber allzudeutlicher Kritik tunlichst zu enthalten. Wer dieser Erwartungshaltung entsprach, durfte auf ein luxuriöses Dasein, geduldet und bewacht vom allgegenwärtigen Machthaber, rechnen. Platon hatte nicht die Absicht, sich dem zu fügen:

„Als ich dorthin kam, sagte mir das, was man dort bei reichlichen italischen und sizilischen Leckereien ein glückliches Leben nennt, keineswegs und in keiner Weise zu; dahinzuleben, indem man zweimal des Tags sich vollpfropft und keine einzige Nacht allein schläft und welche Gewohnheiten sonst an ein solches Leben sich knüpfen. Könnte und würde doch von allen Menschen unter der Sonne keiner – denn so glückliche Temperamente wird es nicht geben – jemals bei einer solchen Lebensweise zu einem Verständigen und Besonnenen werden."

Platon, der sich ja, das zumindest war seine Absicht, von jeder politischen Einflußnahme weitgehend freizuhalten gedachte, kam wieder in Versuchung, als er den jungen Dion kennenlernte, einen Schwager des Dionysios. Dion verkörperte jenen hochfliegenden und herzenswärmenden Idealismus, den, möglicherweise, auch schon Sokrates bei Platon entdeckt hatte, als die beiden begannen, ihre ersten Gespräche zu führen. Nun konnte der einstige Schüler selber als Mentor auftreten – eine verlockende Konstellation, deren Reiz sich Platon nicht entziehen konnte. Dion schien das genaue Gegenteil des Dionysios zu sein: Er war vernünftig, wißbegierig, ausgeglichen, er interessierte sich für die Philosophie, von der er Anregungen, ja begründete Initiativen erwartete, die der Politik bei ihrem Bemühen helfen konnten, eine gerechtere Herrschaftsordnung anzustreben. Platon versprach sich aus dem Umgang mit Dion Hinweise für die politische Anwendbarkeit seiner Philosophie, von der er noch immer erwartete, daß sie auch praktisch verwertbar sein sollte; wenn als Resultat solcher Bemühungen Beihilfe zum Sturz der Tyrannis bewirkt wurde, sollte ihm das recht sein, obwohl er später eine direkte, mit konkretem Ziel ausgestattete Einflußnahme als nicht beabsichtigt hinstellte.

Die Entwicklung, so sah es der Philosoph rückblickend, hätte ohnehin ihren Lauf genommen; seine Beratertätigkeit konnte nicht mehr tun, als Denkanstöße zu geben, für die der Klient in seiner eigenen Verantwortung blieb...

„Indem ich mit dem Dion, damals einem jungen Manne, verkehrte, scheint es mir selbst, als ich ihn über das, was ich für das Beste für die Menschen halte, belehrte und ihm es zu üben riet, entgangen zu sein, daß ich gewissermaßen einen davon zu erwartenden Umsturz der Gewaltherrschaft vorbereitete. Denn der so im übrigen wie für die von mir damals ausgesprochenen Äußerungen mit leichter Fassungskraft begabte Dion gab mir so schnell und so willig Gehör wie kein anderer der Jünglinge, mit denen ich in Verbindung kam... Darum führte er ein denjenigen, deren Lebensweise den gewaltherrscherischen Einrichtungen entsprach, anstößiges Leben, bis Dionysios seinen Tod fand."

Platons Einfluß auf den jungen Dion war gut und nützlich, aber er bewirkte nicht den unmittelbaren Erfolg, den der Philosoph sich insgeheim erhoffte. Nach dem Ableben des Tyrannen übernahm sein Sohn Dionysios II. die Herrschaft; er, auf dem anfänglich große Erwartungen ruhten, erwies sich schon bald als zu schwach, um entscheidende Änderungen herbeizuführen. Auch Dion, der seine Stunde gekommen sah, noch ehe sie wirklich schlug, ließ sich zu taktischen Fehlleistungen verleiten; Platons Ratschläge hatten ihm zudem nicht beibringen können, daß ein solider machtpolitischer Ehrgeiz auch mit Geduld ausgestattet sein muß, um längerfristig reüssieren zu können. Der Philosoph kehrte nach Athen zurück und ließ dort, vor den Toren der Stadt, im ehemals Heiligen Bezirk Hekademeia, die sogenannte Akademie wiederaufleben, die er zu seiner eigenen philosophischen Schule und Privatuniversität ausbaute, an der er, mit einer Schar handverlesener Schüler, eine Philosophie betrieb, von der er, selbstherrlich genug, annahm, sie diene nicht nur dem Wissen, sondern habe auch, wenn sie denn nur systematisch gelehrt werde, die Ausbildung fähigerer und klügerer, ja sogar wohl: besserer Menschen zur Folge. Fünfzehn Jahre, so schrieb Platon in seinem Hauptwerk

„Politeia", solle die von ihm befürwortete Ausbildung zum Philosophen dauern; zwei Drittel der Zeit seien für den Unterricht in Mathematik und Naturwissenschaften zu rechnen, der Rest diene der Einübung in die eigentliche Philosophie, von der er nichts Geringeres erwartete als die durchdachte und dialektisch begründete Zusammenschau aller Erkenntnisse vor dem Hintergrund der wahren und unvergänglichen Wesensformen allen Wissens, der sogenannten Ideen:

„Wer zur Zusammenschau fähig ist, ist dialektisch; wer nicht, ist es nicht ... Hierauf also, sprach ich, wirst du achten müssen, und welche unter ihnen (den Schülern, O.A.B.) dieses am meisten sind und beharrlich im Lernen, beharrlich auch im Kriege und in allem Vorgeschriebenen, diese wiederum, wenn sie dreißig Jahre zurückgelegt haben, aus den Auserwählten auswählen und zu noch größeren Ehren erheben, um, indem du sie durch die Dialektik prüfst, zu sehen, wer von ihnen Augen und die andern Sinne fahrenlassend auf das Seiende selbst und die Wahrheit loszugehen vermag."

Der Elite-Philosoph, wie ihn sich Platon vorstellte, hat wenig Beifall gefunden. Nicht wenigen seiner Zeitgenossen mußte er bereits wie ein Soldat des Geistes vorkommen, dem man nicht über den Weg trauen durfte. Auch Platons Nachfolger konnten sich mit seinem Konzept, das vermessen genug war, die Herrschaft der Philosophen einzufordern, nicht anfreunden; bis auf den heutigen Tag hat daher eine Kritik Gültigkeit behalten, die am prononciertesten wohl von Popper geäußert wurde: sie besagt, daß Platons praktische Philosophie in ihren Grundzügen totalitär sei und jedem Machtmißbrauch unter dem Vorwand des angeblich besseren Wissens Tür und Tor öffne. Platon selbst hat eine Verwirklichung seiner Philosophie, wie er sie sich vorstellen mochte, nicht erlebt; sein Versuch, ein bißchen am Räderwerk der Machtpolitik mitzudrehen, den er am Hofe von Syrakus unternahm, war bekanntlich nicht von Erfolg gekrönt. Immerhin zeigte sich der Philosoph ehrgeizig genug, diesen Versuch zu wiederholen; zweimal noch reiste er nach Sizilien – in der Hoffnung, endlich günstigere Konstellationen vorzufinden, die es ihm erlaubten, sein philosophisches Erziehungsmodell in die Tat umzusetzen. Auch diese Hoffnungen wurden enttäuscht. So blieb ihm nichts anderes übrig, als seiner Philosophie die Theorie als erprobtes Modell für die Praxis zu verordnen; er begnügte sich damit, Lehrer zu sein und auf jene geheimnisvolle Wirkung zu vertrauen, die das geschriebene Wort, mehr noch als der mündliche Vortrag, immer wieder erzielt:

„Vermöge der langen Beschäftigung mit dem Gegenstande und dem Sichhineinleben, wie ein durch einen abspringenden Feuerfunken plötzlich entzündetes Licht in der Seele sich erzeugt und dann durch sich selbst Nahrung erhält, ... weiß ich, daß ich, wenn ich es aussprüche oder niederschriebe, auf das sorgfältigste es tun und es mir gewiß vor allen andern leid sein würde, wäre es schlecht abgefaßt. Ergäbe es sich mir aber, daß es sich in einer der Mehrzahl verständlichen Weise niederschreiben und aussprechen ließe, was könnte dann von uns im Leben Schöneres geschehen, als etwa den Menschen zu großem Heile Gedeihendes niederzuschreiben und das Wesen der Dinge für alle an das Licht zu ziehen?"

Der Tonfall leichter, sich selbst genügender Heiterkeit, den man aus solcher Absichtserklärung heraushören mag, war Platon ansonsten eher fremd. Er galt nicht gerade als Erfinder des Frohsinns; Diogenes Laertios wußte zu berichten, daß der Philosoph in seinem ganzen Leben nie beim Lachen ertappt worden sei. Vielleicht ging er dazu in den Keller der Akademie; auf jeden Fall versuchte er mit seinen Schriften, auch andere zum Ernst des Lebens anzuhalten. Daß die Spottlust des Menschen sogar vor den Göttern nicht haltmachte, erschien ihm besonders verwerflich:

„Es ist unziemlich, allzusehr dem Lachen zugeneigt zu sein, und man kann nicht gutheißen, wenn Homer Verse dieser Art schreibt: ,Unauslöschliches Lachen erregt es den Seligen, keuchend/ Rund um den Saal den Hephaistos als Schenken watscheln zu sehen.' Ich denke, daß solche Dinge, auch wenn sie wahr sind, Kindern und unreifen Personen nie erzählt werden dürften, sondern es wäre angemessen, sie zu verschweigen oder sie höchstens einer kleinen Zahl von Leuten mitzuteilen, nachdem man den Göttern ein Opfer von seltenem Wert und großen Ausmaßen gebracht hat."

Das Wesen der Dinge lag für Platon in den Ideen. Sie lassen sich als die eigentlichen, aus der Zeit herausgehobenen und doch mit ihr verbundenen Vorbilder der Schöpfung verstehen, welche die Grundstrukturen jeder Vielfalt bilden – bleibende Muster, von denen die irdischen Realitäten, unsere menschlich-seelischen Befindlichkeiten keineswegs ausgeschlossen, nur blasse Kopien darstellen. Platons Philosophie, und dies ist sicher ihr Verdienst, erhebt sich über das schnellebige Alltagsgeschehen, über die Kurzatmigkeit unserer Erkenntnisprozesse und die Vergegenständlichung profaner Wissensleistungen. Ein solcher Ansatz, den man leicht als beeindruckend unmodern abtun könnte, läßt sich jedoch, gerade mit Blick auf die hektische Zirkulation gegenwärtiger Symbol- und Zeichenwelten, als Korrektiv verstehen, aus dem die Botschaft zu entnehmen wäre, daß es, nach wie vor, ein Desiderat des Bleibenden gibt in der Willkür des hemmungslos schnell Abgelebten. Platons Philosophie ist von Anmaßungen und Behauptungen wahrlich nicht frei; darin entfernte sie sich zusehends aus dem Gedankentrakt, den der verehrte Lehrer Sokrates für das Nichtwissen offengelassen hatte. Letztendlich aber sollte es wichtig sein, der Philosophie noch einmal, und immer wieder, etwas zuzumuten; es verbindet sich damit nämlich die Aufforderung zu einer Wahrheitsfindung außerhalb der zugelassenen Realitäten und die Erinnerung an das, was unsere Erfahrungen ausmacht, noch bevor sie wirklich zu Erfahrungen werden...

„Ich meine... gar nichts Neues... und fange davon an, daß ich voraussetze, es gebe ein Schönes an und für sich, und ein Gutes und Großes und so alles andere... So verstehe ich denn gar nicht mehr und begreife nicht jene anderen gelehrten Gründe; sondern wenn mir jemand sagt, weswegen irgend etwas schön ist, entweder weil es eine blühende Farbe hat oder Gestalt oder sonst etwas dieser Art, so lasse ich das andere – denn durch alles übrige werde ich nur verwirrt gemacht – und halte mich ganz einfach und kunstlos und vielleicht einfältig bei mir selbst daran, daß nichts anderes es schön macht als eben jenes Schöne..."

„Wie ein Gott unter Menschen"

Epikur

Auch wenn man der Philosophie heute nicht mehr so viel zutraut wie früher, hat sie doch immer noch den Ruf, sich vorwiegend mit Problemen zu beschäftigen, die in den anderen Wissensgebieten kein Interesse mehr finden oder bereits als gelöst gelten. Philosophen pflegen demnach einen vergleichsweise unnützen Zeitvertreib – eine Meinung, die man teilen mag, wobei allerdings der Hinweis gestattet sein sollte, daß philosophische Fragen wie etwa diejenigen nach Gott, Seele, Welt, nach Realität und Idealität, nach Subjekt und Objekt altehrwürdige und damit wiederkehrende Fragen sind: Sie erweisen sich als unabweislich – man kann sie ausklammern, aber nicht leugnen. So scheint sich, letztendlich, gar nicht so viel verändert zu haben: Die Philosophie ist bescheidener geworden, aber es gibt sie noch, und sie muß für die Nische, die sie noch immer besetzt hält, etwas mehr an Abgaben entrichten als in ihren Glanzzeiten, in denen man es noch gut mit den Philosophen meinte.

In der Antike beispielsweise wurde ein Philosoph fast automatisch mit der Weisheit in Verbindung gebracht, auch wenn er selbst vielleicht gar nicht so sonderlich helle war. Man nahm der Philosophie ab, daß sie dem Leben, dem irdischen und überirdischen, auf den Grund gehen wollte, daß sie nach der Gerechtigkeit fragte und nach dem Guten und Schönen fahndete. Allerdings hatte auch die Philosophie bereits ihre beginnende Geschichte: In Griechenland, wo sie ihre erste und eigentliche Blüte erlebte, setzte nach dem Ableben des berühmten Platon ein kaum merklicher Auflösungsprozeß ein, der parallel lief zu gesellschaftlichen Zerfallserscheinungen, auf welche die Philosophie mit einem dezenten Rückzug ins private Dasein reagierte. Eine solche Bescheidung trug nicht unbedingt zur Aufrechterhaltung des früheren, durchaus gediegenen Rufes bei; man begann damit, in den Philosophen Zeitgenossen zu sehen, die bei dem Bemühen, der Weisheit ihre Stimme zu leihen, auch einen gewissen Hang zum Abseitigen entwickelten.

Als der Philosoph Epikur, der im Jahre 341 v. Chr. auf der Insel Samos geboren wurde, zur Philosophie kam, herrschte eine solche Zeit der zurückgenommenen Einflußnahme. Es gab nicht gerade wenige Philosophen, und es kursierte eine Vielzahl von Lehren und Meinungen, die allesamt mit dazu beitrugen, daß die Orientierung der Menschen nicht sicherer, sondern eher schwieriger geworden war. Ein Philosoph galt weniger als früher; zwar richtete er noch immer sein Nachdenken auf die bekannten Fragen, aber mit den Antworten, die er gab, vermochte er nicht mehr so recht zu überzeugen. Die philosophischen Lehrer konzentrierten sich hauptsächlich auf ihre Schüler, die eine gewisse Treue an den Tag legten, aber auch manche Stunde damit verbrachten, sich am jeweiligen weltanschaulichen Gegner zu reiben. Der große Durchbruch zu einer allgemeinverbindlichen Wahrheit war kaum noch zu erwarten; so mutete es nur folgerichtig an, daß eine stillschweigende Aufteilung des Wissens in verschiedene Wissensgebiete vonstatten ging – ein Vorgang, dessen Resultate uns heute längst zur Gewohnheit geworden sind. Erziehung und allgemeiner Unterricht bezogen Distanz zur Philosophie, die, ohne es zu wollen, in die Rolle einer reizvollen Eigenbrötlerin hineinwuchs...

Epikurs Vater, der als Lehrer tätig war, sah sich unmittelbar in diese Situation hineinversetzt: Er nahm den Sohn, der als zweites von vier Kindern geboren wurde, mit zur Schule, um ihn so früh wie möglich in einen Unterricht zu integrieren, der solide Bildung vermitteln sollte. Für die Kunst, Fragen zu beantworten, die keiner gestellt hatte, waren, nach wie vor, die Philosophen zuständig, von denen es auch auf Samos einige gab – allen voran der Platoniker Pamphilos, von dem später behauptet wurde, es sei ihm gelungen, Epikur bereits als elfjährigen Knaben in die Grundzüge des philosophischen Denkens einzuweihen.

Es ist heute nicht mehr festzustellen, was in der antiken Philosophiegeschichtsschreibung, die der dichterischen Phantasie ohnehin breiten Raum einräumte, als Wahrheit gelten darf und was zur Legendenbildung gehört. Auf jeden Fall kann die Geschichte von der philosophischen Unterweisung, die Epikur bei dem erwähnten Pamphilos angeblich nur allzu bereitwillig über sich ergehen ließ, tunlichst bezweifelt werden. Wahr hingegen scheint der Bericht des Sextus Empiricus zu sein, der Epikur, dem Lehrersohn, eine früh entwickelte Lernverdrossenheit zuspricht: Danach habe es der Knabe noch nicht einmal eine Stunde in der Schule ausgehalten, was an einem Vorfall lag, den der Chronist wie folgt beschreibt:

„,Am Anfang enstand das Chaos', sprach der Lehrer zu den Schülern. ,Und woraus entstand es?' fragte Epikur. ,Das können wir nicht wissen', erwiderte der Lehrer, ,dies ist eine Frage, mit der sich die Philosophen beschäftigen.' ,Und wozu soll ich dann hier meine Zeit verschwenden?' entgegnete Epikur. ,Dann kann ich doch lieber gleich zu den Philosophen gehen' ..."

Für diese kleine Erzählung spricht, daß sie auch bei anderen Philosophiehistorikern Erwähnung findet. Epikur scheint danach im jugendlichen Alter von vierzehn Jahren nachhaltig mit der Philosophie in Berührung gekommen zu sein. Sie mußte ihm wie eine Wissenschaft vorkommen, die gerade deshalb hochinteressant wirkte, weil ihr Mut zum grundlegenden Zweifel und zur kühnen Unentschiedenheit für nicht vereinbar mit dem anerkannten Unterrichtsstoff gehalten wurde. Dabei beschäftigte sich die Philosophie, wie Epikur sie sah, doch gerade mit dem, was als das eigentlich Bedenkenswerte im Leben gelten konnte. Es durfte daher nicht verwundern, daß der junge Mann, der mit achtzehn Jahren nach Athen gerufen wurde, um dort seinen Wehrdienst abzuleisten, der Philosophie, die ihm als eine Art erste große Liebe diente, geradezu unbeirrt die Treue hielt, was ihm um so leichter fiel, als er nicht gerade an mangelndem Selbstbewußtsein litt, so daß ihm auch einige

Wissenslücken, die sich aus seiner Schulabsenz ergaben, keine größeren Sorgen bereiteten.

Epikurs Stolz hatte etwas Unbeirrbares an sich. Obwohl eher als Autodidakt denn als fleißiger Student zum Philosophen gereift, trat er, so wird berichtet, schon in jungen Jahren wie ein Altmeister auf, der sich auch von verdienten und anerkannten Vertretern seines Fachs kaum beeindrucken ließ. In Athen bekam er Gelegenheit, Xenokrates, den amtierenden Chef der Platonischen Akademie, und Aristoteles zu hören, wobei es nicht ganz sicher ist, ob er diese Gelegenheiten auch nutzte. Auf jeden Fall äußerte er sich unfreundlich über beide Herren – wie ihm überhaupt die anderen Philosophen, mit Ausnahme vielleicht Demokrits, über den er gelegentlich ein karges Lob fallenließ, herzlich egal waren; sie erschienen ihm als Wichtigtuer, die über Dinge redeten, von denen sie erwiesenermaßen nicht viel verstanden.

Nachdem er seinen Militärdienst abgeleistet hatte, siedelte sich Epikur zunächst im kleinasiatischen Kolophon an, da ihm die Rückkehr nach Samos, das vorübergehend nicht mehr zum Einflußgebiet Athens gehörte, verwehrt war. Trotz seiner frühen Hinwendung zur Philosophie gelang es Epikur erst relativ spät, ein eigenes philosophisches System auszubilden. Im Alter von 32 Jahren, so wird berichtet, gründete er in Mytilene auf Lesbos eine Schule, die sich ausschließlich mit Pflege und Verbreitung seiner Philosophie befaßte. Die Schüler, die er um sich scharte, waren ihm innig ergeben, was für die Führungsqualitäten sprach, die ihm nachgesagt wurden. Man rühmte seine freundlichen, ja liebenswürdigen Umgangsformen und die geradezu väterliche Einflußnahme, die er an den Tag legte, wenn es um das Wohlbefinden seiner Zöglinge ging. Nur seine Berufskollegen, im besonderen die Intellektuellen unter den Philosophen, bedachte Epikur noch immer gern mit Spott und Häme; einfache Leute hingegen behandelte er höflich und mit freundlichem Respekt – ein Verhalten, das gängigen Gepflogenheiten zuwiderlief.

Daß die Schüler, die den Kontakt zu Epikur suchten, immer mehr wurden, hatte allerdings auch mit der frappierenden Sicherheit seines Auftretens zu tun. Man merkte, daß sich hier ein Denker in der ihm gemäßen Öffentlichkeit bewegte, der absolut überzeugt war von dem, was er lehrte und verkündete. Epikur strahlte die Gelassenheit eines philosophischen Selfmademans aus; Zweifel erlaubte er sich nur, wenn er andere, ihm fremd bleibende Gedankengänge zu bewerten hatte. Eine solche Selbstsicherheit mußte Eindruck schinden – gerade in Zeiten, die an Unsicherheiten reich war und mit festen Gewißheiten nicht mehr im gleichen Maße wie früher dienen konnte. Hinzu kam die Faszination des Freundschaftskults, der im Umkreis des Philosophen betrieben wurde. Die Anhänger Epikurs, die sich um ihn, den Meister, scharten, waren Freunde fürs Leben, was nach dem Verständnis seiner Ethik weit mehr bedeutete als den Nachweis einer wichtigen Tugend, über die man nach Bedarf verfügen durfte. Freundschaft stand höher im Kurs als die Liebe, von der das Schul-Oberhaupt ohnehin nicht sehr viel hielt: Liebe, im besonderen ihre physische Variante, bedeutete Verwirrtheit und körperliche Überanstrengung, die zu einem Ungleichgewicht im leiblich-seelischen Gesamthaushalt führte; letztendlich blieb der Liebe, wie Epikur sie sah, nur der Rang einer vergänglichen Gefühlsaufwallung, während wahre Freundschaft sich erhaben zeigte über die ihr zugemuteten Krisen und Beeinträchtigungen.

Die Epikureer wuchsen im Lauf der Zeit zu einer immer größer werdenden Familie zusammen, die Sicherheit, Vertrauen und eine dazu passende Weltanschauung bot, an die man sich bedenkenlos halten konnte. Im Jahre 306 übersiedelte Epikur mitsamt seiner Anhängerschaft nach Athen. Ziel des Umzugs war eine noch größere Verbreitung der epikureischen Lehre, um die sich mittlerweile schon die ersten Legenden rankten. Der Philosoph selbst, obwohl er Maßhalten und Bescheidenheit predigte, war ehrgeizig genug, den Vergleich mit anderen philosophischen Schulen zu suchen, von denen es in Athen etliche gab. Er erwarb für sich und die Seinen ein lauschiges Gartengrundstück, auf dem die Schule ihr angemessenes Domizil fand. Der Garten galt schon bald als Markenzeichen der von Epikur verbreiteten Philosophie, die man gern mit der Pflege privater Zurückgezogenheit im idyllisch abgeschotteten Zirkel in Verbindung brachte – ein Verständnis, das noch als vergleichsweise wohlwollend gelten durfte, da es bereits andere Stimmen gab, die sich deutlich gehässiger äußerten.

In vorgeblich vornehmeren Kreisen zog man gegen die volkstümlichen Tendenzen der epikureischen Schule zu Felde: Der Zugang zum Garten des Meisters stand im Prinzip allen offen, auch Sklaven und Hetären, an deren gelegentlicher Anwesenheit man sich besonders stieß. So wurde Epikur flugs ein Verhältnis mit gleich fünf Liebesdamen angedichtet, mit denen er, so das Gerücht, sein Lager gleichzeitig zu teilen pflege. Die Epikureer, so hieß es weiter, frönten nicht nur der Sinneslust, sondern auch ungehemmten Schlemmereien; ihre ethisch-moralischen Aktivitäten beschränkten sich darauf, gegen das anhaltende Völlegefühl anzugehen, das sie aufgrund ihres einseitig auf Liebes- und Gaumengenuß spezialisierten Lebenswandels, regelmäßig beschleiche. Es entstanden, in stetiger Abfolge, all jene Entstellungen und Mißverständnisse, die bis auf den heutigen Tag das Meinungsbild vom Epikureertum prägen.

Die Kampagne, der sich der Philosoph ausgesetzt sah, gipfelte in fünfzig schlüpfrigen, mit Epikurs Namen signierten Briefen, die ein Mann namens Diotimos, ein Stoiker, in Umlauf brachte. Wer diese Schriftstücke las, mußte der Meinung sein, daß der Briefschreiber wohl tatsächlich nichts anderes im Sinn hatte als seine luxuriös gewandete Behaglichkeit, für die er unentwegt und dreist Sorge zu tragen wußte. Epikur selbst hielt, einmal mehr, die negative Grundeinschätzung für bestätigt, mit der er die allermeisten seiner Philosophenkollegen bedacht hatte; sie brachten, wie er glaubte und an seine Schüler weitergab, nicht nur keine vernünftige Philosophie zustande, sondern scheuten auch vor geistigem Rufmord nicht zurück. Die negative Stimmungsmache, die seiner Lehre und Schule galt, entzündete sich jedoch auch an dem Erfolg, den Epikur weiterhin verbuchen konnte: Obwohl oder vielleicht gerade weil sein Freundeskreis bewußt im Privaten wirtschaftete, strömten ihm neue Mitglieder und Interessenten zu. Was sie anzog, war neben der familiären Atmosphäre, die an der

Schule herrschte, eine bemerkenswerte Folgerichtigkeit, die Epikurs Denken auszeichnete: Seine Philosophie, so schien es, hatte mehr mit unaufdringlicher Weltweisheit zu tun als mit mühsamen Gedankenkonstruktionen, denen die Blässe der Theorie bis zur letzten Schlußfolgerung anhaftete. Was Epikur über Leben und Tod, über Lust und Unlust, über Schmerz und Genuß und die darauf aufbauende Kunst einer sinnvollen Lebensführung sagte, machte Eindruck, weil es überzeugend war und auch schlichtere Gemüter anzusprechen vermochte:

„Der Tod hat keine Bedeutung für uns; denn was aufgelöst ist, ist ohne Empfindung; was aber ohne Empfindung ist, das hat keine Bedeutung für uns. – Grenze der Größe der Lust ist die Beseitigung alles dessen, was Schmerz erregt. Wo auch immer das Lusterregende auftritt, da findet sich, solange es verweilt, nichts was Schmerz erregt oder Leid oder beides zusammen. – Ein lustvolles Leben ist nicht möglich ohne ein einsichtsvolles, lobwürdiges und gerechtes Leben ... – Keine Lust an sich ist ein Übel; aber das, was uns zu gewissen Lüsten verhilft, führt mannigfache Störungen der Lüste mit sich. – Wenn das, was die Schlemmer zu ihren Genüssen hintreibt, imstande wäre, die Beängstigungen des Geistes und das Zagen vor den himmlischen Erscheinungen sowie von Tod und Schmerzen zu bannen und außerdem auch die richtige Lehre einzuprägen über das begrenzende Maß der Begierden, so hätten wir keinen Grund, sie zu tadeln, da diese Genüsse allseitig nur eine Fülle von Lustempfindungen zeigen und nirgends eine Spur von Schmerz oder Seelenleid, in dem doch das Übel besteht. – Es ist nicht möglich, sich von der Furcht hinsichtlich der wichtigsten Lebensfragen zu befreien, wenn man nicht Bescheid weiß über die Natur des Weltalls, sondern sich in Mutmaßungen mythischen Charakters bewegt. Mithin ist es nicht möglich, ohne Naturerkenntnis zu unverfälschten Lustempfindungen zu gelangen."

Die Skala der Lustempfindungen, die Epikur aufstellte, war nach oben keineswegs offen, sondern in sich begrenzt. Lust figurierte ihm nicht als intensives Gefühlsgeschehen, sondern als ein unaufgeregtes und grundsolides Wohlbefinden, das Konstanz sucht. Dabei trat der Philosoph wie ein erfahrener Genußvirtuose auf, der anscheinend schon alles durchgemacht hatte und insofern wissen mußte, wovon er sprach. Ein solcher Gestus machte Eindruck – gerade bei den jüngeren Schülern, von denen anzunehmen war, daß sie vieles, was in den Bereich schierer Lebensfreude fiel, erst noch vor sich hatten. Aus Sympathie stieß auch Epikurs Bekenntnis zur einfachen Wahrnehmung, die den Weg über die Sinne nahm, denen der Philosoph sein grundsätzliches Vertrauen aussprach: Sie geben nur die Bilder der Wahrheit wieder, wie sie beim Menschen eintreffen; von allen Versuchen, die Wahrnehmungen durch zusätzliche Vernünfteleien zu verfälschen, sollte er sich daher freihalten ...

„Jede Wahrnehmung gilt rein für sich und hängt nicht ab von Verstand und Gedächtnis; denn sie wird weder durch sich selbst bewegt noch kann sie, von etwas anderem bewegt, irgend etwas hinzusetzen oder wegnehmen. Auch gibt es nichts, was sie widerlegen könnte; denn es kann weder eine gleichartige Wahrnehmung eine gleichartige widerlegen, denn die eine hat ja denselben Wert wie die andere, noch die ungleichartige die ungleichartige, denn der Gegenstand ihrer Beurteilung ist ja ein verschiedener; ebensowenig der Verstand, denn der Verstand hängt durchweg von den Sinneswahrnehmungen ab; überhaupt kann keine die andere widerlegen, denn unsere Aufmerksamkeit ist auf alle in gleicher Weise gerichtet. Und der tatsächliche Bestand des unmittelbaren Wahrnehmungsgefühls bürgt auch für die Wahrheit der Wahrnehmungen ... Daher muß man auch von dem Sichtbaren ausgehen, um sich das Unsichtbare zu deuten. Hat doch unsere ganze Gedankenwelt ihren Ursprung in den Wahrnehmungen, deren mannigfache Umstände, Analogie- und Ähnlichkeitsverhältnisse sowie Zusammensetzung für sie bestimmend sind, wobei allerdings die Überlegung als mitwirkend auftritt."

Epikurs Überzeugungskraft resultierte zudem aus dem Umstand, daß er seine Philosophie mit einer Art naturwissenschaftlichen Absicherung versah, die der Kundschaft suggerierte, es könne sich letztlich nur um ein einheitliches Schöpfungsprinzip handeln, dem makro- und mikrokosmische Strukturen ihre Formgebung und ihr gesetzmäßiges Ineinanderwirken verdanken. Die treibenden Kräfte dabei sind die Atome, denen Epikur einen ähnlichen Rang zusprach wie Demokrit, über dessen physikalische Theorien er im übrigen nur unwesentlich hinausging. Was Epikur den Atomen indes konzedierte, war ein Recht auf Abweichung, das Demokrit nicht vorgesehen hatte, da er die kleinsten seiner Weltbausteine im geraden Fall belassen wollte. So konnte Epikur immerhin feststellen, daß gerade aufgrund der Eigenwilligkeit atomaren Gebarens die Unendlichkeit direkt über den Köpfen der Menschen beginnt: Nicht eine einzige Welt ist es, auf die sich der Mensch einzustellen hat, sondern es sind deren unendlich viele...

„Das All ist unendlich, denn alles Begrenzte hat ein Äußerstes. Das Äußerste aber setzt immer etwas anderes neben ihm voraus, mit dem es verglichen wird (neben dem All aber gibt es nichts, was mit ihm verglichen werden könnte). Es hat also kein Äußerstes und demnach auch kein Ende. Hat es aber kein Ende, so muß es eben unendlich und nicht begrenzt sein. Und zwar muß diese Unbegrenztheit des Alls sich sowohl auf die Menge der Körper beziehen wie auf die Größe des leeren Raumes. ... Es gibt unzählige Welten, teils ähnlich der unseren, teils unähnlich. Denn die Atome, zahllos, wie sie ... sind, bewegen sich auch in die unangemessenste Ferne. Sind doch derartige Atome, aus denen eine Welt entstehen oder durch die eine Welt geschaffen werden könnte, weder für *eine* Welt aufgebraucht noch für eine begrenzte Zahl von Welten möglich, mögen sie nun der unseren gleichen oder von ihr verschieden sein. Nichts also steht der Annahme einer unendlichen Weltenzahl im Wege."

Die Räume zwischen den Welten belebte Epikur mit den Göttern, die er an sich für seine Philosophie gar nicht benötigte und deswegen auch mit höflichem Desinteresse behandelte. Immerhin bequemte er sich zu der Aussage, daß die Götter nicht nach dem Bilde geformt sein könnten, das sich die gewöhnliche Volksmeinung von ihnen mache: Epikur mochte mit keinem menschenähnlichen Himmelspersonal umgehen, das sich von seinen irdischen Verwandten nur durch den etwas anderen Wohnsitz und eine fingierte Unsterblichkeit unterschied. Dann sollen die Götter, wenn es sie denn überhaupt geben mußte, lieber unbekannt und unentdeckt bleiben; in den Zwischenwelten lebten sie ihr Leben, uninteressiert am Treiben auf Erden, aber vermutlich ähnlich zufrieden wie die Epikureer in ihrem Garten ...

„Es gibt Götter, eine Tatsache, deren Erkenntnis einleuchtend ist; doch sind sie nicht von der Art, wie die große Menge sie sich vorstellt; denn diese bleibt sich nicht konsequent in ihrer Vorstellungsweise von ihnen. Gottlos aber ist nicht der, welcher mit den Göttern des gemeinen Volkes aufräumt, sondern der, welcher den Göttern die Vorstellungen des gemeinen Volkes andichtet. Denn was die gemeine Menge von den Göttern sagt, beruht nicht auf echten Begriffen, sondern auf wahrheitswidrigen Mutmaßungen."

Den Seinen legte Epikur, unermüdlich und getragen vom Gewicht der eigenen Überzeugung, eine Zufriedenheit nahe, für die bereit blieb, wer sie einmal im wesentlichen verinnerlicht hatte; als Lebensziel wächst diese Zufriedenheit schließlich über sich hinaus und wird zur Seelenruhe – ein Zustand vollkommener innerer Ausgeglichenheit, in dem alles, vor allem aber Lust und Schmerz als wesentliche Befindlichkeitsfaktoren, so dezidiert ineinandergreifen, daß sie sich wechselseitig schon fast wieder neutralisieren. In einem Brief an seinen Schüler Menoikeus hat Epikur – so als wollte er damit den wenigen noch lernfähigen unter seinen Kritikern eine letzte oder vorletzte Gelegenheit zum Umdenken geben – noch einmal zusammengefaßt, was das eigentliche Konzentrat der Lehre ist, für die man ihn bereits ausführlich gerühmt und gescholten hatte:

„Wenn wir also die Lust als das Endziel hinstellen, so meinen wir damit nicht die Lüste der Schlemmer und solche, die in nichts als dem Genusse selbst bestehen, wie manche Unkundige und manche Gegner oder auch absichtlich Mißverstehende meinen, sondern das Freisein von körperlichem Schmerz und von Störung der Seelenruhe. Denn nicht Trinkgelage mit daran sich anschließenden tollen Umzügen machen das lustvolle Leben aus, auch nicht der Umgang mit schönen Knaben und Weibern, auch nicht der Genuß von Fischen und sonstigen Herrlichkeiten, die eine prunkvolle Tafel bietet, sondern eine nüchterne Verständigkeit, die sorgfältig den Gründen für Wählen und Meiden in jedem Falle nachgeht und mit allen Wahnvorstellungen bricht, die den Hauptgrund zur Störung der Seelenruhe abgeben. – Für alles dies ist Anfang und wichtigstes Gut die vernünftige Einsicht; daher steht die Einsicht an Wert auch noch über der Philosophie. Aus ihr entspringen alle Tugenden. Sie lehrt, daß ein lustvolles Leben nicht möglich ist ohne ein einsichtsvolles und sittliches und gerechtes Leben, und ein einsichtsvolles, sittliches und gerechtes Leben nicht ohne ein lustvolles. Denn die Tugenden sind mit dem lustvollen Leben auf das engste verwachsen, und das lustvolle Leben ist von ihnen untrennbar ... Dies und dem Verwandtes laß dir Tag und Nacht durch den Kopf gehen und ziehe auch deinesgleichen zu diesen Überlegungen hinzu, dann wirst du weder wachend noch schlafend dich beunruhigt fühlen, wirst vielmehr wie ein Gott unter Menschen leben. Denn keinem sterblichen Wesen gleicht der Mensch, der inmitten unsterblicher Güter lebt."

Mit dem Gedanken, daß auch dem lebenslangen Umgang mit der Philosophie eine anfängliche, in sich höhergestellte Einsicht vorangehen müsse, fand Epikur zu seinem Schlüsselerlebnis zurück, das, als Konsequenz einer unbefriedigenden Antwort auf eine gutgemeinte Frage, ihn zu der Einsicht brachte, daß seine Wißbegier wohl nur dort gestillt werden könne, wo man noch nach den Gründen, auch nach den Hintergründen sucht: bei den Philosophen nämlich, die einer weithin verstreuten Spur folgen, von der niemand weiß, wer sie denn überhaupt gelegt haben könnte. Über dreißig Jahre stand Epikur seiner Schule vor, der er in Athen, das unter schnellebigen politischen Verhältnissen litt, den Bestand sicherte. Das Arrangement mit den Mächtigen gehörte nicht unbedingt zum Programm der Epikureer, es war aber auch nicht ausdrücklich verboten. Die offizielle Politik, die immerhin eine gewisse Notwendigkeit für sich beanspruchen konnte, wurde von Epikur mit Mißachtung gestraft; es lohnt nicht, sich mit ihr abzugeben, weil die Erfolge, die sie bestenfalls erzielen kann, keinen Vergleich standhalten mit dem einen menschenmöglichen Glückszustand, der Seelenruhe. Von eben diesem lenkt die Politik ab, desgleichen von dem anderen Ideal, das Epikurs Philosophie auszumalen versteht: der großen Freundschaft. Ein Schüler des Meisters, Philodemos von Gadara, der im 1. Jahrhundert v. Chr. in der Nähe von Neapel lehrte, verkündete dazu:

„Was zerstört die Freundschaft auf der Erde am meisten? Das Handwerk der Politik. Beobachtet den Neid der Politiker auf diejenigen, die versuchen, sich hervorzutun, die Rivalität, die zwangsläufig unter den Konkurrenten entsteht, den Kampf um die Eroberung der Macht und die entschiedene Organisation von Kriegen, die nicht nur das Individuum, sondern ganze Völker zerrütten."

Epikur starb im Jahre 270 an einem Nierenleiden, das ihm ungeheure Schmerzen bereitete. Trotzdem oder gerade deswegen inszenierte er seinen Tod standesgemäß: Er ließ sich, wie der Chronist berichtet, seine bronzene Badewanne mit lauwarmem Wasser füllen, legte sich hinein und verlangte nach einem letzten Becher mit unverfälschtem Wein. Nachdem er ihn geleert hatte, ermahnte er die um ihn versammelten Schüler zur Treue der Philosophie gegenüber und zur Pflege ihrer gemeinsamen Freundschaft. Danach schloß er die Augen für immer; fürwahr ein stilvoller Abgang, den er kurz zuvor noch mit einem Brief an seinen Schüler Idomeneus eingeläutet hatte:

„Es ist der gepriesene Festtag und zugleich der letzte Tag meines Lebens, an dem ich diese Zeilen an euch schreibe. Harnzwang und Dysenterie haben sich bei mir eingestellt mit Schmerzen, die jedes erdenkliche Maß überschreiten. Als Gegengewicht gegen alles dies dient die freudige Erhebung der Seele bei der Erinnerung an die zwischen uns gepflogenen Gespräche ..."

„*Weder ein Wohl noch ein Übel*"

Michel de Montaigne

So wie es die große Liebe gibt, die sich von der gewöhnlichen, gleichwohl nicht unangenehmen Liebelei unterscheidet wie das Original von der Kopie, gibt es auch die große Freundschaft: Sie kommt selten vor und läßt bei den Befreundeten einen Gleichklang des Empfindens entstehen, dem die störenden Manöver des Alltags nicht mehr viel anhaben können. Die große Freundschaft ist, wie ihr Pendant die große Lieben, rar; geht sie zu Ende, weil sie zerbricht oder, schlimmer noch, weil der Tod sich einmischt, geht eine in sich stimmige Welt zugrunde. So geschah es im Sommer des Jahres 1563 dem dreißigjährigen Edelmann Michel Eyquem de Montaigne, Parlamentsrat von Bordeaux, der seinen Freund und Kollegen Étienne de La Boetie verlor, mit dem ihn eine geradezu einzigartige Seelenfreundschaft verband. La Boetie, Dichter, Jurist, Politiker, hatte bereits im Alter von 19 Jahren ein erstaunliches Traktat mit dem programmgebenden Titel „Von der freiwilligen Knechtschaft" veröffentlicht, in dem er die für damalige Zeiten fast revolutionäre These vertrat, daß Tyrannei und Unterdrückung nur möglich seien, wenn eine Art stilles Einverständnis zwischen Täter und Opfer herrsche – ein Volk, das nicht wirklich unterdrückt werden wolle, könne auch nicht in die Knechtschaft geraten. La Boetie schrieb:

„Wie das Feuer eines Funkens wächst und auflodert und je mehr Holz es findet, desto mehr verbrennt und sich selbst verzehrt nur dadurch, daß man es nicht weiter nährt, ohne es mit Wasser zu löschen, und wenn es nichts mehr zu verzehren hat, alle Kraft verliert und erlischt: so fordern die Tyrannen um so mehr, je mehr sie rauben, und je mehr man ihnen gibt und dient, desto mehr verderben und zerstören sie und um so stärker befestigen sie ihre Stellung ...; gibt man ihnen aber nichts und verweigert den Gehorsam, so braucht es weder Kampf noch Schlag, und sie stehen bloß und kraftlos da und sind nichts mehr, wie eine Wurzel ohne Wasser und Nahrung die Pflanze verdorren und absterben läßt."

Die Veröffentlichung dieser Schrift hatte La Boetie in den Ruf gebracht, eine Art Junggenie zu sein, das den Tyrannenmord propagiere; später, als sein schneller Ruhm abgeklungen war, widmete er sich der politischen Arbeit, die ihn in den Stadtrat von Bordeaux führte, wo er den drei Jahre jüngeren Montaigne kennenlernte. Die beiden Männer fühlten sich sofort zueinander hingezogen; es war, wie sie bekannten, eine „Fügung des Himmels", „eine Wahlverwandtschaft", die alle Insignien der Einzigartigkeit besaß. Montaigne, von Haus aus eher verschlossen und auf Distanz bedacht, sah sein innerstes Empfinden, seine Gedankenwelt und geheimsten Überlegungen gespiegelt, so als hätte es nur dieses einen anderen bedurft, um sein eigenes Selbst auf einmal im Licht einer bislang unbekannten Eindringlichkeit betrachten zu können. La Boetie und Montaigne machten Pläne; die große Freundschaft bedeutete auch, daß ein wesentlicher Teil des Lebensweges gemeinsam gegangen werden sollte. Ein Großteil ihrer Pläne jedoch ließ sich nicht mehr realisieren: La Boetie erkrankte an der Ruhr und starb, nachdem der Freund ihn noch aufopferungsvoll gepflegt hatte, im Bewußtsein, mit dem frühen Tod nicht etwa bestraft worden zu sein, sondern eine Begünstigung zu erfahren, die ihn vor weiteren Schicksalsschlägen bewahrte:

„Schon seit langer Zeit war ich bereit und hatte mit dem Herzen die Lektion des Lebens gelernt. Doch heißt es, sein Leben erfüllt zu haben, schon im Alter, in dem ich noch bin? Ich war bereit, in mein 33. Lebensjahr einzutreten. Doch Gott gewährte mir die Gnade, daß alles, was ich bis zu dieser Stunde meines Lebens erlebt habe, mir bei voller Gesundheit und glücklichem Gelingen gegeben wurde: angesichts der Unsicherheit des menschlichen Geschicks konnte dieser Zustand kaum länger andauern."

Montaigne war durch den Tod des geliebten Freundes auf sich selbst zurückgeworfen. Er leistete die gewöhnliche Trauerarbeit, merkte aber schon bald, daß damit der Verlust, den er erlitten hatte, auch nicht annähernd bewältigt werden konnte. La Boeties Leben und Sterben verlangten nach anderen Antworten, und Montaigne fühlte sich verpflichtet, sie zu geben. In ihm reifte der Entschluß, seinen Amtsgeschäften zu entsagen und den Versuch zu wagen, allein und auf sich gestellt radikale Gewißheit über die eigene Person zu erlangen. Eine Art innere Emigration, ein Arbeitsurlaub, der unbedingter und strikter Selbsterforschung dienen sollte, schwebte ihm als Ziel vor, das er, zu gegebener Zeit, realisieren wollte. Noch aber war die Zeit dafür nicht gegeben; Montaigne, braver Sohn aus gutem Hause, stellte sich zunächst weiterhin den Pflichten, die ihn umgaben. Er setzte seine Tätigkeit als Parlamentsrat von Bordeaux fort, und sein Vater, amtierender Bürgermeister der Stadt, war es zufrieden; er sah auch mit Wohlwollen, daß Michel, sein Ältester, ungeachtet der langanhaltenden Trauer um den Freund La Boetie, sich verheiraten ließ: Francoise de la Chassagne, die Auserwählte, Tochter eines Ratskollegen, brachte Geld mit in die Ehe und war auch sonst durchaus nett und ansehnlich. Alles schien zur besten Zufriedenheit geordnet zu sein, und Michel de Montaigne hätte eigentlich vergessen können, was er sich selbst an Absichten zurecht gelegt hatte: dann aber starb, im Jahre 1568, der Vater, mit dem der Sohn noch einmal einen Menschen verlor, den er ohne Einschränkungen geliebt und verehrt hatte:

„Ich erinnerte mich, ihn in meiner Kindheit als alten Mann gesehen zu haben, wie sein Geist von diesen öffentlichen Plackereien grausam mitgenommen ward, wie er die milde Luft seines Landsitzes, den ihm die Gebrechlichkeit seines Alters schon seit langem zu verlassen verbot, seine Haushaltung und seine Gesundheit vergaß, und wie er sein Leben für nichts achtete und auf langen und beschwerlichen Reisen aufs Spiel setzte, die er für sie unternahm. So war er; und diese Gesinnung entsprang bei ihm aus einer großen natürlichen Güte: nie hat es eine liebreichere und leutseligere Seele gegeben."

Drei Jahre später war es soweit: Michel de Montaigne, auf den Weg des Nachdenkens gebracht durch den Tod der beiden wertvollsten Menschen, die er je kennengelernt hatte, gab seine Amtsgeschäfte auf und zog sich in einen Turm seines Schlosses zurück, in dem er von nun an zu wohnen und zu arbeiten gedachte. Diese Entscheidung, über Jahre hinweg gereift, war so hochbedeutsam für den Turm- und Schloßherrn Montaigne, daß er, an exponierter Stelle in seiner neuen Behausung, eine Inschrift anbringen ließ, die Kunde gab, von dem, was sich da vorbereitet und letztendlich zugetragen hatte:

„Im Jahre Christi 1571, 38 Jahre alt, am 28. Februar, seinem Geburtstag, hat sich Michel de Montaigne, seit langem der Bürden des Parlaments und der öffentlichen Pflichten müde, in voller Lebenskraft in den Schoß der gelehrten Musen zurückgezogen, wo er in Ruhe und Sicherheit die Tage verbringen wird, die ihm zu leben bleiben. Vergönne ihm das Schicksal, diese Wohnung der süßen Weltflucht seiner Ahnen zu vollenden, die er seiner Freiheit, seiner Ruhe und seiner Muße geweiht hat."

Montaigne hatte nicht vor, nur über die eigene Person zu sprechen. Wenn er sich zunächst einmal seinen zukünftigen Lesern vorstellte, dann geschah das, um sich eine allererste Selbstverständigung zu ermöglichen; die Beschreibung, die Vorführung seiner selbst glich dem eher beiläufigen Blick in den Spiegel, mit dem man die allmorgendliche, kaum noch Überraschungen bietende Identifikation beginnt, die ein Ich wohl braucht, wenn es seinen Tagesgeschäften routiniert und berechenbar nachkommen will. Die eigentliche Vertiefung des Wissens sollte später erfolgen; es ging dann um das sorgfältig ausgemalte Bild eines Ichs in seiner Zeit – um eine Orientierung, die von der subjektiven Einsicht zur Lebensklugheit aufstieg, von den Beobachtungen des einzelnen zu einem Panorama der Welt. Zunächst jedoch erfolgte der Auftritt, mit dem Montaigne selbst die Bühne betrat: ein Entree ohne Großspurigkeit; der Mann, der sich hier präsentierte, war bescheiden, ja, man konnte sogar sagen, daß er wohl ein eher unterkühltes Verhältnis zu sich selbst unterhielt:

„Ich kann weder gefällig auftreten noch belustigen, noch schmeicheln. Die beste Geschichte der Welt wird unter meinen

Händen trocken und matt. Ich kann nur mit Bedacht reden, und vor allem geht mir völlig diese Fähigkeit ab, die ich an vielen meiner Bekannten bemerke, mit dem ersten Hergelaufenen zu plaudern und eine ganze Gesellschaft in Atem zu halten ... Die ersten und leichtesten Argumente, die man gemeinhin am besten begreift, fallen mir nie ein: ich wäre ein schlechter Volksprediger. Bei jeder Sache, die mir unterkommt, sage ich zunächst das Abwegigste, das ich darüber weiß. ... Von Statur bin ich ein wenig unter dem Mittelmaß. Dieser Mangel hat nicht nur etwas Häßliches, sondern auch etwas Unbequemes an sich, zumal für diejenigen, die Kommandos oder Ämter innehaben: denn das hohe Ansehen, das eine schöne Erscheinung und ein stattlicher Körper geben, fehlt dann einfach. ... Im übrigen bin ich von starkem und untersetztem Wuchs; mein Gesicht ist nicht feist, aber voll; mein Temperament zwischen heiter und melancholisch, mäßig sanguinisch und hitzig ..., meine Gesundheit ist stark und rüstig, bis ziemlich in mein Alter hinein selten durch Krankheiten gestört. So war ich; denn ich betrachte mich nicht zu dieser Stunde, da ich schon auf den Straßen des Alters wandle ... Was ich künftig sein werde, das wird nur noch ein halbes Wesen, das werde nicht mehr ich sein. Jeden Tag löse ich mich mehr auf und entschwinde mir selbst."

Nach der ersten Beschreibung, die im übrigen mutig genug war, auch mit Hinweisen auf intime Besonderheiten aufzuwarten, wie etwa den Pflichten und Freuden der Sexualität oder diversen Verdauungsproblemen, drängte es Montaigne, die eigenen Grenzen, zumindest im weitausholenden Gang seiner Reflexionen, hinter sich zu lassen. Seine bemerkenswerte Absicht war es, im Trakt des Turmes, auf- und abschreitend zwischen kargem Wohnraum und Bibliothekszimmer, geradezu unentwegt in sich hineinzuhören und zugleich den prüfenden Blick nach draußen nicht zu versäumen; was gewesen war, sollte, zumindest vorübergehend, vergessen werden: die Erinnerungen an die eigene Geschichte, die nun neu geschrieben werden mußte – geschrieben mit dem Blick eines Fremden, der sich Kenntnisse verschafft über das, was ihm einst so merkwürdig bekannt vorkam. Ein solch radikaler Selbstbezug bedurfte einer Rechtfertigung, die über jeden Ansatz persönlicher Wichtigtuerei erhaben blieb; schließlich ging es nicht um den Schloßherrn Michel de Montaigne, einen eher unscheinbaren Mann, der in schwerer Zeit weder große Dinge geleistet hatte noch durch abweichendes Verhalten aufgefallen war, sondern es ging um ein Ich, das den Mut fand, die eigene Wirklichkeit, mit all den Facetten und Schattenseiten ihres Daseins, offenzulegen. Montaigne wußte, daß er etwas Ungewöhnliches wagte: Er probte, ein Novum in der bis dato überlieferten Philosophiegeschichte, die schonungslose Selbsterkundung des Einzelnen – ohne Rücksicht auf tradierte Wissenssysteme und etwaige metaphysische Empfindlichkeiten. Ein solches Unterfangen jedoch erwies sich als schwierig: Das Ich nämlich, einmal auf den Seziertisch der prüfenden Reflexion gelegt, war keineswegs bereit, seine Geheimnisse so ohne weiters preiszugeben; es entzog sich dem Zugriff, reagierte ausweichend bis störrisch und blieb schließlich, auf vertrackte Weise, in eine Untersuchung mit eingegeben, die seiner eigenen Realität galt ...

„Ich kann meinen Gegenstand nicht festhalten. Verwirrt und wankend entschwindet er, von natürlicher Trunkenheit erfüllt. Ich ergreife ihn, an diesem Punkt, so wie er ist, in dem Augenblick, in dem ich mich mit ihm unterhalte. Ich beschreibe nicht das Sein. Ich beschreibe den Übergang ..., den Übergang von Tag zu Tag, von Minute zu Minute. Ich muß meine Geschichte von Stunde zu Stunde neu einrichten. Ich könnte mich bald verändern, nicht nur aus Zufall, sondern auch mit Vorsatz. Das Ganze ist ein Protokoll verschiedener und veränderlicher Zufälle; unentschiedener, gegensätzlicher Gedanken: sei es, weil ich selbst anders geworden bin, sei es, daß ich die Dinge unter anderen Bedingungen und Erwägungen betrachte ... Ich beschreibe ein niedriges und glanzloses Leben. Aber das ist einerlei. Man kann die gesamte Moralphilosophie ebensogut an ein gewöhnliches und zurückgezogenes Leben heften wie an eines von erhabenem Stoffe; jeder Mensch trägt in sich die ganze Gestalt alles Menschlichen. – Die Schriftsteller zeigen sich den Menschen in irgendeiner besonderen und außergewöhnlichen Eigenschaft; ich, als erster, mit meinem ganzen Wesen, als Michel de Montaigne, nicht als Sprachgelehrter oder Dichter oder Jurist. Wenn die Leute sich beschweren, daß ich zu viel von mir rede, dann beschwere ich mich darüber, daß sie nicht einmal an sich denken."

Damit war klargestellt, daß es Montaigne darum ging, etwas nachzuholen, was bislang versäumt worden war: Die nüchterne Bestandsaufnahme seiner Person sollte sich zugleich als Modell einer Selbstverständigung begreifen lassen, dem, unter veränderten Vorzeichen, Wiedererkennungswert zugesprochen werden konnte und das damit auch für andere anwendbar blieb. Gefordert war ein Resümee des Allgemeinmenschlichen, ein Fazit des Lebens, das bei genauerer Betrachtung stets die gleichen Grundstrukturen enthält: Der Mensch lebt, um zu sterben; er ist jung und wird älter, er kann gesund sein und muß doch mit Krankheiten rechnen; er liebt oder glaubt zu lieben, er wird enttäuscht, und was seinen Ehrgeiz und seine Machtgelüste angeht, so wirken die oft genug lächerlich – mit Blick auf die vergleichsweise kurze Zeitspanne, die ihm auf Erden zu existieren vergönnt bleibt. Aus all dem ergibt sich, daß das Leben zwar lebenswert ist und als vergleichsweise unheimliche Alternative zudem nur den Tod zu bieten hat, daß es aber auch keinen Anlaß liefert, übertrieben optimistisch zu sein und sich unnützen Illusionen hinzugeben. Das Leben dreht sich im Kreise; es gleicht dem Spiel, das zu allen Zeiten gespielt wird und dessen Regeln ebenso eingängig wie letztlich unverständlich sind; um die Teilnahme an diesem Spiel kommt, wen es einmal ins Dasein verschlagen hat, nicht mehr herum...

„Das Leben ist, an sich betrachtet, weder ein Wohl noch ein Übel; es ist der Wohnort des Wohls oder des Übels, je nachdem, was ihr hineinlegt. Und wenn ihr einen Tag gelebt habt, so habt ihr alles gesehen. Ein Tag ist gleich allen Tagen. Es gibt kein anderes Licht und keine andere Nacht. Diese Sonne, dieser Mond, diese Sterne, dieses Weltgebäude, es ist dasselbe, das euere Ahnen genossen haben und das eure Enkel erfreuen wird. – Und wenn es aufs Ganze kommt, so sind alle Akte meiner Komödie, nach Rollenverteilung und Vielfalt, in einem Jahr aufgeführt. Meine vier Jahreszeiten, wenn ihr auf ihre Veränderungen achtgegeben habt, begreifen die Kindheit, die Jugend, das Mannes- und das Greisenalter der Welt in sich. Sie hat ihr Spiel gespielt. Es fällt ihr nichts anderes ein, als wieder von vorne anzufangen ..."

Was von Montaigne ausgesprochen wird, ist der Trost eines mild gestimmten Pessimismus; an ihm haben sich später die Nachfolger orientiert: Schopenhauer etwa, der manche seiner Sentenzen bei dem Schriftsteller im Turm ausgeborgt hat, aber auch Kierkegaard, Nietzsche und einige andere selbsternannte Aphoristiker, die erst einmal bei Montaigne nachschlugen und sich dann auf den Weg in die Postmoderne machten. Sie alle lieferten Belege dafür, daß es möglicherweise unter der Sonne tatsächlich nichts Neues gibt, weil leben auch sterben heißt und ein Sinn in unser Dasein nur kommt, wenn wir bereit sind, ihm einen solchen zu geben; es ist dies eine der Gewißheiten, bei denen Freiheit und Notwendigkeit aneinandergeraten und zur unspektakulären, nur aufs Menschenmögliche beschränkten Hoffnung werden, aus der wir die wenigen Schlagzeilen beziehen, die letztendlich über jedem Leben, wann immer es stattgefunden haben mag, plaziert werden können ...

„Keiner stirbt vor seiner Stunde. Was an Zeit auf euch folgt, gehört euch ebensowenig und geht euch ebensowenig an wie die Zeit, die vor eurer Geburt verflossen ist. Wo immer euer Leben endet, dort ist es ganz vollendet. Der Nutzen des Lebens liegt nicht in seiner Länge, sondern in dem Gebrauch, den man von ihm macht: manch einer hat lange Jahre gelebt und doch wenig gelebt; denkt daran, solange ihr da seid. Es liegt in eurem Willen, nicht an der Zahl der Jahre, ob ihr gelebt habt. Dachtet ihr denn, ihr würdet nie dorthin gelangen, wohin ihr ohne Unterlaß wandert? Es gibt keinen Weg, der nicht einmal sein Ziel erreichte."

Bei allem Gleichmaß, das den Ablauf der Zeiten kennzeichnet, bei aller Eintönigkeit auch, die den Lebensstadien der Menschen und ihren Bemühungen, das Dasein zu fristen, innewohnt, gibt es doch deutliche Unterschiede: Mehr noch als die

Zeiten weichen die politischen Umstände voneinander ab; sie unterscheiden sich, ungeachtet der ideologischen Bekenntnisse, die sie für ihre Rechtfertigung zurechtgelegt haben, durch die Realität der Verhältnisse, die nie so sind, wie sie sein sollen oder sein möchten. Mit seiner eigenen Zeit ging Montaigne dabei besonders scharf ins Gericht; sie rechnete er mit zu den schlimmsten Epochen, die je über Menschenköpfe hereingebrochen war...

„Ich lebe in einer Zeit, in der wir durch die Zuchtlosigkeit unserer Bürgerkriege an unglaublichen Beispielen die Fülle haben, und man findet in der alten Geschichte keine ungeheuerlicheren, als wir sie täglich vor Augen sehen. Aber das hat mich keineswegs dagegen abgestumpft. Ich hätte es kaum geglaubt, ehe ich es gesehen hatte, daß es so scheusälige Seelen geben könne, die um reiner Mordlust willen Mord begehen; andere Menschen zerhacken und ihnen die Glieder abhauen; ihren Geist anspannen, um unbekannte Foltern und neue Todesarten zu erfinden; ohne Feindschaft, ohne Vorteil, ohne anderes Ziel, als sich am ergötzlichen Schauspiel der erbärmlichen Gebärden und Zuckungen, des kläglichen Ächzens und Wimmerns eines qualvoll mit dem Tode ringenden Menschen zu weiden. Denn dies ist der äußerste Grad, den die Grausamkeit erreichen kann."

Montaigne sah sich auf eine Zeit zurückgeworfen, in der es leichter war, über Leichen zu gehen, als den Menschen Gutes zu tun. Zu großen und edlen Visionen konnte eine solche Zeit kaum Anlaß bieten. Wenn es überhaupt eine Besserung geben mochte, dann mußte sie mit Hilfe der Erziehung bewirkt werden. Montaigne erlaubte es sich, einer Pädagogik das Wort zu reden, die auf freie Einsicht der Kinder setzte; jeder Gedankendrill, jedes stumpfsinnige Auswendiglernen, jede durch Strafandrohung erzielte Verinnerlichung überkommener Lehrinhalte waren ihm ein Greuel. Der Philosophie, die ja auch schlichte Lebensfreude vermitteln und vom nicht in Geld aufzuwiegenden Nutzen der Nachdenklichkeit künden durfte, sprach er die Aufgabe zu, sich beizeiten in die Erziehung der Kinder mit einzumischen; statt scholastische Spitzfindigkeiten für grausam belesene Greise anzubieten, sollte sie sich lieber, und dies so früh wie möglich, in das Seelenleben der Allerjüngsten einschleichen und dort ein Vergnügen an der Wahrheit entzünden, das einfach und großartig ist, aber auch stolz und bescheiden. Den Kindern traute Montaigne mehr zu als den Erwachsenen; man muß sie nur anleiten, sie gewährenlassen und nicht in eine Zucht nehmen, die ihre Ziele längst aus den Augen verloren hat ...

„Weil uns die Philosophie lehrt, recht zu leben, und weil die Kindheit, wie alle anderen Lebensalter, ihre Lehren in ihr findet; warum macht man sie nicht mit ihr bekannt? ‚Jetzt ist der Ton noch biegsam und geschmeidig; jetzt gleich damit auf die Scheibe, um das Gefäß zu bilden‘ ... Man lehrt uns zu leben, wenn das Leben dahin ist. Hundert Studenten haben sich die Syphilis geholt, bevor sie in ihrem Aristoteles zum Kapitel von der Mäßigung gekommen sind ... Weg mit all den dornigen Spitzfindigkeiten der Dialektik, mit denen unser Leben keinen Deut besser wird; nehmt die einfachen Sätze der Philosophie, versteht, sie richtig auszuwählen und auf den Punkt zu bringen; sie sind leichter zu erfassen als eine Erzählung des Boccaccio. Ein Kind kann sie verstehen, sobald es von der Amme kommt, weit besser, als es Lesen und Schreiben lernt ... In unserer Schule sollen ein Zimmer, ein Garten, Tisch und Bett, die Einsamkeit, die Geselligkeit, der Morgen und der Abend, alle Stunden einerlei sein, jeder Ort ein Studierzimmer; denn die Philosophie, die, als die Bildnerin des Urteils und der Sitten, Hauptfach ist, hat das Privileg, überall dabeizusein ..."

Nachdem Montaigne sein Buch geschrieben hatte, das er mit dem schlichten Titel „Essais" ('Versuche') versah und das erst 1580 in Bordeaux erscheinen konnte, hob er die selbstgewählte Isolation auf. Es war ihm gelungen, Klarheit über sich zu gewinnen; nun drängte es ihn, wenn auch wohl nur in Maßen, zurück in die Welt, in der darangehen konnte, die sehr realistische Menschen-Philosophie, die er entwickelt hatte, noch einmal in der Praxis zu überprüfen. Montaigne verließ den Turm und ließ sich wieder ein auf das sogenannte öffentliche Leben. Er unternahm einige Reisen, über die er in anschaulichen

Schilderungen berichtete; im Jahre 1582 wurde er zum Bürgermeister von Bordeaux gewählt, der immerhin so erfolgreich agierte, daß man ihm eine zweite Amtszeit zumutete. Danach zog sich der Philosoph, zermürbt von Bürgerkriegswirren und einem überaus schmerzhaften Nierensteinleiden, auf sein Schloß zurück. Die „Essais", ergänzt durch weitere Folgebände, kamen in 2., 3. und 4. Auflage heraus; ihr Autor galt in Fachkreisen inzwischen als berühmter Mann, dessen Rat sogar von einigen Mächtigen der Zeit gesucht wurde, auch wenn die sich an Empfehlungen, die man ihnen gab, nur in den seltensten Fällen hielt. Montaigne starb am 13. September 1592. In den letzten Tagen vor seinem Tod konnte oder wollte er angeblich nicht mehr sprechen; andere Zeitzeugen jedoch berichteten, daß der Schloßherr durchaus „heiteren Sinnes" gewesen sei, als ihm das letzte Stündlein schlug. Seiner eigenen Philosophie wäre eine ausgeprägte Angst vor dem Tod ohnehin fremd gewesen; er wußte, daß es sich leichter stirbt, wenn man sein Sterben annimmt wie das zuvor abgelebte Leben. Der Tod, ein verläßlicher Besucher, kann manchmal sogar für grimmiges Amüsement sorgen – dann nämlich, wenn er so überraschend auftritt, daß es zum stilvollen Abgang nicht mehr langt:

„Auf wie vielerlei Art kann uns der Tod überraschen! Ich lasse die Fieber und die Grippen beiseite. Wer hätte je gedacht, daß ein Herzog der Bretagne im Gedränge erdrückt werden sollte, wie es ihm beim Einzug von Papst Clemens, meinem ehemaligen Nachbarn, in Lyon widerfuhr? Hast du nicht einen unserer Könige beim Spielen sterben sehen? Und starb nicht einer seiner Vorfahren daran, daß ihn ein Schwein umrannte? Aeschylus war wahrgesagt worden, er solle sich vor dem Fall seines Hauses hüten; er konnte sich noch so vorsehen; er wurde vom Dach einer Schildkröte erschlagen, die einem Adler aus den Krallen glitt ... Anakreon starb an einem Weinbeerkern; ein Kaiser, weil er sich mit einem Haarkamm ritzte, als er sich den Scheitel zog; Aemilius Lepidus, weil er sich mit dem Fuß an der Türschwelle stieß, und Ausidius, weil er gegen die Tür des Ratssaales rannte; – und zwischen den Schenkeln der Weiber (starben): Corneluis Gallus, Prätor, Tigellinus, Hauptmann der Leibwache zu Rom, Ludwig, Marquis von Mantua; und, was noch ärger ist: Speusippos, ein platonischer Philosoph, sowie einer unserer Päpste... Es ist ungewiß, ob der Tod uns erwartet; erwarten wir ihn überall. Die Besinnung auf den Tod ist Besinnung auf die Freiheit... Die Kunst zu sterben befreit uns von aller Unterwürfigkeit und allem Zwang."

Michel de Montaigne, der zum Philosoph und Schriftsteller wurde, weil ihm der Tod seines Freundes La Boetie in einer Weise zu denken gab, die ihn selbst zutiefst berührte, hätte mit den professionellen Weltverbesserern, welche sich nach ihm unter die Völker mischten, nicht viel im Sinn gehabt. Die meisten Versuche, von einem angeblich enträtselten Individuum auf Gruppen oder gar große Massen zu schließen, wären Montaigne stark suspekt vorgekommen; bei aller Neugier und Ehrlichkeit, die er an den Tag legte, war er kein Experimentator, kein Mann des kühnen Entwurfs, der es kaum hätte abwarten können, die schlechte Gegenwart mit einer angeblich glanzvollen Zukunft zu vertauschen. Der Ruhm des Einzelgängers Montaigne aber hat die Jahrhunderte fast mühelos überdauert. Seine „Essais", die nicht mehr sein wollten als selbstbewußte Versuche über mancherlei Gegenstände und die eigene Person im besonderen, begründeten die literarisch-philosophische Gattung des Essays und wirken gedanken- und stilbildend bis auf den heutigen Tag. Montaigne hat viele Bewunderer gefunden, gelehrte Menschen und solche, die es vorzogen, mit ihrer Unbedarftheit zu kokettieren... Was sie allesamt anzog, war die nüchterne Klarsichtigkeit seines Denkens, seine Fähigkeit auch, die große Philosophie mit den eher derben irdischen Notwendigkeiten zu versöhnen – was, letztlich, nichts anderes bedeutet, als daß der Mensch, trotz all seiner Höhenflüge und Bauchlandungen, immer nur Mensch bleiben kann...

„Unter uns gesagt, es gibt zwei Dinge, die ich immer in sonderbarer Eintracht gefunden habe: überhimmlische Gedanken und unterweltliche Sitten. Aesop, dieser große Mann, sah seinen Herrn im Gehen pissen. ‚Was soll den das', sagte er,

‚werden wir auch noch im Laufen scheißen müssen?' Gehen wir noch so sparsam mit der Zeit um; es wird uns immer noch genug übrig bleiben, die wir müßig und schlecht verbringen. Hat unser Geist nicht Zeit genug, um seinen Bedürfnissen zu folgen; muß er sich auch noch in dieser kurzen Zeitspanne vom Körper trennen, die der für seine Geschäfte braucht? Sie wollen aus sich heraus und dem Menschen entrinnen. Das ist Torheit ... Die hübsche Inschrift, mit der die Athener die Ankunft des Pompejus in ihrer Stadt feierten, ist ganz nach meinem Sinn: ‚Um so eher bist du Gott, als du dich als Mensch erkennst.' Es ist die größte und gleichsam göttliche Vollkommenheit, sein eigenes Wesen im rechten Maße zu genießen. Wir suchen ständig nach einem anderen Leben, weil wir es nicht verstehen, unseres zu nutzen, und wir fliehen uns selbst, weil wir nicht wissen, was in uns steckt. Dabei steigen wir vergeblich auf Stelzen, denn auch auf Stelzen müssen wir mit unseren eigenen Beinen gehen. Und auf dem höchsten Thron der Welt sitzen wir doch nur auf unserem Hintern."

„Der unwissende Philosoph"

Voltaire

Wer den Mantel der Geschichte wehen sieht, von dem unsere Politiker gerne sprechen, bekommt nicht nur Erhabenes zu sehen. Oft nämlich ist das, was dem Betrachter unter dem Mantel dargeboten wird, gar nicht so sonderlich beeindruckend: Man muß ja davon ausgehen, daß nicht jeden Tag Reiche zusammenstürzen, ideologische Systeme schmählich kapitulieren oder neue Gesellschaftsformationen errichtet werden, an die sich große Hoffnungen knüpfen. Für den zur diskreten Gehässigkeit neigenden Beobachter mag die Geschichte daher, wenn sie den Mantel lupft, nur wie ein gewöhnlicher Exhibitionist erscheinen; sie zeigt, was sie zeigen will, und das ist zumeist durchschnittlich und gewöhnlich. Wer mehr möchte, muß den Mut haben, die Geschichte mit einer Vielzahl von Geschichten auszuschmücken; im Idealfall entsteht dabei ein Zusammenklang von persönlichem Erleben und Faktenwelt, von Phantasie und nüchternem Realitätsbestand. Es gelingt, die Geschichte fortzuschreiben – mit den Mitteln von Ironie, List und erzählender Tücke.

Der Philosoph, Dichter und Weltmann François-Marie Arouet, der sich Voltaire nannte, war ein solcher Geschichts- und Geschichtenschreiber von eigenen Gnaden. Er liebte es, sein Leben auszuschmücken, was ihm besonderen Spaß bereitete, da er selbst noch unter den Lebenden weilte und nicht auf die Nachreichungen enthusiasmierter Hinterbliebener angewiesen war. Voltaire erklärte sein Dasein zu einem Kunstwerk, das der Pflege und ständiger wohlwollender Kommentierung bedurfte; die Frage, ob es sich bei den Nachrichten, die er ausstreute, um Dichtung oder Wahrheit handelte, mußte ihn nicht allzusehr interessieren. Es genügte ihm, wenn er selbst und mit ihm die Lebensumstände, in die er sich einbegeben hatte, Gesprächsstoff genug boten, um eine Diskussion fortzuführen, die dem ernsten Erkenntnisgewinn ebenso zu dienen hatte wie einer verschmitzten Relativierung der öffentlich ausgelobten Wissensleistungen.

Schon das Datum seiner Geburt mußte herhalten, um Voltaires Hang zur diskreten Wahrheits-Verrückung erstmalig unter Beweis zu stellen. Gegen die Angaben der literarischen Historiographen, er sei am 21. November 1694 als Sohn des Beamten und Notars François Arouet in Paris zur Welt gekommen, legte er immer wieder Beschwerde ein: Das Geburtsdatum, das ihm vorschwebte, war der 20. Februar 1694, und als seinen Vater erwählte er einen geheimnisvollen Adligen, dem er eine heftige Liaison mit seiner Mutter Marie Catherine geborene Daumart de Mauléon andichtete. Voltaires wirklicher Erzeuger, der brave Jurist Arouet, genügte den Ansprüchen des Sohnes nicht, der sich, nachdem ein wirkliches Adelsprädikat nicht aufzutreiben war, kurzerhand selbst nobilitierte und diesen Status ein Leben lang mit Klauen und Zähnen zu verteidigen wußte.

Dabei mußte sich der angehende Dichter seiner Familie keineswegs schämen. Die Mutter stammte tatsächlich aus echtem, wenn auch nicht sonderlich traditionsreichem Adel, der Vater blickte auf Generationen bürgerlicher Leistungsträger zurück, denen er selbst durchaus geschickt nachzueifern wußte: Er avancierte zum königlichen Rat und Verwalter am Pariser Rechnungshof, und es gelang ihm, ein beträchtliches Vermögen anzuhäufen, das auch dem standesbewußten Sohn noch von einigem Nutzen sein sollte. Zunächst war François junior, das Kind Voltaire, damit beschäftigt zu überleben. Der Knabe galt als extrem schwächlich; die ihn säugende Amme riskierte gleich nach der Geburt die düstere Prognose, ein solcher Winzling sei kaum in der Lage, länger als drei Stunden zu überleben.

Damit irrte sie sich um ein nicht geringes. Voltaire wurde 84 Jahre alt; die ihm mitgegebene schwache Konstitution allerdings behielt er bei. Zeit seines Lebens hatte er mit Krankheiten zu kämpfen, die nicht nur seinem Körper zu schaffen machten, sondern auch seine Geisteskräfte belegten: Gern reflektierte er über die ihn heimsuchenden Gebrechen, die er zudem in Beschreibungen ähnlich liebevoll auszuschmücken verstand wie seine sonstigen Befindlichkeiten, von denen er Freunden und Feinden, Kritikern und Lobedienern eifrig und meist unaufgefordert Kunde gab. So konnte es nicht verwundern, daß Voltaire sich, gerade als berühmter Mann, gewisse hypochondrische Züge aneignete, die er bis ins hohe Alter hinein pflegte.

Nachdem Voltaires Mutter, die lebenslustige Marie Catherine, früh verstorben war, gab Vater Arouet seinen Sohn auf das benachbarte Jesuitenkolleg Louis-le-Grand, das als eine der führenden Eliteschulen des Landes galt. Dort erfuhr Voltaire eine vergleichsweise liberale Erziehung, die ihm im Kreis hochgestellter Zöglinge zuteil wurde. Die Mitschüler stammten zumeist aus Adelskreisen; der bürgerliche Nachwuchs, dem es vergönnt war, das Kolleg zu besuchen, wußte reiche Familien im Hintergrund, die mit den Herrschenden der Nation auf gutem Fuße standen.

Von den Lehrern der Anstalt ging wenig Druck aus. Sie übten sich in vornehmer Zurückhaltung, taten nur das Nötigste, um die Disziplin aufrecht zu erhalten und jene Fortschritte des Wissens zu erwirken, die von Eliteschülern erwartet wurden. Man hielt es für zweckmäßig, die eigene Kundschaft, eine erwiesenermaßen zahlungskräftige Klientel, nicht unnötig zu vergrätzen. Voltaires Schulzeit verlief daher harmonisch; er zeigte sich den Anforderungen, die an ihn ergingen, gewachsen, ohne Anzeichen einer besonderen Genialität erkennen zu lassen. Der „ewige Querulant", als der ihn ein Dichterkollege einmal bezeichnete, gab sich auf dem Kolleg zudem erstaunlich moderat: Mit den meisten seiner Mitschüler, unter denen sich einige Jünglinge befanden, die später, als Männer von Rang, Voltaire noch von Nutzen sein sollten, war er gut Freund. Die Kumpane lobten seine freundliche Art und erfreuten sich an seinem Witz, der eher gutmütig daherkam und wenig von der Schärfe verriet, die dem alten Voltaire im besonderen dazu verhalf, sich eine Vielzahl von eingeschworenen Gegnern zu erhalten. Im Rückblick hat er denn auch seiner Schulzeit ein ehrendes Andenken bewahrt:

„Ich bin sieben Jahre von Männern erzogen worden, die sich unermüdlich Mühe gaben, Geist und Sitten der Jugend zu bilden. Wenn man fragt, was ich in den Jahren, als ich im Hause der Jesuiten lebte, bei ihnen gesehen habe, so kann ich nur antworten: das arbeitsamste, bescheidenste, regelmäßigste Leben; alle Stunden eingeteilt zwischen der Sorgfalt, die sie uns widmeten, und den Übungen, die ihr strenges Glaubensbekenntnis mit sich brachte."

Voltaire blieb auf dem Kolleg, bis er siebzehn war. Danach schien er für das Berufsleben gerüstet, für das Vater Arouet längst feste Pläne hatte. Der Sohn sollte in seine Fußstapfen treten, Karriere machen als praktischer Jurist und möglichst schnell in die Dienste des königlichen Hofes treten, denn dort gab es Sicherheiten und, dies vor allem, bei geflissentlichem Betragen ein geregeltes bis üppiges Einkommen. Der unangefochtene Herrscher des Landes war Ludwig XIV., den man ob seines aufwendigen Lebensstils, seiner machtpolitischen Ansprüche und seines weltmännischen Despotentums den ‚Sonnenkönig' nannte. Wer es verstand, sich mit dem Monarchen gut zu stellen, mußte um die eigene Zukunft nicht allzusehr besorgt sein; dies galt für Hofschranzen und fleißige Beamte ebenso wie für Dichter und Denker, wobei letztere allerdings noch auf einen zusätzlichen Gegner im Hintergrund achtzugeben hatten: die mächtige katholische Kirche, deren geheimtuende Vertreter vor allem die Zensurbehörde dominierten, die sich der undankbaren Aufgabe widmete, alle Druckschriften vorab schon auf verdächtiges Gedankengut hin abzuhorchen. Die offensichtliche Lustlosigkeit jedoch, mit welcher der alternde Sonnenkönig seinen Regierungsgeschäften nachging, hatte auch auf die Zensoren abgefärbt: Sie überschlugen sich nicht gerade vor Eifer und hielten den Dienst nach Vorschrift für vollkommen ausreichend.

Von den Vorzügen des Beamtendaseins, die ihm sein Vater in bewegten Worten ausmalte, wollte Voltaire nicht viel wissen: er hatte sich entschlossen, Dichter zu werden. Trotzdem begann er, um seinen vermögenden Vater nicht ganz zu vergrätzen, mit dem Studium der Jurisprudenz. Dabei fand er Zeit genug, sich in literarischen Salons herumzutreiben, wo er alsbald in den Ruf geriet, ein bemerkenswertes Talent zu sein. Man zeigte sich entzückt über die Spottmächtigkeit und das gewitzte Auftreten des jungen Mannes, der daranging, diesen Ruf auch durch literarische Leistungen unter Beweis zu stellen. Erste Schriften erschienen: leicht dahingeworfene Erzählungen, gespickt mit einigen frivolen Andeutungen, dazu Gedichte, in denen Sinnen- und andere Freuden gepriesen wurden. Vater Arouet, den man über die Aktivitäten seines Sohnes in Kenntnis setzte, zeigte sich davon wenig entzückt. Er schickte François nach Holland, wo er einem befreundeten Gesandten bei dessen Diplomatengeschäften assistieren sollte.

In Den Haag lernte der 19jährige Voltaire Olympe Dunoyer, genannt Pimpette, die erste große Liebe seines Lebens, kennen, die er sogleich zu entführen und zu heiraten gedachte. Daß Pimpettes Eltern, im besonderen die Mutter, gegen die Liaison heftigst opponierten, machte den Reiz des Liebesabenteuers nur noch größer. Voltaire war entschlossen, dem Ruf seines Herzens zu folgen und den Kampf aufzunehmen. Als der Gesandte seinen verliebten Assistenten in den Botschaftsräumen festsetzen ließ, um ihn auf andere Gedanken zu bringen, gelang es Voltaire, einen Brief an Pimpette aus dem Hause zu schmuggeln, in dem zu lesen stand:

„Man kann mich wohl des Lebens berauben, aber niemals der Liebe, die ich für Sie hege. Ja, meine anbetungswürdige Gebieterin, ich werde Sie heute abend sehen und sollte ich dafür auch den Kopf auf dem Schafott opfern müssen. Seien Sie diskret: hüten Sie sich vor Ihrer Mutter wie vor Ihrem grausamsten Feind, was sage ich, hüten Sie sich vor der ganzen Welt, trauen Sie keinem! Halten Sie sich bereit, wenn der Mond auftaucht; dann werde ich das Gebäude inkognito verlassen, einen Wagen nehmen, und wir werden davoneilen wie der Wind. Selbst die Gefahr schlimmster Martern wird mich nicht hindern, Ihr Diener zu sein. Unsere Liebe wird so lange dauern wie unser Leben."

Diese Absichtserklärung war kühn, allein sie ließ sich nicht halten. Voltaires Liebe kühlte ab, kaum daß sie mit den schnöden Anforderungen des Alltags in Einklang gebracht werden mußte. Er kehrte nach Paris zurück und mußte sich von seinem Vater in einer Anwaltskanzlei unterbringen lassen. Dort kam er mit allen Schlichen des praktischen Rechtsverkehrs in Berührung, eine Erfahrung, die ihm später zu beträchtlichem Nutzen gereichen sollte. Auch sein Wiedereintritt in den Literaturbetrieb erwies sich als erfolgversprechend. Nachdem Ludwig XIV. 1715 gestorben war und der Herzog Philipp von Orléans für den noch minderjährigen Ludwig XV. die Regierungsgeschäfte führte, avancierte François-Marie Arouet, der sich inzwischen offiziell das Pseudonym „Monsieur de Voltaire" zugelegt hatte, auf kuriosem Umweg über einen fast einjährigen Gefängnisaufenthalt, zum königlichen Hofdichter, dem ein stattliches Jahresgehalt ausgesetzt wurde. Mit dreißig Jahren hatte Voltaire es geschafft: Er war berühmt und galt als bestverdienender Autor Frankreichs. In der Liebe ging es ihm weniger prächtig: Er mußte feststellen, daß einige hochgestellte Damen zwar seinen Charme und seine Kunst, geistvolle Gespräche zu führen, schätzten, von seinen Liebhaberqualitäten aber weniger überzeugt waren. Der Dichter, heroisch veranlagt, wenn es um die Würdigung eigener Leiden und Vorzüge ging, entschloß sich, ein für allemal den Freuden der körperlichen Liebe zu entsagen. An die Marquise de Mimeure, der er zuvor noch mannhaft nachgestellt hatte, schrieb er resignierend:

„Ich danke Ihnen vielmals für das Mittel gegen mein Augenleiden. Das ist im Moment die einzige Medizin, die ich brauche. Sie können sicher sein, daß ich von dem Leiden, das Sie befürchten, geheilt bin. Sie haben mir die Gewißheit geschenkt, daß Freundschaft tausendmal mehr wert ist als Liebe. Ich habe überhaupt das Gefühl, daß ich für die Leidenschaft nicht geschaffen bin. In der Liebe komme ich mir selbst ein wenig lächerlich vor. So ist es nun mal, ich verzichte für immer auf all dies."

Voltaires Erfolge, sein einnehmendes Wesen und seine Fähigkeit, witzige Boshaftigkeiten auf hohem Niveau unter das gebildete Publikum zu bringen, riefen Neider auf den Plan. Eine Angriffsfläche bot der Dichter durch seinen Hang, den eigenen Stand über Gebühr hochzuschätzen. Daß er kein echter Adeliger sein konnte, hatte sich inzwischen herumgesprochen. Voltaire, der die daraus resultierenden Angriffe zunächst einigermaßen souverän zu parieren wußte, ließ sich schließlich zu einer Privatfehde mit einem Chevalier hinreißen, bei der er feststellen mußte, daß der Adel, wenn es darauf ankam, immer noch zusammenhielt. Der Dichter, der sich ungerecht behandelt fühlte, wurde in eine Art Schutzhaft genommen, aus der ihn erst ein Gnadengesuch befreite, in welchem er anbot, nach England ins vorläufige Exil zu gehen, um weitere Aufregungen aller Beteiligten zu vermeiden. Die Behörden gaben dem Gesuch statt; man schien froh zu sein, den streitbaren Poeten auf halbwegs elegante Weise loswerden zu können. Voltaire war inzwischen 32 Jahre alt, ein überaus bekannter Autor, der viel geschrieben, aber, wie er selber ahnte, noch kein Werk von bleibendem Wert hinterlassen hatte. Dies sollte sich nun ändern: England, das mit Abstand liberalste Land Europas, nahm den Dichter, dessen Ruhm bis auf die Insel vorgedrungen war, mit offenen Armen auf. Voltaire mochte kaum glauben, daß es eine Nation gab, die ihren Freiheitsbegriff so großzügig auslegte. Staunend berichtete er den französischen Freunden:

„Ein Mensch ist in England von der Entrichtung gewisser Steuern nicht darum befreit, weil er Adliger oder Priester ist. Alle Steuern werden vom House of Commons festgesetzt, das im Rang nur an zweiter, aber seinem Einfluß nach an erster Stelle steht. Ist eine Verordnung von den Lords und vom König bestätigt, so zahlt jedermann. Den Bauern drückt nicht der Holzschuh; er ißt Weißbrot, trägt gute Kleidung und schreckt nicht davor zurück, die Zahl seiner Haustiere zu vergrößern oder sein Dach mit Ziegeln zu decken, weil man ihn vielleicht im nächsten Jahr daraufhin mit höheren Steuern belasten könnte."

Voltaire begann mit Aufzeichnungen, die er später unter dem Titel „Philosophische Briefe" veröffentlichte. Wer zu lesen verstand, konnte einen neuen Tonfall bei dem Dichter feststellen, den man bis vor kurzem noch als Meister der leichten, manchmal auch allzuleichten Hand gefeiert hatte: Voltaire schwang sich zum Philosophen auf; er wurde ernsthafter, ließ sich auf Erörterungen ein und entwickelte Gedanken, die als Einübung in eine Philosophie der Toleranz verstanden werden durften. Dabei brachte er, seiner Lage entsprechend, ein Wunschdenken mit ins Spiel, das zurückverwies auf die Zustände in der Heimat, der, aller wiederkehrenden Kritik zum Trotz, sein wehmütig-verschämtes Erinnern galt. Bei allem Wohlwollen, das ihm entgegengebracht wurde, mochte sich Voltaire doch nicht vorstellen, zu einem Dauergast auf der Insel zu werden. Er fand Gründe, die gegen ein längeres Bleiben sprachen ...

„Ich weiß, daß dies ein Land ist, in dem die Künste geehrt und belohnt werden. In diesem Land denkt man frei und vornehm, ohne durch knechtische Furcht gehemmt zu sein. Wenn es nach meiner Neigung ginge, würde ich hierbleiben, allein schon, um denken zu lernen. Aber ich weiß nicht, ob mein geringfügiges, durch so viele Reisen in Unordnung geratenes Vermögen, meine schlechte, mehr denn je zerrüttete Gesundheit und meine Vorliebe für ein zurückgezogenes Leben mir erlauben werden, mich in den Trubel von Whitehall und London zu stürzen."

Kaum hatte der Dichter über seine angeblich besorgniserregenden Vermögensverhältnisse Klage geführt, als eben diese eine geradezu wundersame Aufbesserung erfuhren. Es gelang ihm, eine zweite Auflage seiner Lebensgeschichte Heinrichs IV., der sogenannten Henriade, herauszubringen, die am englischen Königshof und in Kreisen des gebildeten Lesepublikums auf derart massives Interesse stieß, daß weitere Editionen des Buches folgten. Voltaire sah sich zum Auflagenkrösus befördert: Innerhalb weniger Monate verdiente er umgerechnet etwa 700 000 DM an einem Werk, das sicher nicht zu seinen bedeutendsten gehört. Den Dichter mußte dies nicht anfechten: Er hatte sich gründlich saniert und konnte darangehen, die Rückkehr nach Frankreich in Erwägung zu ziehen. Aus Paris wurde ihm signalisiert, daß er zwar nicht mit einem begeisterten Empfang rechnen könne, aber doch von der offiziellen Duldung seiner Person ausgehen dürfe, an deren eher noch größer gewordene Berühmtheit sich die unterschiedlichsten Erwartungen richteten. Im Frühjahr 1729 betrat Voltaire wieder französischen Boden. Seine in England eingeleitete finanzielle Glückssträhne hielt an: Er gewann einen Erbschaftsprozeß gegen seinen Bruder, tätigte etliche lukrative Anlagegeschäfte und legte schließlich, sehr zum überwiegenden Vergnügen der Öffentlichkeit, die Direktion der staatlichen Lotteriegesellschaft aufs Kreuz, indem er, zusammen mit anderen Partnern, alle Lose auf einmal aufkaufte und zur Einlösung vorlegte, was der Spielgemeinschaft, gemäß Voltaires Berechnungen, einen Reingewinn von nach heutiger Währung mehreren Millionen DM bescherte. Daß er es nicht schädlich fand, reich zu sein, hat Voltaire des öfteren gern betont; er sah seinen Wohlstand als gerechten Ausgleich für den Ärger an, den man ihm als Poet bereitete:

„Das Los eines Literaten ... hat als Kehrseite gar zu viele Verdrießlichkeiten. In diesem Stand, der keinen Rang hat, muß man Demütigungen einstecken von seiten derer, die etwas haben und etwas sind, und wird ein Opfer des Neides derer, die nichts haben und nichts sind. Um mich für diese üblen Begleiterscheinungen der Schriftstellerei schadlos zu halten, habe ich mir vorgenommen, ein großes Vermögen zu machen, wie das Pack sich ausdrückt. Ich habe mir viel Geld und Gut erworben, Ruhe und Freiheit."

Mit Voltaires Ruhe war es vorbei, als sich die Zensur wieder für ihn interessierte. Er hatte die „Philosophischen Briefe" ohne Verfasserangabe erscheinen lassen, aber jedermann glaubte zu wissen, daß nur der streitbare Monsieur de Voltaire als Verfasser des Büchleins in Frage kommen konnte. Die Zensurbehörden stießen sich im besonderen an einigen dezidiert antiklerikalen Passagen, in denen es auch um den lockeren Lebenswandel ging, der in kirchlichen Funktionärskreisen praktiziert wurde. Voltaire entzog sich der drohenden Verhaftung durch die Flucht auf das Landgut seiner neuen großen Liebe Emilie du Chatelet. Dort in Cirey, nahe der lothringischen

Grenze, fand er die Ruhe, die er schon lange suchte. Für seine Verfolger lag das Anwesen weit genug entfernt, um sich in Untätigkeit zu üben; schließlich war es ohnehin keine angenehme Aufgabe, dem populärsten Schriftsteller Frankreichs immer wieder mal nachstellen zu müssen. Emilie du Chatelet, seine Gastgeberin und Geliebte, tat ein übriges, um Voltaire den Aufenthalt so angenehm wie möglich zu machen. Sie war siebenundzwanzig, als sie den Dichter in Paris kennenlernte, eine hochgebildete, verheiratete Frau, deren Interessen weniger der Mode und dem Tagesklatsch galten als den Wissenschaften und schönen Künsten. Ihr Gatte, aus lothringischem Adel stammend, diente als Generalleutnant in der Armee; er war ein gutmütiger Mensch, der seiner Frau den einen oder anderen Liebhaber gönnte, mit dem sie Abwechslung in ihren tristen Ehealltag brachte. Die Beziehung zwischen Emilie und Monsieur de Voltaire, der ja eigentlich schon als junger Mann allen körperlichen Liebesfreuden abgeschworen hatte, erwies sich als zu Herzen gehende und überaus haltbare Liaison: Zum ersten Mal bekam es der Dichter mit einer Frau zu tun, die ihm geistig ebenbürtig schien, ja die sich sogar für Gegenstände des Wissens zu begeistern wußte, denen Voltaire nicht viel abgewinnen konnte. In einem kleinen Gedicht notierte er dazu:

„Alles gefällt und ziemt ihrem umfassenden Genie:/ die Bücher, die Schmuckstücke, die Kompasse, die Pompons,/ die Verse, die Diamanten, das Biribi, die Optik,/ die Algebra, die Soupers, das Latein, die Jupons,/ die Oper, die Prozesse, der Ball und die Physik..."

Sechzehn Jahre lebte Voltaire in Cirey, liebte seine Emilie, schrieb, korrespondierte und diskutierte, betätigte sich in den ausgedehnten Gartenanlagen als Landschaftsgestalter und ging bei Gelegenheit sogar mit dem Marquis du Chatelet auf die Jagd. Es war eine schöne Zeit, vielleicht die glücklichste seines Lebens, wie er im Rückblick bekannte. Sie endete im September 1749, als Emilie, die sich, nachdem Voltaire immer mehr kränkelte, noch einen weiteren Liebhaber zugelegt hatte, aber immerhin schon Mutter von zwei erwachsenen Kindern war, zur Überraschung aller Beteiligten nochmals schwanger wurde und wenige Tage nach der Geburt einer gesunden Tochter im Kindbett verstarb. Voltaire, der seiner Erschütterung kaum Herr werden konnte, löste seinen Hausstand in Cirey auf und kehrte nach Paris zurück. Marie-Louise, die Tochter seiner verstorbenen Schwester, führte ihm nun den Haushalt. Sie hatte mit Literatur wenig im Sinn, besaß aber ein zuvorkommendes Wesen und verstand es, mit den Launen des Dichters umzugehen. Voltaire, der seit Jahren schon eine lebhafte Korrespondenz mit dem König Friedrich II. von Preußen führte und von diesem immer wieder nach Berlin eingeladen worden war, überlegte nun ernsthaft, ob er dem unermüdlichen Werben des Monarchen nachgeben sollte. In Paris sah sich der Dichter den üblichen Verleumdungen ausgesetzt; ein Umstand, der ihn zunehmend gereizt stimmte und verletzte. Im Sommer 1750 entschloß er sich schließlich, Friedrichs Einladung anzunehmen. Der König schickte dem Dichter, den er eigentlich mehr als Philosophen schätzte, einen überaus freundlichen, ja: schmeichelnden Willkommensbrief, in dem es hieß:

„Sie sind Philosoph, ich bin es auch. Was gibt es Natürlicheres, als daß Philosophen, die dazu bestimmt sind, zusammen zu leben, dieser Neigung nachgeben? Ich bin nicht so töricht zu glauben, daß Berlin Paris aufwiegen könne. Wenn Reichtum, Größe und Pracht eine Stadt liebenswert machen, so treten wir gegen Paris zurück. Wenn der gute Geschmack sich an einem Ort der Welt findet, so gebe ich zu, daß dies Paris ist. Aber bringen Sie denn diesen Geschmack nicht überall hin, wo Sie sind? Sie werden hier glücklich sein, solange ich lebe."

Die Voraussage schien sich zunächst zu bewahrheiten. Voltaire wurde in Berlin als Europas bedeutendster Dichter und Denker gefeiert, was ihm, mit Blick auf die Anfeindungen in seinem Heimatland, ausgesprochen guttun mußte. Schon nach einigen Monaten jedoch legten sich erste Schatten auf seine neue Zufriedenheit. Der König, ähnlich egozentrisch veranlagt wie der Dichter, aber dafür mit weitaus weniger Selbstironie ausgestattet, fing an, Voltaire auf die Nerven zu gehen; er beanspruchte seinen Gast, wann immer er es für richtig hielt. Was die Machtverhältnisse in Preußen anging, so blieb festzustellen, daß die Militärs das Sagen hatten, und Friedrich II. war, ungeachtet aller toleranten Anwandlungen, der oberste und mächtigste aller preußischen Soldaten, der sich durchaus auch als solcher aufzuspielen wußte. Hinzu kam, daß Voltaire unter einer Kälte litt, die in Preußen, wie er fand, nicht nur den Winter bestimmte. An Marie-Louise in Paris schrieb er:

„Ich schreibe neben einem Ofen, mit schwerem Kopf und traurigem Herzen, indem ich auf die Spree blicke, und zwar weil die Spree in die Elbe fließt und die Elbe ins Meer, und das Meer nimmt die Seine auf, und unser Haus in Paris ist ganz nahe an der Seine, und ich sage: Mein liebes Kind, warum bin ich in diesem Palast, in diesem Zimmer, das auf die Spree hinausgeht, und nicht in der heimatlichen Ofenecke? Warum mußte ich dich wegen eines Königs verlassen? Mein liebes Kind, wie viele Vorwürfe mache ich mir. Wie ist mein Glück vergiftet! Wie kurz ist doch das Leben! Wie traurig, daß ich mein Glück fern von dir gesucht habe! Ich bin kaum wieder genesen..."

Voltaire versuchte, seinem Heimweh durch zusätzliche Umtriebigkeiten zu begegnen. Dabei ging es ihm weniger um seine literarischen Arbeiten, sondern um Finanzgeschäfte, bei denen er sich zugute hielt, in der Regel sogar geschickter vorzugehen als ausgebuffte Profis. Auch in Preußen gelang ihm der eine oder andere Coup; insgesamt belief sich sein Jahreseinkommen auf mehr als eine halbe Million Mark, womit er seinen Rang als vermögendster Poet Europas mühelos zu verteidigen wußte. Trotzdem erhielt er in Berlin tagtäglichen Anschauungsunterricht für die alte Volksweisheit, daß Geld allein nicht glücklich macht: Der König, der den hochverehrten Dichter durch eine Vielzahl fast schmeichlerisch zu nennender Briefe in sein Reich gelockt hatte, zeigte seinem Gast nun, wie wenig die Mächtigkeit des Wortes gegenüber realpolitischer Macht bedeutete. Voltaire bekam zu spüren, daß er als geistreicher Gesellschafter eingekauft worden war, mit dem der Monarch nach Belieben umspringen zu können glaubte. Um die Launen des Königs einigermaßen erträglich zu finden, trat der Dichter den Rückzug auf sein ureigenes Spezialgebiet an; er flüchtete in die Ironie... An seine Nichte schrieb er im Dezember 1752:

„Ich will mir ein kleines Wörterbuch für Könige anlegen. ‚Mein Freund' bedeutet ‚mein Sklave'. ‚Mein lieber Freund' heißt: ‚Sie sind mir mehr als gleichgültig'. Unter der Phrase ‚Ich werde Sie glücklich machen' ist zu verstehen: ‚Ich werde Sie bei mir dulden, so lange ich Sie brauchen kann.' ‚Soupieren Sie heute abend mit mir' bedeutet nur: ‚Ich will Sie heute abend verhöhnen.'"

Im Frühjahr 1753 nahm Voltaire seinen Abschied. Das preußische Intermezzo war beendet – zur Erleichterung der beiden Hauptbeteiligten. Friedrich II. hatte mit zunehmender Unlust registriert, daß der Dichter Patzigkeiten wagte und ungnädige Antworten auf die gnädig an ihn herangetragenen Fragen gab; eine solche Umsetzung der Gunst, Gedankenfreiheit zu predigen, fand der Regent ungehörig und, dies vor allem, undankbar seiner werten Person gegenüber. Voltaire seinerseits zeigte sich von dem devoten Höflingsbetrieb, der im Umkreis des Königs praktiziert wurde, angewidert; er sehnte sich zurück nach seiner würdigen Selbständigkeit, wie sie ihm in Cirey gewährt worden war. Als er bei seiner Rückkehr nach Frankreich erfahren mußte, daß Behörden und Zensurkammern keineswegs zur Besinnung gekommen waren und ihn weiter zu schikanieren gedachten, ließ er sich auf dem Gebiete der Stadtrepublik Genf nieder. Dort, in einer Umgebung und unter Leuten, die Französisch sprachen, erwarb er ein Haus in Lausanne, ein zweites in Genf sowie die komfortablen Landgüter Tournay und Ferney in Grenznähe zu Frankreich, die ihm als Alterssitz dienen sollten. Die Möglichkeit, sich mit sechzig Jahren noch so etwas wie eine neue Heimat schaffen zu können, versetzte ihn in einen fast kindlichen Eifer: Er ließ Marie-Louise aus Paris anrücken und macht sich eigenhändig daran, seine Domizile standesgemäß auszubauen. Einem Freund berichtete er:

„Ein Philosoph muß gegen die Hunde, die ihn verfolgen, stets mehrere Schlupflöcher haben ... Ich habe vier Pfoten, nicht nur zwei ... Mit der einen stehe ich in Lausanne, in einem reizenden Haus im Winter; mit der zweiten Pfote in Genf, wo mir die gute Gesellschaft Besuche macht. Dies sind meine beiden Vorderpfoten. Mit den Hinterpfoten aber stehe ich in Ferney und in der Grafschaft Tournay ... Ich habe mich dabei zum Maurer und Zimmermann entwickelt ... Madame und ich sind dabei, für unsere Freunde und unsere Hühner Behausungen zu schaffen. Wir pflanzen Orangenbäume und Zwiebeln, Tulpen und Karotten. An allen Ecken und Enden fehlt etwas. Es gilt, Karthago neu zu gründen."

Hatte Voltaire nun auch seinen Alterswohnsitz gefunden, so konnte von Ruhestand noch keine Rede sein. Nachdem seine Häuser wohnlich geworden waren, entwickelte er eine Produktivität, die Freunde wie Feinde gleichermaßen verblüffen mußte. Er schrieb (u.a.) mehr als zwanzig Romane und Erzählungen, darunter sein bekanntestes Prosastück „Candide oder der Optimismus"; er arbeitete mit ungeheurem Fleiß an der Großen Enzyklopädie seines Freundes Diderot mit, brachte einen mehrbändigen „Versuch über die Sitten" aufs Papier, veröffentlichte den „Traktat über die Toleranz" und das „Philosophische Wörterbuch", in welchem er versuchte, seine mit den Jahren gewachsenen weltanschaulichen Ideen allgemeinverständlich darzustellen. Das alles gelang ihm, obwohl er, wie er selber meinte und Klage führte, zusehends hinfälliger wurde; von der liebgewordenen Gewohnheit, alle Gebrechen und Malaisen seiner schwachen Leiblichkeit aufmerksam zu registrieren und vor allem auch hingebungsvoll zu beschreiben, wollte er gerade im Alter nicht mehr lassen. Seine Briefe unterzeichnete er gern mit „Der kranke Alte" oder wahlweise auch „der alte Kranke"; im stillen amüsierte es ihn, daß ein kämpferisch dahinsiechender Greis wie er noch in der Lage war, die Mächtigen seiner Zeit zu ärgern und der Wahrheit, ein ums andere Mal, die Ehre zu geben. Dabei ging es ihm, bei aller persönlichen Eitelkeit, um einen Aufruf zur Selbstbescheidung des Menschen: Von Gott ist keine Hilfe zu erwarten, der Mensch als sein vermutlich ranghöchstes Geschöpf muß mit dem auskommen, was er hat, und das ist vor allem seine Vernunft. Vor ihr gilt es, angemessen Gebrauch zu machen; der Mensch sollte wissen, was er wissen kann, aber er sollte auch die Grenzen der Vernunft kennen; – als ein um Erkenntnis bemühtes Wesen bringt er es, bestenfalls, bis zum „unwissenden Philosophen"...

„Gott wird wohl wegen eines so erbärmlichen Tieres, wie es der Mensch ist, nicht seine ewigen Gesetze durchbrechen... Das eine muß man allerdings zugeben, daß dieses elende Tier das Recht hat, ganz bescheiden zu schreien, und zu verstehen versucht, warum diese ewigen Gesetze nicht so sind, daß jedes Individuum sich dabei wohl befinden kann. Das System des ‚Alles ist gut!' stellt den Schöpfer der Natur als einen mächtigen und bösen König dar, dem es gleichgültig ist, ob vier- oder fünftausend Menschen ums Leben kommen und ob die anderen ihre Tage in Not und Tränen dahinschleppen... Ist Gott denn an einem Ort oder außerhalb aller Orte oder zugleich an allen Orten? Ist er körperlicher oder geistiger Natur? Woher soll ich das wissen... ‚Erkenne dich selbst!' ist ein ausgezeichneter Rat, aber nur Gott selbst könnte ihn wirklich in die Tat umsetzen. Wir nennen Seele, was beseelt ist. Mehr wissen wir nicht von diesen Dingen, weil unsere Intelligenz ihre Grenzen hat. Drei Viertel der Menschheit lassen es dabei bewenden; das letzte Viertel ist auf der Suche; niemand hat gefunden oder wird je finden...!"

Bei aller Skepsis den angemaßten Vernunftleistungen gegenüber konnte sich Voltaire eine bewußte Rückwendung des Menschen zur Natur nicht vorstellen. Seine Geschichtsphilosophie war linear; sie ging von der Vorstellung aus, daß, ungeachtet aller objektiv gegebenen Grausamkeiten und Ungerechtigkeiten, doch auch sparsam bemessene Fortschritte möglich sein sollten, deren stetes Bedenken die Menschheit davon abhalten konnte, überheblich zu werden und sich selbst aus der Eigenverantwortung zu nehmen. So reagierte er denn auch nur mit bewährter Ironie und einigermaßen verständnislos, als ihm der Propagandist einer Rückkehr zum Naturzustand, sein Kollege Rousseau, der sich anschickte, zu einem berühmten Philosophen zu werden, ein Exemplar seiner Programmschrift „Über den Ursprung der Ungleichheit zwischen den Menschen" zusenden ließ...

„Noch niemand hat soviel Geist verschwendet wie Sie, in dem Bestreben, uns wieder zu Bestien zu machen. Man bekommt richtig Lust, auf allen vieren zu gehen, wenn man ihr Werk liest. Indessen habe ich diese Gewohnheit schon seit sechzig Jahren aufgegeben, und so ist es mir unmöglich, sie wieder aufzunehmen. Ich überlasse diese natürliche Gewohnheit denen, die ihrer mehr würdig sind als Sie und ich. Noch weniger ist es mir möglich, mich zu den Wilden Kanadas einzuschiffen; erstens will meine Krankheit mich zwingen, dem größten Arzt Europas nahezubleiben; zweitens herrscht in diesem Land Krieg, und auf Grund des Vorbilds unserer Nationen sind die Wilden jetzt ebenso bösartig wie wir. So muß ich mich damit begnügen, als friedlicher Wilder in meiner Einsamkeit zu verbleiben, die ich mir ganz in der Nähe Ihrer Vaterstadt ausgesucht habe."

Es verwundert nicht, daß Rousseau sich nach dem Erhalt eines solchen Antwortschreibens pikiert zeigte; zwischen den „beiden größten Denkern ihres Zeitalters", wie sie genannt wurden, kam keine tiefere Beziehung zustande. Dabei hatte Voltaire nur reagiert, wie er zu reagieren pflegte: spontan, seinen Einsichten verpflichtet, die sich nicht so sehr auf philosophische Begründungen verließen als vielmehr einem inneren Wahrheitsgefühl vertrauten, und im Zweifelsfall immer einen guten Witz vorziehend, an dem er seinen Spaß auch dann hatte, wenn andere ihn nicht so erheiternd fanden. Bei kaum einem anderen Dichterphilosophen zeigt sich die innere Zusammengehörigkeit von Leben und Arbeit, von Daseinsentwurf und literarischer Produktivität so nachhaltig und deutlich wie bei Voltaire, der schon seine Namensgebung dazu benutzte, dem Publikum ein Erfolgsstück anzuzeigen, das so lange auf dem Spielplan stehen sollte, wie es sein Intendant, Autor und Regisseur, die in Personalunion agierten, letztlich für richtig hielten. Voltaires imposantes Gesamtwerk, in dem die Arbeiten, denen nachfolgende Generationen nicht mehr viel abgewinnen konnten, deutlich überwiegen, ist unlösbar in seine Biographie eingebunden, die er, der Meister persönlich, im Sinne des unauslöschlichen Urheberrechts, als ironisch-brüchige Selbstinszenierung betrieb und zugleich weiterschrieb – eine ebenso nachhaltige wie eindrucksvoll-amüsante Unternehmung, die in dem Maße erfolgreich bleiben konnte, wie sie äußeren Zuspruch, Befehdungen, Lobhudeleien und massive Nachstellungen in das eigene Identitätsverständnis mit aufzunehmen verstand. Dabei konnte er es sich, zu guter Letzt, sogar leisten, den Mächtigen seiner Zeit gegenüber nicht nur aufmüpfig, sondern auch nachtragend zu sein ... An Friedrich II., der darum bemüht war, die Korrespondenz mit seinem ehemaligen Gast aufrecht zu erhalten, schrieb der über siebzigjährige Voltaire voller Groll:

„Sie haben mir genug Böses angetan; Sie haben mich auf immer mit dem König von Frankreich entzweit; sie haben mich ... übel behandeln lassen. Sie beehren mich zwar mit Briefen, aber Sie verderben mir diesen süßen Trost durch bittere Vorwürfe. Das Schlimmste, was Sie angerichtet haben, ist dies, daß die in ganz Europa verbreiteten Feinde der Philosophie jetzt sagen können: Die Philosophen können nicht in Frieden miteinander leben. Da gibt es einen König, der nicht an Jesus Christus glaubt; er ruft an seinen Hof einen Mann, der auch nicht an ihn glaubt, und er behandelt diesen Mann schlecht. Es gibt also keine Humanität bei den sogenannten Philosophen, und Gott bestraft die einen durch die anderen."

Voltaire starb am 11. Mai 1778. Kurz vor seinem Tod war er noch einmal – trotz seiner, wie er sagte „83 Jahre und 83 Krankheiten" – nach Paris zurückgekehrt, eine beschwerliche Unternehmung und zugleich letzter Akt seiner Selbstinszenierung, die als Triumph endet. In Paris regierte inzwischen nach dem fünfzehnten der sechzehnte Ludwig, ein vergleichsweise harmloser Monarch, der froh war, wenn er von seinem Volk und allen Problemen in Ruhe gelassen wurde. Man setzte ihn in Kenntnis darüber, daß Voltaires Anwesenheit in der Hauptstadt wahre Begeisterungsstürme auslöste; es ließ ihn ungerührt. So konnte der greise Dichterphilosoph, der sich in seinen letzten Tagen selbst als König fühlen durfte, noch einmal Hof halten; er tat es ausgiebig und ohne Rücksicht auf seine Gesundheit. Es war, als ob er nur noch den nicht enden wollenden Schlußbeifall abwarten wollte, der das große Bühnenspiel seines Lebens beschließen mußte. Seine privaten Dinge hatte er geordnet: Marie-Louise erbte, neben zahlreichen Wertpapieren, das Landgut Ferney, das sie ebenso verkaufte wie Voltaires mehr als 6000 Bände umfassende Bibliothek. Die gestrengen Verehrer des Meisters, die alsbald auf den Plan traten, sahen in diesem recht flott vollzogenen Veräußerungsvorgang einen Akt geistiger Barbarei; in Wirklichkeit entsprach er den Gepflogenheiten, die im Haushalt des Meisters geherrscht hatten. War er nicht selbst geldgierig gewesen, hatte sich sogar dazu bekannt und darauf hingewiesen, daß es gerade für Künstler eine Klugheitspflicht darstelle, wohlhabend zu werden, wenn ihnen denn, was ja eher als unwahrscheinlich zu gelten habe, die Möglichkeit dazu geboten würde. So entledigte sich die Nichte der ihr noch verbliebenen Pflichten im Geiste des Onkels; er selbst hatte, versöhnt mit der Welt und doch zutiefst beunruhigt über den moralischen Zustand der Menschheit, zuletzt nur noch eine Hoffnung aussprechen wollen:

„Ich wende mich nicht mehr an die Menschen, sondern an Dich, Gott aller Wesen, aller Welten und aller Zeiten ... Du hast uns kein Herz gegeben, damit wir uns hassen, und nicht Hände, um uns umzubringen. Gib, daß wir einander helfen, damit wir die Last eines elenden und flüchtigen Lebens ertragen können. Mögen sich alle Menschen erinnern, daß sie Brüder sind. Mögen sie die Tyrannei über die Seelen verabscheuen! Wenn schon die Geißel des Krieges unvermeidlich ist, so laßt uns wenigstens im Frieden miteinander nicht hassen und peinigen!"

Voltaire war und blieb „der unwissende Philosoph". Ein kühn zusammengezimmertes Gedankensystem, in dessen Mitte eine waghalsige philosophische Botschaft lauert, hat er nicht hinterlassen. Dafür bevorzugte er die Strategie der vielen kleinen Nadelstiche, die nicht immer trafen, zumeist jedoch beachtliche Wirkung hinterließen. Was auf Dauer mit seinem Namen verbunden bleiben wird, ist die schlagende Überzeugungskraft von Witz und Ironie, die der Wahrheit oft näher sind als die ihr gewidmeten Deduktionen des Geistes. In einem seiner etwas versöhnlicher gestimmten Briefe an den König von Preußen etwa erinnerte der Dichterphilosoph an eine Radikalkur, die, weit mehr noch als der damaligen Zeit, unserer Ägide überhandnehmender Mitteilungssucht im gedruckten Wort gelten könnte:

„Eure Majestät... nahmen die Schere, schnitten alle die Seiten heraus, die Ihnen langweilig erschienen, und ließen nur die übrig, die Ihnen Vergnügen bereiteten; auf diese Weise reduzierten Eure Majestät dreißig Bände auf einen oder zwei: eine vortreffliche Methode, um uns von der Sucht der Vielschreiberei zu heilen."

„Deine Wissenschaft sei menschlich"

David Hume

Von der Philosophie nimmt man für gewöhnlich an, daß sie der Weisheits- und Wahrheitsfindung dient und insofern keine schädlichen Nebenwirkungen zeitigt, denn Weisheit und Wahrheit gelten als nützlich, ja als hochwillkommen, und stehen im Rufe, dem geistigen Wohlbefinden des Menschen zuträglich zu sein. Das mag in der Regel so sein; wer weise ist, von dem erwartet man eine gewisse seelische Ausgeglichenheit, und ein Mensch, der nach langem Grübeln in den Besitz der Wahrheit gelangt, kann sich, eben aufgrund dieses entscheidenden Erkenntniszugewinns, glücklich schätzen – es sei denn, die Wahrheit selbst erweist sich als schrecklich und macht aus einem ehedem zufriedenen einen zutiefst verstörten Zeitgenossen. Für den, der sich erst noch mit der Philosophie beschäftigen will, den begabten und interessierten Anfänger also, resultiert daraus eine solide und im Prinzip gänzlich unaufgeregte Erwartungshaltung, die allerdings jäh durchbrochen werden kann, wenn sich die Ergebnisse, welche der ungeduldige Novize erhofft, nur verzögert oder gar nicht einstellen wollen und die Philosophie daraufhin ins Unermeßliche aufzuwachsen scheint – ein Gebirgszug mächtigster Gedanken, die auf einmal unübersteigbar anmuten.

Eine solche Verkehrung hehrer Planbeispiele widerfuhr dem Studenten David Hume: Er, 1711 in Edinburgh geboren, war von seiner Familie frühzeitig zum Studium der Rechte gedrängt worden, das er, mehr schlecht als recht absolvierte, ohne von seiner eigentlichen Liebe, der Philosophie, zu der er auch die Literatur zählte, lassen zu wollen. Wann immer es die Mußestunden erlaubten, die sich Hume durchaus großzügig gewährte, las er die Klassiker, vor allem Platon, Plutarch, Seneca und Cicero, welche ihm allesamt die eine seligmachende Forderung nach einem der Wahrheit und Weisheit gewidmeten Leben aufzustellen schienen. Hume war nur allzu bereit, diese Forderung zu der seinen zu machen: Er gedachte, sein Dasein unter den Leitstern der Philosophie zu stellen; die Erwartungen, die er damit verband, sahen Enttäuschungen nicht unbedingt vor. Er brach sein Studium der Jurisprudenz unverrichteter Dinge ab und kehrte nach Hause in seinen schottischen Heimatort Ninewells zurück, wo er sich seiner Familie erklärte; der weisheitsliebende Jüngling, der von nun an nur noch mit der Philosophie liiert sein wollte, wurde zwar nicht gerade freudig begrüßt, aber man sah doch ein, daß die Liebschaft ernst genug war, um Widerstandsmaßnahmen als zwecklos einzustufen.

Nachdem ihm der Familienrat, angeführt von seinem Onkel George, der nach dem frühen Tod von Davids Vater als erster Erzieher fungierte, eine zögerliche Zustimmung zu seinen Plänen signalisiert hatte, glaubte der gerade achtzehnjährige Exstudent der Rechtswissenschaften freie Bahn zu haben: Die ganze Welt des Denkens lag nun in aller Offenheit vor ihm; er konnte sich, mehr denn je, mit den Gedankengebäuden befassen, die bereits errichtet worden waren, und aus dieser Beschäftigung jenen Gewinn ziehen, der auf die weitere Anreicherung durch eigenes Zutun angewiesen ist. Was sich als verführerische Aufgabe darstellte und zunächst, für einen Zeitraum von sechs Monaten etwa, auch euphorische Gefühle auslöste, erwies sich jedoch schon bald als quälerisches Unterfangen: Die Gedankengebäude, die Hume betrat, glichen, bei näherem Hinsehen, architektonischen Ungetümen, die eher zum systematischen Verlaufen einluden denn zur konsequenten Erkundung. Eine Irreführung setzte ein, als deren Urheber Hume seine eigene Unzulänglichkeit begreifen mußte; nicht an den großen Philosophen lag es, daß er immer weniger begriff, was Wahrheit und Weisheit bedeuten konnten, sondern nur an ihm selbst: er hatte sich, so schien es, übernommen; als vorläufiges Ergebnis seiner so enthusiastisch begonnenen Bemühungen waren ihm kaum mehr als Zweifel und eine deprimierende Desorientierung beschieden.

Hume flüchtete in die Krankheit. Ein rätselhafter Hautausschlag setzte ihm zu; die innere Erregung, in die er sich versetzt sah, traktierte ihn zudem mit intensivem Speichelfluß, den der verhinderte Philosoph besonders peinlich fand, weil er ihn auch dann heimsuchte, wenn es nur um das gewöhnliche Mitteilungsbedürfnis ging. Hume kam sich wie der Idiot der Familie vor; an dem äußeren Erscheinungsbild, das er abgab, schien man die Schädlichkeit festmachen zu können, die besonders aus konservativ-kirchlichen Kreisen der Philosophie von jeher zugesprochen wurde. Ein Arzt, den man konsultierte, konnte keine körperlichen Krankheitssymptome erkennen; er mutmaßte, für die damalige Zeit eine durchaus mutige Diagnose, daß die Leiden des jungen Mannes wohl aus „dem geheimen Born seiner Seele" gespeist würden. Er empfahl, was nun schon wieder weniger mutig war, verstärktes Gottvertrauen und verschrieb zudem, für alle Fälle, die Anwendung von frisch auf den Markt gekommenen „antihysterischen Pillen".

Als Hume bereits glaubte, seine merkwürdige Krankheit überwunden zu haben, setzte im Frühjahr 1731 ein unerwarteter Rückschlag ein: Ihn befiel eine geradezu aberwitzige Freßlust. Von morgens bis abends konnte er essen, und wenn der Rest der Familie nachts in den Betten lag, lieferte er gern noch eine Zugabe: Er schlich zur Speisekammer, um sich dort mit dem allernötigsten zu versorgen, so daß er die langen Stunden bis zum Frühstück zumindest einigermaßen unbeschadet zu überstehen vermochte. Innerhalb von wenigen Wochen wurde aus dem hageren und hochaufgeschossenen David Hume ein kräftiger, ja man mußte wohl sagen: ein zur Dicklichkeit neigender junger Mann, der nun so gesund aussah, daß sich alle weiteren Fragen nach seinem Befinden zu erübrigen schienen. Als sein so mächtig gesteigerter Appetit schließlich nachließ, war dies das Zeichen, daß sich die Krankheit bereit erklärte, den Rückzug anzutreten. Hume kam zur Ruhe; eine neue, nunmehr geläuterte Besinnungsphase setzte ein, in der die zuvor abgeleisteten Geisteswirren wie eine notwendige Bewährungsprobe erschienen, deren Bestehen jene langvermißte Klarheit verschaffte, die Aufschluß darüber gab, wie es denn nun weitergehen sollte mit seinem Leben und Denken. Auch die Lektüre, die sich Hume in seinen ersten euphorischen Studien zu Gemüte geführt hatte, erfuhren nun eine andere, realistischer gewordene Bewertung:

„Da ich jetzt Zeit und Muße hatte, meine entflammte Einbildungskraft abzukühlen, begann ich ernsthaft zu überlegen, wie ich bei meinen philosophischen Untersuchungen vorgehen sollte. Ich fand, daß die aus der Antike überlieferte Moralphilosophie unter demselben Mangel litt, der schon in ihrer Naturphilosophie gefunden wurde, nämlich gänzlich spekulativ zu sein und mehr auf Erfindungen als auf Erfahrung zu beruhen. Jeder nahm nur seine eigene Phantasie im Errichten von Lehrgebäuden über Tugend und Glück ernst, ohne die menschliche Natur zu beachten, von der jede moralische Schlußfolgerung abhängen muß. Ich entschloß mich daher, die menschliche Natur zum Hauptgegenstand meines Studiums zu machen und zur Quelle, aus der ich jede Wahrheit ableiten wollte."

Hume hatte sich damit für ein Arbeitsprogramm entschieden, das ebenso eingängig war, wie es sich als schwierig erweisen mußte. Die menschliche Natur nämlich, ein naheliegender Forschungsgegenstand, der ihm tagtäglich mit seinen verblüffend vielen Variationen vorgeführt wurde, ließ sich zwar beschreiben, was eher Aufgabe der Schriftsteller war, aber sie erwies sich auch als spröde, wenn es galt, allgemeine Regeln und Gesetzmäßigkeiten preiszugeben, von denen man annehmen durfte, daß sie schon immer maßgebend waren für das Denken und Fühlen der Menschen. Um überhaupt bestimmte Regeln auffinden zu können, muß man sich seines Verstandes bedienen, der, so Hume, aus der Fülle der Beobachtungen jene Schlüsse zieht, die eine gewisse Allgemeingültigkeit beanspruchen können. Ohne Erfahrungen jedoch, ohne die wesentlichen Botschaften, die von den Sinnen ausgehen, bleibt der Verstand zu Untätigkeit verdammt; er muß sich, in leerer Umtriebigkeit, mit sich selber beschäftigen und schließlich, angespornt durch eine wiederkehrende Langeweile, die großen metaphysischen Illusionen aushecken, welche in der Geschichte der Philosophie möglicherweise jene Funktion ausfüllen, die in der allgemeinen Überlieferung den Märchen zugesprochen wird.

Verleitet durch eine vorhersehbare berufliche Erfolglosigkeit – schließlich war Hume kaum mehr als ein verkrachter Student, der sich um Broterwerbszwänge noch nicht recht hatte kümmern müssen –, ging er nach Frankreich, dem Land, das im damaligen Europa als kulturelle Hochburg galt. Der angehende Philosoph, der mittlerweile einen steten Fleiß entwickelte und seine Notizbücher, die er fast immer bei sich trug, geradezu unermüdlich mit Aufzeichnungen füllte, ließ sich in Reims nieder, einer Stadt, die ihm gefiel, auf Dauer jedoch zu teuer wurde. Hume hatte, um überhaupt einen längeren Frankreich-Aufenthalt finanzieren zu können, all seine Ersparnisse zusammengekratzt; als diese zur Neige gingen, ließ er sich auf dem Land nieder, wo ihm freundliche Unterkunft in dem etwas heruntergekommenen Herrensitz Yvandeau gewährt wurde. Für Hume, einen geduldigen Schotten, der sich nach seinem Schlüsselerlebnis, der durchstandenen Krankheit, die zu neuer Selbstgewißheit führte, ohnehin zur Ruhe anzuhalten wußte, war es auf dem Lande fast zu ruhig. Die idyllische Landschaft, die er von den Fenstern seiner kleinen Wohnung aus sehen konnte, ließ ihn kalt; überhaupt hatte er, wie sich auch später herausstellen sollte, für Naturschönheiten wenig Sinn. Über die Zweifel, die er hegte, die wiederkehrenden Anflüge von Heimweh und manches Stimmungstief, dem er sich ausgesetzt sah, machte er nur seinem Tagebuch Mitteilung; ansonsten erfüllte er die selbstgesteckten Pflichten und konzentrierte sich auf seine philosophische Arbeit, von der er nunmehr sicher war, daß sie sich in einem ersten grundlegenden Werk niederschlagen würde.

Im Sonner 1737 fuhr Hume nach England zurück. Er hatte ein umfangreiches Manuskript bei sich, das 1739 unter dem Titel „Traktat über die menschliche Natur" in einer zweibändigen Edition erschien und zu einem bemerkenswerten Mißerfolg wurde. Hume, der sich vor Drucklegung seines Werkes des öfteren vergeblich zur Ordnung gerufen hatte, um keine übertriebenen Erwartungen aufkommen zu lassen, was die mutmaßliche Aufnahme des Traktats in der Öffentlichkeit anging, durfte durchaus der Meinung sein, mit diesem Buch eine gewichtige Leistung vollbracht zu haben: Vom philosophischen Selfmademan war er zum Philosophen geworden, der Ordnung in eine Grundsatzdebatte zu bringen versprach, die inzwischen eher für Verwirrung denn für Aufklärung sorgte. Um so mehr mußte es den Autor treffen, daß sein Erstlingswerk nahezu ohne Resonanz blieb und nur ein paar hämische Verrisse einheimsen konnte, deren Verfasser nichts anderes im Sinn zu haben schienen, als „einen nichtssagenden und grobschlächtigen Schotten", wie es in einer Besprechung hieß, „alsbald wieder der Vergessenheit zuzuführen, welche er verdient". In seiner 1776 veröffentlichten autobiographischen Skizze „Mein Leben" notierte Hume dazu:

„Nie ist es einem literarischen Unternehmen unglücklicher ergangen als meinem ‚Traktat über die menschliche Natur': Als Totgeburt fiel er aus der Presse und fand nicht einmal so viel Beachtung, um wenigstens unter den Eiferern ein leises Murren zu erregen. Aber da ich von Natur aus frohgemut und von sanguinischem Temperament bin, erholte ich mich rasch von diesem Schlag und setzte auf dem Lande mit großem Eifer meine Studien fort."

Was hier im heiteren Plauderton angesprochen und schnell übergangen wird, war in Wirklichkeit eine herbe Enttäuschung, unter deren Nachwirkungen Hume noch lange litt. Daß er nicht den Ruhm fand, den er sich insgeheim wohl doch erhofft hatte, konnte er noch verschmerzen, da seine Eitelkeit nur schwach ausgeprägt war; daß die Philosophie jedoch, der er auf die Welt verholfen hatte, fast vollständig ignoriert wurde, erfüllte ihn mit Trauer und Wut. Es schien ihm, als wäre seine ganze Arbeit, die zu guter Letzt drei schwergewichtige Bände umfaßte, gänzlich umsonst gewesen, ja, als hätte sie nie existiert, denn wo keine Resultate sind, die zur Kenntnis genommen werden, zählt auch die Mühe nicht mehr, die man sich gegeben hat. Hume mußte dies um so unbegreiflicher erscheinen, als er der Meinung war, der Philosophie ein Fundament auf schwankendem Boden verliehen zu haben: eine Art Gewißheit in der Welt gängiger Ungewißheiten. Er hatte die Bandbreite des menschlichen Denkens durchmessen und war zu dem Ergebnis gekommen, daß alle Erkenntnisprozesse als ein gewöhnungsbedürftiges Zusammenwirken von Sinneswahrnehmung und Verstandestätigkeit funktionieren; die Muster dieser Vorgänge wiederholen sich, ein ums andere Mal, so daß der Mensch mit einiger Berechtigung vermuten darf, es handele sich dabei um Gesetzmäßigkeiten, die für alle Zeiten gelten. In Wirklichkeit jedoch herrscht ein Diktat der Einzelfälle; sie alle, zusammengenommen, machen Erfahrung aus, und Erfahrung ist, wie Hume nicht müde wurde zu betonen, das halbe Leben. Sogar das Ich, eine Art heiliger Bezirk der neueren Philosophie, in dem man sich erhaben glaubt über empiristische Anfechtungen, verfällt dem Verdikt, eine nützliche Fiktion zu sein, ausgeheckt von der Einbildungskraft, die dem Menschen ohnehin etliche Streiche spielt...

„Ich meines Teils kann, wenn ich mir das, was ich als ‚Ich' bezeichne, so unmittelbar als irgend möglich vergegenwärtige, nicht umhin, jedesmal über die eine oder andere bestimmte Perzeption (Wahrnehmung, O.A.B.) zu stolpern, die Perzeption der Wärme oder Kälte, des Lichts oder Schattens, der Liebe oder des Hasses, der Lust oder Unlust. Niemals treffe ich mich ohne eine Perzeption an und niemals kann ich etwas anderes beobachten als eine Perzeption... Wenn ich aber von einigen Metaphysikern, die sich eines solchen Ichs zu erfreuen meinen, absehe, so kann ich wagen, von allen übrigen Menschen zu behaupten, daß sie nichts sind als ein Bündel... verschiedener Perzeptionen, die einander mit unbegreiflicher Schnelligkeit folgen und beständig in Fluß und Bewegung sind. ... Die Einbildungskraft läßt uns das eine Mal Schlüsse aus Ursachen und Wirkung ziehen. Dieselbe Einbildungskraft überzeugt uns ein ander Mal von der dauernden Existenz äußerer Gegenstände, auch wenn diese den Sinnen nicht gegenwärtig sind. So gewiß aber diese beiden Wirkungen im menschlichen Geist gleich natürlich und notwendig sich vollziehen, so widersprechen sie doch in gewissen Beziehungen einander direkt, so daß wir unmöglich richtige und regelrechte Schlüsse aus Ursachen und Wirkung ziehen und zur gleichen Zeit an die dauernde Existenz der Materie glauben können. Nichts ist gefährlicher für die Vernunft als der Flug der Einbildungskraft, nichts hat die Philosophen in mehr Irrtümer gestürzt ..."

David Hume war 28, als er die ersten beiden Bände des „Traktats über die menschliche Natur" veröffentlichte. Er hatte, über mehr als ein Jahrzehnt, harte Arbeit geleistet, wie er mit einiger Berechtigung glauben durfte; nun da die verdiente Anerkennung ausblieb und der Philosoph, so seine Selbsteinschätzung, sich „wie ein Greis" fühlte, brauchte er Erholung, für die er die Rückkehr in heimatliche Gefilde wählte. Noch nie war ihm die schottische Provinz so anmutig und beruhigend erschienen wie jetzt, als er, ein Erfolgsphilosoph im Wartestand, wieder in die vertraute Umgebung eintauchte, wo man ihn willkommen hieß, als sei er nie richtig weg gewesen. Humes Bemühungen, sich ausschließlich auf seine freie Zeit zu konzentrieren und den offensichtlichen Mißerfolg, den man ihm zugemutet hatte, zu vergessen, wollten nicht recht gelingen: So stürzte er sich wieder in die Arbeit, wohl ahnend inzwischen, daß die angestrengte Muße nicht seine Sache war, und begann mit den Arbeiten am dritten Band des „Traktats", der sich vorwiegend ethischen Problemen widmete und bereits im Oktober 1740 in London erschien. Der Skeptizist Hume relativierte in diesem Buch auch die Moral des Menschen; sie ist für ihn kein aus den Zeitläuften herausgehobenes Handlungsgut, an dem sich gesellschaftliches Zusammenleben, ungeachtet der darin eingefaßten Widersprüche, orientieren kann, sondern Bestandteil des allgemeinen Erfahrungsprozesses, der sich mühsam und die Möglichkeiten des Irrtums mittragend vorwärtsbewegt. Vernunftgründe können moralisch-ethische Entscheidungen nicht zwingend reglementieren; die Begründungen, die sie liefern, verdanken sich vielmehr nachträglicher Reflexion, was nichts anderes bedeutet, als daß der einzelne oft genug allein bleibt, allein mit sich und seinem Gewissen, wenn ihm die Wahl angeboten wird zwischen dem anscheinend

Guten und Bösen. Hume entdeckt eine der unscheinbarsten Tugenden des Menschen, das Mitgefühl, dem er, durchaus hochachtungsvoll, die Funktion zuspricht, ein wesentliches, wenn nicht gar das entscheidende Regulativ für die Steuerung und Ordnung eines allgemeinen moralischen Handlungsgefüges zu sein...

„Mitgefühl ist, wie wir zugeben wollen, weit schwächer als unser Eigeninteresse; und das Mitgefühl mit Personen, die uns fernstehen, ist viel schwächer als mit Personen, die nahe sind und uns nahestehen; aber genau aus diesem Grund ist es für uns notwendig, in unseren ruhigen Urteilen und Gesprächen über die Charaktere der Menschen alle diese Unterschiede zu vernachlässigen und unsere Gefühle allgemeiner und sozialer zu machen. Abgesehen davon, daß wir selbst unseren Standpunkt in dieser Hinsicht häufig ändern, treffen wir jeden Tag Menschen, deren Situation sich von der unseren unterscheidet und für die eine Verständigung mit uns unmöglich wäre, würden wir ständig auf jenem Standpunkt und auf der uns eigenen Betrachtungsweise beharren. Der Austausch von Gefühlen in Gesellschaft und Gespräch bewirkt daher, daß wir einen allgemeinen, unveränderlichen Maßstab formen, nach welchem wir Charaktere und Sitten gutheißen und ablehnen können."

Humes persönliche Lage erforderte ebenfalls Mitgefühl, und zwar Mitgefühl mit sich selbst. Da seine Bücher ohne besondere Anerkennung blieben und auch ein zwischenzeitlicher Versuch, als Professor an der Universität Edinburgh Fuß zu fassen, fehlschlug, mußte er sehen, daß er andere Gelderwerbsquellen auftat. So kam ihm ein Angebot des Marquis von Annandale, der in St. Albans, in der Nähe von London, residierte, gerade recht: Der hochgestellte, gerade 25 Jahre alt gewordene Herr, über den einige widersprüchliche Gerüchte in Umlauf waren, suchte einen Hauslehrer – das Gehalt, das er zu zahlen versprach, durfte als solide gelten. Hume sagte zu. Der Umgang mit dem Marquis ließ sich zunächst gut an, auch der Verwalter von Annandale, ein ehemaliger Kapitän namens Vincent, behandelte den Philosophen freundlich. Dann aber änderte sich das Klima: Der Marqis, der Jahre später entmündigt und für geisteskrank erklärt wurde, entpuppte sich als bizarre Gestalt, die nur darauf wartete, dem Neuankömmling in seinem Machtbereich das Leben schwerzumachen, wobei ihm Kapitän Vincent, der von gleicher Gesinnung zu sein schien, munter zur Seite stand. Hume, der in seiner Denker-Existenz zwar die Mühen der Arbeit erfahren hatte, aber noch nie systematisch drangsaliert worden war, verzweifelte; in den Briefen, die er an Freunde und Bekannte schickte, sprach er von Tötungsabsichten, bei denen er allerdings offenließ, wem diese gelten sollten: Wollte der Philosoph selber Hand an sich legen, oder hatte er, seinem friedfertigen Charakter widersprechend, Mordpläne gefaßt, um seine beiden Peiniger aus dem Wege zu räumen? Es kam jedoch zu keiner Verzweiflungstat: Im April 1776 setzte man ihm den Stuhl vor die Tür. Hume, erleichtert und wütend zugleich, versuchte, das ihm zustehende Restgehalt einzuklagen, ein Verfahren, das sich als äußerst langwierig erwies und erst elf Jahre später von Erfolg gekrönt war: Die Rechtsnachfolger des Marquis, dessen ständiges Kränkeln ihn übrigens nicht daran hinderte, ein langes Leben zu führen und erst im Jahre 1792 endgültig das Zeitliche zu segnen, mußten den Philosophen ausbezahlen. In der Zwischenzeit tröstete sich Hume damit, daß es ihm auch in vertrackten Zeiten, geärgert nämlich von einem Verrückten und dessen finsterem Adlatus, gelungen war, eine weitere philosophische Schrift fertigzustellen, die „Untersuchung über den menschlichen Verstand", in der er gleich zu Beginn eine fast heiter zu nennende Grundsatzerklärung abgibt, die Mensch und Philosophie gleichermaßen gilt:

„Der Mensch ist ein vernünftiges Wesen und empfängt als solches seine eigentümliche Speise und Nahrung von der Wissenschaft. Aber so eng sind die Schranken des menschlichen Verstandes, daß weder von der Ausdehnung noch von der Sicherheit seiner Errungenschaften auf diesem Gebiet viel Befriedigung erhofft werden kann. Der Mensch ist auch ein geselliges und nicht nur ein vernünftiges Wesen; aber er kann sich nicht immer angenehm unterhaltenden Umgangs erfreuen, noch sich die rechte Genußfähigkeit dafür bewahren. Der Mensch ist endlich ein tätiges Wesen und muß wegen dieser Anlage sowie wegen der mannigfachen Bedürfnisse des menschlichen Lebens sich den Geschäften und der Arbeit unterziehen; aber bisweilen verlangt der Geist nach Erholung und kann nicht fortwährend die Last der Sorge und Arbeit ertragen. Die Natur scheint daher dem Menschengeschlecht eine gemischte Lebensweise als die geeignetste angewiesen und es im geheimen gewarnt zu haben, sich hier keiner Voreingenommenheit allzusehr hinzugeben und dadurch die Fähigkeit für andere Arbeiten und Vergnügungen einzubüßen. Fröne deiner Liebe zur Wissenschaft, spricht sie, aber deine Wissenschaft sei menschlich und lasse sich in unmittelbare Beziehung zum tätigen und geselligen Leben setzten. Unzugängliche Gedanken und tiefbohrende Forschungen untersage ich; ihre strenge Strafe sei grübelnde Schwermut, zu der sie dich führen, endlose Ungewißheit, in die sie dich verstricken, und die kalte Aufnahme, welche die Mitteilung deiner angeblichen Entdeckung erfahren wird. Sei ein Philosoph; aber inmitten all deiner Philosophie bleibe Mensch!"

An diese Devise versuchte sich Hume zu halten, was ihm um so mehr gelang, als er erfreut feststellen konnte, daß sich die Vorzeichen seiner Erfolglosigkeit, still und heimlich, in ihr Gegenteil zu verkehren begannen. Er war, durfte er konstatieren, auf dem Wege, ein anerkannter Autor zu werden, dessen Bücher sich nicht nur besser verkauften, sondern der auch von Seiten einer bislang eher zugeknöpft bleibenden Wissenschaft zögerlichen Zuspruch erfuhr. Man würdigte Hume zunächst auf dem Gebiet seiner Nebenarbeiten: Er hatte sich auch als Historiker betätigt, der u.a. eine umfangreiche Geschichte Englands vorlegte, die viele Leser fand; zudem schrieb er ökonomische Untersuchungen und äußerte sich zu Fragen der politischen Ordnung. Den Zeitgenossen fiel auf, daß sie da einen Mann übersehen hatten, der zum Universalgenie taugte; als sich diese Erkenntnis immer mehr durchsetzte, fand auch der Philosoph David Hume Aufmerksamkeit: Von den Rändern seines Werks stieß man zurück in den eigentlichen Kern seiner Arbeit, der Philosophie, und beschloß, auch diese von nun an mit geradezu unerbittlichem Zuspruch zu verfolgen. Hume wurde zur berühmten Persönlichkeit. Die neue Freundlichkeit, welche ihm widerfuhr, erfreute ihn, wenn sie ihm auch, nach kurzer Zeit schon, übertrieben vorkam. So konnte er sich, zum Ausgleich und um übersteigertem Selbstbewußtsein vorzubeugen, an die wenigen Gegenstimmen halten, die es noch gab: Sie kamen vorwiegend aus dem Lager der konservativen Theologie, in dem Hume, nicht ganz zu Unrecht übrigens, des fortgesetzten Atheismus bezichtigt wurde, und formulierten zuweilen nur ein gehässig anmutendes Unbehagen, das sich nicht davor scheute, die mit den Jahren immer mächtiger gewordene Leiblichkeit des Philosophen in ihre Kritik mit einzubeziehen:

„Sein Aussehen spottete jeder Physiognomik, und der Tüchtigste in dieser Wissenschaft würde nicht die mindeste Spur seiner Geisteskräfte in den nichtssagenden Gesichtszügen haben entdecken können. Sein Gesicht war breit und fett, sein Mund groß und von einfältigem Ausdruck. Die Augen waren leer und geistlos, und beim Anblick seiner Korpulenz hätte man eher glauben können, einen Schildkröten essenden Ratsherrn als einen kultivierten Philosophen vor sich zu sehen. Die Weisheit hat sich sicherlich noch nie in eine so sonderbare Gestalt verkleidet."

Als ebenso beleibter wie bekannter Denker ließ sich Hume 1763 noch einmal nach Frankreich einladen. Dort wurde er in einer Weise hofiert, die ihm selbst schier „unglaublich" erschien; man überhäufte ihn mit Ehrungen aller Art, und nachdem er eine Zeitlang sogar als englischer Botschafter in Paris fungiert hatte, weil eine zuvor eingetretene diplomatische Vakanz auf regulärem Wege nicht rechtzeitig genug besetzt werden konnte, war es ihm entgültig gelungen, auch seinen äußeren Status in einer Weise abzurunden, daß alle kleinlichen bis kläglichen Einwände, die noch immer erhoben wurden, an ihm abprallen mußten.

Einige französische Philosophen machten ihrem berühmten Kollegen die Aufwartung; allen voran Jean-Jacques Rousseau, der als schwierig galt und mit dem Hume alsbald in eine Beziehung eintrat, die einer leidenschaftlich-mißverständlichen Liebesaffäre glich. Gegenseitige Lobpreisungen wechselten mit tiefen Verstimmungen ab; für den eher zurückhaltenden Schotten waren es besonders die unvorhergesehenen Gefühlsausbrüche Rousseaus, die ihn immer wieder irritierten. Von einer der Versöhnungsszenen, die zwischen ihnen stattfand, berichtete Hume:

„Er setzte sich auf meine Oberschenkel, schlug seine Hände um meinen Hals, küßte mich mit größter Innigkeit, und während er mein Gesicht mit Tränen benetzte, rief er aus: ‚Kannst du mir je vergeben, mein teurer Freund? Nach all den Beweisen der Zuneigung, die ich von dir erhalten habe, belohne ich dich mit diesem törichten und unpassenden Benehmen. Aber nichtsdestoweniger habe ich ein Herz, das deiner Freundschaft würdig ist. Ich liebe dich, ich achte dich. Und nicht ein Fünkchen deiner Güte ist an mir verschwendet.'"

Der Lebensabend David Humes verlief in ruhigen Bahnen. Der Philosoph kehrte nach Schottland zurück. Man pries seine Altersweisheit und rühmte seine abgeklärten Umgangsformen. Eine Aura der Zufriedenheit umgab ihn; seine Besucher merkten, daß sie einem Mann gegenübertraten, der mit mildgestimmtem Wohlwollen auf sein Leben zurückblickte. Viel hatte er erreicht und das meiste, wie er glaubte, „richtig gemacht". Auch als Hume erkrankte und seine letzten Jahre zu einem schmerzhaften Kampf wurden, dem kein Erfolg mehr beschieden sein konnte, resignierte er nicht; er schrieb an seinem großen Alterswerk, den „Dialogen über die natürliche Religion", deren Brisanz er als so gravierend einschätzte, daß er sie nur postum veröffentlicht wissen wollte. Als der Philosoph im August 1776 starb, trauerten zahlreiche Freunde, während seine Gegner ihre Schadenfreude nur mühsam zu verbergen wußten. Sie, die Gegner, erhielten zwei Jahre später noch einmal Wasser auf ihre Mühlen, als Humes Neffe, die „Dialoge" aus dem Nachlaß veröffentlichte: Die letzte Schrift des Philosophen nämlich wagte es, am Nimbus des gerechten Gottvaters zu kratzen, der, so hat es den Anschein, die von ihm ins Leben beförderten Menschen lieber im Stich läßt, als daß er ihnen zu helfen versucht:

Die menschliche Gattung „hat die stärksten Bedürfnisse und die größten körperlichen Mängel. Sie steht ohne Kleidung, ohne Waffen, ohne Nahrung, ohne Unterkunft, ohne eine der Annehmlichkeiten des Lebens da und besitzt nichts, was sie nicht ihrem eigenen Geschick und Fleiß verdankt. Kurz, die Natur scheint eine genaue Berechnung des für ihre Geschöpfe unerläßlich Notwendigen angestellt und ihnen, einem harten Herrn vergleichbar, wenig mehr an Kräften und Fähigkeiten gewährt zu haben, als zur Befriedigung dieser Grundbedürfnisse unbedingt erforderlich ist. Ein *gütiger* Vater hätte eine reichliche Ausstattung gegeben, um seine Kinder vor Unfällen zu bewahren und ihr Glück und Wohlergehen selbst unter ungünstigen Umständen sicherzustellen ... Auf Epikurs alte Fragen gibt es noch immer keine Antwort: Ist er willens, aber nicht fähig, Übel zu verhindern? Dann ist er ohnmächtig. Ist er fähig, aber nicht willens? Dann ist er boshaft. Ist er sowohl fähig als auch willens? Woher kommt dann das Übel?"

„Daß ihn der Teufel hole"

Denis Diderot

Es gibt Zeiten, in denen es gefährlich sein kann zu philosophieren. Die Philosophie gerät mit den Mächtigen aneinander, die eine merkwürdige Scheu haben, ihre Ansprüche vor dem Richterstuhl der Vernunft prüfen zu lassen. Obwohl die Kräfteverhältnisse eindeutig erscheinen – die Mittel der Herrschenden sind allemal wirkungsvoller als die Einflußmöglichkeiten des Denkens und des geschriebenen Wortes –, bleibt bei den Mächtigen ein massives Unbehagen zurück; sie fühlen sich herausgefordert, in die Enge getrieben, verunsichert: eine Art schlechtes Gewissen macht ihnen zu schaffen, das sich auch dann nicht beruhigen läßt, wenn man die Philosophen, die einen ärgern, hinter Schloß und Riegel bringt. Von einer solchen unmittelbaren Einflußnahme staatlicher und politischer Gewalten auf das Denken glaubt man sich heute, zumindest im Zentrum des gebildeten Europa, entfernt zu haben; Gefahren für Leib und Leben eines Philosophen bestehen nicht mehr, er kann nörgeln und grübeln, soviel er will, und je abstrakter der Ansatz seiner Kritik ist, desto willkommener wird er den diensthabenden Verwaltern eines ordnungsgemäß funktionierenden Gemeinwesens. Die archaischen Formen der Auseinandersetzung, darunter auch die direkte Unterdrückung der freien Meinungsäußerung, haben sich aus den europäischen Kernländern in die Peripherien und in die sogenannte zweite und dritte Welt verlagert; dort allerdings toben sie heftiger denn je, und auf die Einwände der Vernunft und deren Beschwörung humaner Traditionen reagieren sie mit dumpfem Schweigen und der ungehemmten Vermehrung destruktiver Tendenzen.

Mag im Herzen des gebildeten Europa auch längst die Aufklärung gesiegt haben und Philosophieren zum harmlosen Geschäft geworden sein: Die Zeiten, in denen das anders war, liegen noch gar nicht soweit zurück. Das 18. Jahrhundert etwa hielt eine Fülle von Fallstricken bereit, in denen sich aufmüpfige Dichter und Denker nur allzuschnell verfangen konnten. Ein rechtes Wort zur falschen Zeit genügte, um Intellektuelle aus dem Verkehr zu ziehen; sie wurden inhaftiert, verhört, zum Widerruf auch von Behauptungen gedrängt, die sie nie getan hatten. Denunziationen waren ein beliebtes Mittel, mißliebige Zeitgenossen anzuschwärzen und die Denunzianten selbst in die Gunst der Begünstigung durch gewisse Würdenträger zu hieven. Frankreich, das im Europa des 18. Jahrhunderts als fortschrittlichste Nation galt, machte auf diesem Gebiet keine Ausnahme: Auf französischem Boden hatte die Aufklärung einige wichtige Etappensiege errungen, wahrscheinlich sogar eindrucksvollere als anderswo, und doch blieb die Reaktion mächtig. Sie ließ kaum eine Gelegenheit ungenutzt, den Freigeistern ihre Grenzen aufzuzeigen, die nötigenfalls, wenn denn die gemäßigteren Restriktionen nicht verfingen, auch aus Gefängnis- und Kerkermauern bestehen konnten.

Grenzen dieser Art bekam im Jahre 1749 der damals 36 jährige Philosoph und Dichter Denis Diderot zu spüren. Er hatte fünf Bücher, darunter zwei philosophisch-skeptische Abhandlungen und einen schlüpfrigen Roman, veröffentlicht, die von ihrem Verfasser selbst für vergleichsweise harmlos gehalten wurden, anderenorts jedoch auf Ungnade stießen. Da man an maßgeblicher Stelle ohnehin glaubte, daß es mal wieder an der Zeit war, ein Exempel zu statuieren, mußte Diderot, stellvertretend für eine Reihe anderer kritscher Köpfe, daran glauben. Er wurde verhaftet und ins Gefängnis von Vincennes gesteckt. Dort unterzog man ihn eingehender Verhöre, die den Philosophen so in Panik versetzten, daß er sich bereit erklärte, seine Schriften zu widerrufen und in Zukunft lammfromm zu werden:

„Meine Bücher ‚Philosophische Gedanken', ‚Indiskrete Kleinode' und der ‚Brief über die Blinden' stellen geistige Vermessenheiten dar, die meiner Feder entschlüpft sind. Aber ich kann Ihnen bei meiner Ehre versichern (und ich besitze Ehre), daß es die letzten sein werden und daß es die einzigen sind... Was jene betrifft, die an der Verbreitung dieser Werke beteiligt waren, so soll ihnen nichts verborgen bleiben. Ich werde ihnen mündlich sowohl die Namen der Verleger wie der Drucker anvertrauen. Darüber hinaus will ich mich, sofern Sie es verlangen, verpflichten, diesen Leuten mitzuteilen, daß Ihnen ihre Namen bekannt sind, auf daß sie sich künftig ebenso klug verhalten, wie ich es zu tun entschlossen bin."

Diderots Erklärung sprach nicht unbedingt für eben die Ehre, die er noch bei sich vorhanden wähnte; sie war allerdings auch nicht ganz ungewöhnlich. Die Intellektuellen der damaligen Zeit wurden oft und gern und vor allem flott verhaftet; es kam jedoch auch genauso oft und schnell zu Freilassungen, die in der Regel unspektakulär über die Bühne gingen und zumeist auf die Intervention einflußreicher Gönner zurückzuführen waren. Die Erklärungen, die im Gefängnis unterschrieben werden mußten, galten als bloße Absichtsbekundungen, deren Inhalt mit dem Tag der Entlassung in wohlmeinende Vergessenheit geriet. Diderot machte sich denn auch über sein unrühmliches Verhalten nur wenig Gedanken: Sein Schicksal nämlich schien sich, mit einemmal, zum Besseren zu wenden. Zunächst wurden ihm zarte Hafterleichterungen gewährt; er durfte seine Zelle zur Studierkammer ausbauen, Besuche empfangen und munter korrespondieren. Hienzu kam, daß er, überraschend für ihn selbst, über Nacht zum Prominenten geworden war: Oppositionelle Kreise interessierten sich für sein Schicksal und erklärten ihn zur Symbolfigur für die ungebrochene Entwicklung des freien Geistes in Frankreich. Namhafte Persönlichkeiten intervenierten, allen voran Voltaire, der die früheren Arbeiten des Inhaftierten kaum zur Kenntnis genommen hatte. Diderot durfte sich geschmeichelt fühlen; von einem vergleichsweise unbekannten Dichter und Denker avancierte er zu einer Figur öffentlicher Anteilnahme. Seine gute Laune kehrte zurück; in Briefen gab er bereitwillig Auskunft über sich und sein bisheriges Leben, das er mit milder Verklärung betrachtete – insbesondere die Zeiten glorreicher Jugend, als er in einem kleinen Jesuitenkolleg auf dem Lande unterrichtet wurde und dabei schon früh Gelegenheit fand, seine Wirkung auf das andere Geschlecht abzuschätzen:

„So war zu meiner Zeit die Erziehung in der Provinz: Zweihundert Kinder teilten sich in zwei Armeen. Nicht selten kam es vor, daß manche ernsthaft verletzt zu ihren Eltern zurückgebracht wurden... Du schreckst zurück vor dem Anblick ihrer zerzausten Haare und zerrissenen Kleider. So war ich als Junge... Und so gefiel ich auch sogar den Frauen und Mädchen in meiner Provinz. Sie mochten lieber mich, schlampig, ohne Hut, manchmal ohne Schuhe, nur mit einer Jacke und barfuß, mich, den Sohn eines Schmieds, als diesen kleinen, gutgekleideten, immer schön gepuderten, frisierten und wie aus dem Ei gepellten Monsieur, den Sohn der Frau Amtmännin... An meinen Knopflöchern sahen sie, wie weit ich mit meinen Studien gediehen war, und ein Junge, der sein Gemüt in einem offenen, gradlinigen Wort offenbaren und besser einen Faustschlag versetzen als eine Reverenz machen konnte, gefiel ihnen besser als ein dummer, feiger, falscher und verweichlichter kleiner Kriecher."

Diderot liebte Geschichten, und am liebsten waren ihm Geschichten, die das eigene Leben ausschmückten. Er handelte dabei nach der Devise: Wo nichts ist, muß etwas erfunden werden, und kurioserweise gelang es ihm oft genug, eine eigene Form der Wahrheit auszuhecken, die sich alsbald, über ihre Erfinder hinweg, zu verselbständigen begann. Im Gefängnis von Vincennes erhielt er Gelegenheit, seine Phantasie mit dem neugeschürten Bewußtsein, ein wichtiger Mann geworden zu sein, in Einklang zu bringen. Der Philosoph wuchs gleichsam mit jedem Zuruf, der an ihn erging. Inzwischen hatten sich weitere Befürworter seines Schaffens zu Wort gemeldet, und sie sollten besonders wichtig für ihn werden: Es handelte sich dabei um die Verleger der großen Enzyklopädie, des ehrgeizigsten Lexikonunternehmens der damaligen Zeit, das später, nach einer ersten vorläufigen Endredaktion, 60660 Einzelartikel umfaßte. Diderot fungierte als Herausgeber des voluminösen Projekts, das ihn mehr als zwanzig Jahre in Beschlag nahm. Die Enzyklopädie, ursprünglich einige Nummern kleiner, nämlich als Übersetzung eines bereits vorhandenen zweibändigen, aus England importierten Nachschlagewerks geplant, uferte unter den Händen ihrer Betreiber aus, was wohl auch damit zusammenhing, daß sich bereits im Vorfeld ein enormer wirtschaftlicher Erfolg abzeichnete: Mehr als 4000 Subskribenten hatten Vorbestellungen gezeichnet, so daß es, vor allem nach Meinung des hauptverantwortlichen Verlegers Le Breton, kein Zurück mehr geben konnte. Er intervenierte besonders hartnäckig, um seinen wichtigsten Mitarbeiter aus dem Gefängnis freizubekommen. Im November 1749 war es soweit: Diderot, dem ein Gefängnisaufenthalt von insgesamt 103 Tagen zur dezenten Mehrung seines vorher eher bescheidenen Ruhmes verhalf, wurde entlassen. Die Freiheit, in die er zurückkehrte, erwies sich jedoch als eher zweifelhaftes Vergnügen: Zum einen nahmen ihn die umfangreichen, überaus zeitraubenden Arbeiten an der Enzyklopädie wieder in Beschlag, zum anderen mußte er heimfinden zu seiner Gattin Antoinette, mit der ihn seit geraumer Zeit alles andere als innige Herzlichkeit verband. Die Leser eines zeitgenössischen Klatschblatts beispielsweise bekamen über die Ehre des Philosophen die folgende Meinung aufgetischt:

„Zu einer gewissen Zeit besuchte Monsieur Diderot sehr häufig eine Frau namens Madame Puiseux, von der es heißt, sie sei sehr geistreich ... Madame Diderot, obwohl ebenso hübsch wie ihre Rivalin häßlich, ... ließ ihrer Eifersucht freien Lauf. Jedesmal, wenn sie den Verdacht hatte, ihr Mann käme von Madame Puiseux, hörte sie nicht auf, ihm arg zuzusetzen. Dazu kommt noch, daß diese Frau (Mme. Diderot, O.A.B.) eine zweite Xanthippe ist, die unablässig schimpft und nie zufrieden ist, und so kann man sich vorstellen, wie es im Hause unseres Philosophen zuging. Um diesem Krakeel ein Ende zu machen, beugte sich Monsieur Diderot, ein kluger Mann, dem Willen seiner Frau und brach jeden Umgang mit Madame Puiseux ab. Vielleicht meinen Sie nun, das Entgegenkommen Monsieur Diderots habe alles wieder in Ordnung gebracht ... Weit gefehlt ... Madame Puiseux, nicht weniger heftig als ihre Rivalin, ... wollte sich an ihr rächen, prüfte alle Gelegenheiten und fand schließlich eine. Als sie vor ein paar Tagen mit ihren beiden Kindern am Haus Monsieur Diderots vorbeispazierte und seine Frau am Fenster erblickte, nahm sie den Augenblick wahr, um sie zu beschimpfen und zu versuchen, sie so auf die Straße zu locken... Dieser Anwurf war wie ein Signal und Auftakt der heftigsten und lächerlichsten Schlacht, die es vielleicht je zwischen zwei Weibspersonen gegeben hat... Und was meinen Sie, was unser Philosoph Diderot während dieses Spektakels gemacht hat? Er wagte es nicht, vor den Augen einer Unzahl von Zuschauern zu erscheinen, die ihn ebensowenig verschont hätten, wie seine Frau und seine angebliche Mätresse. Eingeschlossen in seinem Zimmer stellte er statt dessen moralische und philosophische Überlegungen über die Annehmlichkeiten der Ehe und den Charakter der Frauen an..."

Diderot hatte es also, nach wie vor, nicht leicht, und doch war eine gewisse Folgerichtigkeit in seine Existenz gekommen. Wenngleich er ein gleichbleibend freudloses Eheleben erdulden mußte und unter der Last seiner Herausgeberarbeiten ächzte, so war ihm doch durch den Gefängnisaufenthalt, der auf wahrhaft hinterhältige Weise zu seinem Schlüsselerlebnis wurde, unerwartete Klarheit zuteil geworden über seine Zukunftsperspektiven und die Anforderungen, die er an sich selbst stellen durfte. Er befand sich an einem Punkt seines Lebens, der ihm, für einen Moment der Vergegenwärtigung, den konzentrierten Blick auf sich selbst gewährte – Vorausschau und Rückschau in einem: Aus bescheidenen, doch soliden Verhältnissen stammend, 1713 in der französischen Provinz geboren, war er, der Handwerkersohn, zunächst zum Theologen ausgebildet worden, eine Karriere, die den nachmaligen Feind der Kirche wohl selbst am meisten belustigte. Vom Land wechselte Diderot, wie so viele andere auch, nach Paris und brachte dort bis zum Jahre 1742 eine Lebensetappe hinter sich, die seine späteren Biographen wie einen weißen Fleck verbuchten. Mehr als ein Jahrzehnt wirkte er im Stile eines rechtzeitig abgetauchten Schriftstelleragenten: Kaum einer kannte ihn, und er selbst, der ansonsten mit Auskünften über die eigene Person keineswegs geizte, tat ein übriges, um diese

Epoche seines Lebens im geheimnisvollen Dunkel zu belassen. In einer humorig verbrämten Kurzfassung seines Werdegangs heißt es:

„Ich komme nach Paris, will mir die Magistratenrobe anlegen und meinen Platz unter den Doktoren der Sorbonne einnehmen. Eine Frau, schön wie ein Engel, läuft mir über den Weg; ich will mit ihr schlafen, ich schlafe mit ihr; vier Kinder kommen; und so mußte ich die Mathematik aufgeben, die ich liebte; Homer, Vergil, die ich stets in meiner Tasche trug; das Theater, an dem ich Gefallen fand; und war nur zu glücklich, die Enzyklopädie in Angriff zu nehmen, der ich fünfundzwanzig Jahre meines Lebens opfern sollte."

Die Enzyklopädie also: Sie ließ sich als Schicksal, Zwangsmaßnahme und ungeahnte Chance in einem begreifen. Diderot mußte, mit Übernahme der Herausgeberschaft für das kolossale Lexikon-Projekt und spätestens nach Absitzen des Arrests von Vincennes, den Blick nach vorne wenden; aus der Rückschau wurde Vorausschau, die ihm, dem nunmehr bekannten Autor, deutlich machte, daß sich seine zukünftige Existenz nach den Anforderungen richtete, die man über ihn verhängt hatte. Die Freiheit, die ihm noch blieb, war die Freiheit der Gedanken; in ihr konnte er sich einhausen, in ihr jene Abenteuer des Denkens bestehen, zu denen es im wirklichen Leben, vermutlich, keine Entsprechungen mehr geben würde. Diderot nahm sich vor, seine Arbeit als Herausgeber nicht nur als Fron zu betrachten, sondern vor allem die Möglichkeiten zu sehen, die sich ihm damit boten. Die Abenteuer des Denkens nämlich, die unerschrockenen Versuche, das bislang Ungedachte beim Namen zu nehmen, ließen sich sehr wohl auch auf die Enzyklopädie beziehen, die ja in ihrem Programm bereits das neue Wissen der Zeit ansprach, mit dem sich hochgestreckte Erwartungen verbanden:

„Wie viele Wahrheiten, die man damals nicht ahnte, sind heute entdeckt. Die wahre Philosophie lag damals noch in der Wiege; die Geometrie des Unendlichen existierte noch nicht, die experimentelle Physik zeigte sich kaum; es gab keine Dialektik, die Gesetze der vernünftigen Kritik waren völlig unbekannt... Es fehlte der Geist der Forschung und des Wettbewerbs, um die Gelehrten anzuregen. Ein anderer Geist, vielleicht weniger fruchtbar, aber auch seltener, nämlich der Geist der Folgerichtigkeit und der Methodik hatte sich noch nicht die verschiedenen Teile der Literatur unterworfen."

Die Enzyklopädie, getragen von einer bemerkenswerten Aufbruchstimmung des Geistes, wurde zu einem ungeahnten Erfolg. In kurzer Zeit verkauften sich mehr als 2000 Exemplare pro Band, ein Resultat, das deutlich über der wohlmeinendsten Kalkulation lag. Das neue Lexikon konnte auch deshalb auf eine breite Zustimmung zählen, weil es sich bereits vom Ansatz her für alle Schichten öffnete; im besonderen die herkömmliche Trennung zwischen Kopf- und Handarbeit sollte überwunden werden. Diderot selbst war maßgeblich daran beteiligt, daß man den Versuch wagte, die Spezialsprachen der verschiedenen Berufssparten auszuklammern und eine gemeinsame Verständigung zu suchen, die nachvollziehbare Mitteilungen aus allen Bereichen menschlichen Denkens und Handelns ermöglichte. Ein solches Vorhaben lief auf die Utopie einer Universalsprache hinaus, an der alle Weltbürger teilhaben konnten; die Enzyklopädie bekannte sich zu diesem Ideal, das die Verwirklichung der Philosophie im Kern ihrer wiederkehrenden Kommunikationsbemühungen bedeutet hätte. Für die praktische Arbeit der Wissensvermittlung jedoch zählte zunächst nur das Bestreben, auch scheinbar abseits gelegene Schauplätze menschlicher Arbeit mit einzubeziehen; im besonderen galt dies für die Handwerker, denen die Verantwortlichen der Enzyklopädie ein dezidiertes Interesse entgegenbrachten:

„Wir wandten uns an die tüchtigsten Handwerker in Paris und unserem Königreich. Wir machten uns die Mühe, sie in ihren Werkstätten aufzusuchen, sie auszufragen, nach ihrem Diktat Aufzeichnungen zu machen, ihre Gedanken nachzuvollziehen, aus diesen Gedanken die jeweils eigentümlichen Fachausdrücke zutage zu fördern, Verzeichnisse derselben anzufertigen und sie zu erklären; ferner mit den Handwerkern zu sprechen, von denen wir Denkschriften erhalten hatten, und (eine fast unerläßliche Vorsicht) im Verlauf von langen, häufigen Gesprächen mit anderen Handwerkern das zu verbessern, was ihre Kollegen unvollständig, unklar und manchmal auch falsch auseinandergesetzt hatten."

Ganz ohne Maßregelungen von seiten der Intellektuellen ging es demnach doch nicht ab; letztlich entschieden Philosophen darüber, ob die Männer der Hand sich verständlich genug machten, daß auch Männer des Kopfes kapieren konnten, worum es ging. Immerhin: die Tendenz, welche die Enzyklopädie verfolgte, war mehr als löblich. Für ihren Herausgeber allerdings kehrte nach den Anfangserfolgen des Unternehmens der Alltag ein, und der sah nicht nur die leidigen Ehrenscharmützel vor, sondern auch wiederkehrenden beruflichen Ärger: Die Zensurbeamten lauerten; unzuverlässige Drucker mußten überwacht, säumige Autoren gemahnt, allzukühne Artikel vorsorglich entschärft werden. Diderot kam sich mehr denn je wie ein Knecht vor, dem man, in einer Art heimtückischen Gunstbezeugung, die Oberaufsicht über seinesgleichen anvertraut hatte; nun war er zwar immer noch Knecht, aber er durfte über andere Knechte wachen, ein zweifelhaftes Privileg auf das er gerne verzichtet hätte. Es gab jedoch, wie er konstatieren mußte, so leicht kein Entkommen mehr für ihn: Langfristige Verträge banden ihn an das Lexikon-Projekt, das zudem seine Haupteinnahmequelle war. Der Familienvater Diderot hatte keine andere Wahl. Aus dieser Konstellation resultierte allerdings auch eine positive Beeinflussung, die sich ganz unaufdringlich, ja fast unmerklich entfaltete. Der Philosoph Diderot nämlich bekam die einmalige Gelegenheit, das Wissen seiner Zeit zu verinnerlichen und mit eigenen, höchst originellen Akzenten zu versehen – ein Prozeß, der abseits des Tagesgeschäfts verlief und sich erst später in Resultaten, sprich: in Büchern und Publikationen niederschlug. Diderot wurde, als Lohnschreiber und Editor der Enzyklopädie, zu einem der wichtigsten Philosophen und Schriftsteller des 18. Jahrhunderts: In genialischen Entwürfen nahm er Einsichten vorweg, die erst einhundert Jahre später, zum Beispiel durch die Forschungen Darwins, ihre wissenschaftliche Legitimation fanden...

„Im Tier- und Pflanzenreich nimmt ein einzelnes Wesen seinen Anfang, wächst, lebt, verfällt und vergeht. Sollte es bei ganzen Arten nicht ebenso sein? Wenn uns der Glaube nicht lehrte, daß die Tiere aus den Händen des Schöpfers so hervorgegangen seien, wie wir sie sehen, und wenn es erlaubt wäre, auch nur die geringste Ungewißheit über ihren Anfang und ihr Ende zu haben, könnte dann der sich ganz seinen Spekulationen überlassende Philosoph nicht vermuten: die Tierwelt habe seit aller Ewigkeit ihre eigentümlichen, in der Masse der Materie verstreuten und vermischten Elemente gehabt; es sei zur Vereinigung dieser Elemente nur deshalb gekommen, weil die Möglichkeit dafür bestanden habe; der aus diesen Elementen entstandene Embryo habe zahllose Gestaltungen und Entwicklungen erfahren und nacheinander Bewegung, Empfindung, Ideen, Denkvermögen, Überlegung, Bewußtsein, Gefühle, Leidenschaften, Zeichen, Gebärden, Laute, artikulierte Laute, Sprache, Gesetze, Wissenschaften und Künste bekommen; Millionen Jahre seien über jeder dieser Entwicklungen verflossen; er werde vielleicht weitere Entwicklungs- und Wachstumsstufen durchlaufen, die uns unbekannt sind..."

Mit zunehmendem Alter wurde Diderot die Arbeit, ungeachtet ihrer vernünftigen Perspektiven, immer mehr zur Last. Kleinere und größere Gebrechen hatten sich eingestellt, denen er zuweilen eine innigere Aufmerksamkeit widmete als den vielen Artikeln der Enzyklopädie, die auf seinen Schreibtisch flatterten. Zwar konnte er es, was die Hypochondrie anging, noch lange nicht mit seinem berühmten Kollegen Voltaire aufnehmen, der es zu wahrer Meisterschaft brachte, wenn es galt, über eingebildete oder tatsächlich vorhandene Malaisen eindrucksvolle Schilderungen abzugeben, aber Diderot merkte sehr wohl, daß seine Lebenszeit keineswegs unbegrenzt war und die Gedanken an den Tod sich mit jener Selbstverständlichkeit einstellten, die aus der Natur der Sache resultierte. Was ihn bewog, auszuhalten inmitten seiner Pflichten, war die Gewißheit, daß es zwar keinen Seelenhimmel gab, in den man nach dem Ableben huldvoll hinaufberufen wurde, auch keinen Himmel auf Erden, aber eine Nachwelt, die es sich mit ihrer

Wertung nicht so leicht machen würde wie die Gegenwart, von der man, alles in allem, nur schlecht denken konnte – trotz des vorherrschenden Aufklärungsoptimismus und der Fortschritte, die in Technik und Wissenschaft erzielt worden waren. An die Nachwelt appellierte Diderot schon zu Lebzeiten; er tat es augenzwinkernd und doch von der anspruchsvollen Hoffnung inspiriert, daß es gerade dem Künstler, dem Dichter und Denker, dem wahren Genie und vielleicht noch einigen wenigen ehrbaren Politikern vergönnt sein möge, nicht ganz in Vergessenheit zu geraten...

„Welcher Trost bliebe all diesen Philosophen, Ministern und wahrheitsliebenden Menschen, die das Opfer stumpfsinniger Völker, schrecklicher Priester und rasender Tyrannen wurden, im Augenblick ihres Todes? Sie hofften, das Vorurteil würde schwinden und die Nachwelt würde ihre Feinde mit Schande übergießen. O geheiligte Nachwelt, Rückhalt des Unglücklichen, der unterdrückt; du, die du gerecht bist, nicht verfälschst, den Menschen von Wert rächst, die Heuchelei entlarvst, den Tyrannen in den Schmutz ziehst, du sicherer und tröstlicher Gedanke, laß mich nie im Stich. Was für den religiösen Mensch das Jenseits, das ist die Nachwelt für den Philosophen."

Diderot, als gewiefter Spötter und Desillusionist, war natürlich nicht so naiv, nur die Nachwelt allein als höchstrichterliche Instanz für die Bewertung seiner irdischen Taten gelten zu lassen; auch die Gegenwart mußte noch mitspielen, wenn man den Rest des Lebens einigermaßen erträglich finden wollte. Bei genauerer Betrachtung seiner Verhältnisse hätte der Philosoph sich zwar durchaus eine mäßige Zufriedenheit verordnen können: Er war ein berühmter Mann, als Autor umstritten, als Herausgeber der Enzyklopädie eine Instanz; er hatte Kinder, im besonderen eine Tochter, die er abgöttisch liebte, eine Gattin, mit der ihn feindseliges Schweigen verband, und er konnte vom Ertrag seiner Arbeiten leben, was, letztlich, nur wenigen Literaten gelang. Mit einer solchen Bestandsaufnahme jedoch ließ sich seine Unzufriedenheit nicht besänftigen, im Gegenteil; manchmal mußte sie sich zu gallischen Höhenflügen aufschwingen, zu kurzgefaßten Daseinsprotokollen, an denen auch Diderots Kollege Schopenhauer seine düstere Freude haben konnte:

„Blöde geboren werden, unter Schmerzen und Schreien; Spielball von Unwissenheit, Irrtum, Not, Krankheiten, Bosheit und Leidenschaften sein; Schritt für Schritt zurückkehren zur Blödheit; vom Kleinkindgebrabbel zum Altersgefasel; leben inmitten von Halunken und Scharlatanen; sterben zwischen einem Quaksalber, der einem den Puls fühlt, und einem Pfaffen, der einem das Hirn verwirrt; nicht wissen, woher man kommt, warum man gekommen ist, wohin man geht; das nennt man also das wichtigste Geschenk unserer Eltern und der Natur: das Leben."

Vielleicht gerade wegen solcher deprimierend-bösen Einsichten ist Diderots Alterswerk, darunter die Romane „Rameaus Neffe", „Jacques der Fatalist" und das philosophische Kabinettstück „D'Alemberts Traum", von bestürzender Modernität. Je älter der Philosoph wurde, desto weniger mochte er den in seinem Zeitalter des Aufbruchs und der stolzen Wissensvermehrung arretierten Fakten trauen: Diderot, ungetröstet durch die Hilfstruppen der Kirchen, machte sich zum Existentialisten, der die Beschwerlichkeiten des Daseins mit Sarkasmus und zunehmend müder werdender Ironie kommentierte. Auch die Tatsache, daß ihm auf Erden zu guter Letzt doch noch ein Ruhm zuteil wurde, der fast den kühnen Erwartungen entsprach, die er als junger Mann auf dem Weg in die Metropole gehegt hatte, verschaffte ihm keine spürbare Erleichterung. Seine Freunde überredeten ihn zu der Ansicht, daß eine längere Reise von Nutzen sein könnte, und so nahm er schließlich die wiederholte Einladung der Zarin Katharina II. an, die eine ebenso unnachgiebige wie großzügige Bewunderin Diderots war, dem sie, als den Philosophen besonders hartnäckige Geldsorgen plagten, sogar die Bibliothek abkaufte, um ihm eine finanzielle Atempause zu ermöglichen. Im Juni 1773 brach er in Richtung St. Petersburg auf, das er am 8. Oktober, nach einem längeren Zwischenaufenthalt in Holland erreichte, Diderot fühlte sich miserabler denn je zuvor. Trotz einer Vielzahl neuer Eindrücke, trotz angeregter Gespräche mit der Zarin, einer klugen Frau, die bei guter Laune untertänigen Widerspruch duldete und den Gast an ihrem Hofe mit ausgesuchter Höflichkeit behandeln ließ, litt der Philosoph unter Heimweh: Bereits im März 1774 trat er die Rückreise an. Er glaubte Beweise zu haben, daß sein Tod berechenbar geworden war; in einem Brief an seine Freundin Sophie Volland schrieb er:

„Die Zeit, in der man nach Jahren zählt, ist dahin; gekommen ist die, in der man nach Tagen zählen muß. Je weniger Einkommen man hat, desto wichtiger ist es, einen guten Gebrauch davon zu machen. Vielleicht habe ich auf dem Boden meines Sackes noch zehn Jahre ... Ich habe geglaubt, die Fibern des Herzens würden sich mit zunehmendem Alter verhärten. Davon kann keine Rede sein. Manchmal denke ich, mein Empfindungsvermögen hat sich eher noch gesteigert. Alles berührt mich, alles geht mir nahe; ich werde der bemerkenswerteste Heulgreis sein, der Ihnen jemals untergekommen ist."

Diderots Prognose, daß er noch zehn Jahre zu leben haben könnte, erwies sich als triftig: Er starb am 31. Juli 1784 in Paris nach elend langen Monaten des Leidens und der Auszehrung. Kurioserweise war seine finanzielle Situation, dank einer großzügigen Pension, die ihm seine Gönnerin Katharina, trotz zwischenzeitlicher Verstimmung über eine politische Schrift ihres Schützlings, ausgesetzt hatte, zuletzt wesentlich stabiler als sein Gesundheitszustand. Diderot, der sich, so als gehörte das zur noblen Schlußdarbietung, die er noch schuldig war, seinen Freunden durchweg in tapferer Heiterkeit präsentierte, hinterließ der von ihm so oft und gern beschworenen Nachwelt ein Werk, das, bis auf den heutigen Tag, vielschichtig und bewunderungswürdig geblieben ist. Er selbst, den die spitzbübische Freude am Spiel der Gegensätze nie verließ, gab, abschließend, noch ein Porträt unter die Leute, in dem man ihn, den Meister, wenn's denn gewünscht wurde, wiedererkennen konnte:

„Er war zeitlebens wahrheitsliebend und verlogen, traurig und fröhlich, weise und töricht, gut und böse, gescheit und dumm, ohne daß man jemals die Züge, die er von seinem Vater, seiner Mutter, seinem Paten, der Hebamme und der Amme hatte, völlig auslöschen konnte. Faul, unwissend und zänkisch in seiner Kindheit, unbekümmert und ausgelassen in seiner Jugend, ehrgeizig und verschlossen mit fünfzig Jahren, philosophisch und geschwätzig mit sechzig, starb er mit dem Kinderhäubchen auf dem Kopf ... und hatte dabei noch Angst, daß ihn der Teufel hole."

„Mehr als die Tiefgelehrten wissen"

Novalis

Bekanntlich soll es sie geben, die sogenannte Liebe auf den ersten Blick; zumindest glauben wir noch an sie, obwohl unser Leben komplizierter und vor allem freudloser geworden ist: Die Liebe, im besonderen die des ersten Blicks, kündet von einem Gefühlsereignis, einer zu Herzen gehenden Erschütterung, die unserem alltäglichen, in der Routine der Verrichtungen längst blaß gewordenen Dasein leider nur allzuselten widerfährt. Mag sein, daß sie letztlich nur ein romantisches Gespinst ist, die Liebe, eine Vernebelung der Sinne, die sich schnell wieder zu lichten beginnt, wenn der Zweck der Veranstaltung erfüllt wurde, aber das hindert, letztlich, keinen daran, sich nicht doch noch die dazugehörigen Träume und Sehnsüchte zu gönnen.

Mit der Philosophie wird die Liebe im allgemeinen nicht so schnell in Verbindung gebracht, auch wenn sie, die Philosophie, im wortwörtlichen Sinne, als ‚Liebe zur Weisheit' figuriert; gemeint ist eine andere Spielart der Liebe: jene auf Leidenschaft und Gefühlsüberschwang fixierte Passion, der es um Verwirklichung geht und nicht um die Annäherung an Einsichten, die man eher im Erfahrungsschatz des reiferen Alters aufgehoben wähnt als im herrlich freizügigen Illusionspotential der Jugend. Und doch kann die eine Liebe der anderen auf die Sprünge helfen: Sie wird zum Fanal, zum Leuchtfeuer, das langsam herunterbrennt und schließlich, in der noch lange nachglühenden Asche, Rückstände zu erkennen gibt, die vorher nicht zu sehen waren.

Ein solches Ereignis, die große Liebe also, von der alles zu erwarten ist, widerfuhr am 17. November 1794 dem damals 22jährigen Friedrich von Hardenberg, der sich als Dichter und

Philosoph, einer Gepflogenheit seiner Vorfahren folgend, Novalis nannte, was der ‚Neuland-Besteller' bedeutet. Hardenberg, ein wahrhaft begeisterungsfähiger junger Mann, der nach abgelegtem juristischen Staatsexamen am Kreisamt im Nordthüringischen Tennstedt Dienst tat, lernte Sophie von Kühn kennen, ein junges Mädchen, das mit Mutter, Stiefvater und neun Geschwistern auf einem Landsitz im Nachbarort Grüningen lebte. „Eine Viertelstunde", bekannte der Dichter Novalis später, habe sein Leben von Grund auf verändert – eine Viertelstunde, in der er Sophie zum erstenmal sah und sich sogleich „unsterblich" in sie verliebte. Hardenbergs Bruder Erasmus, der über die sich anbahnende Liebes-Geschichte in Kenntnis gesetzt wurde, reagierte mit einem ernüchternden Antwortschreiben; er machte geltend, daß eine Liebe, die nur vom allerersten Eindruck zehre, selten über die Jahre käme, und er verwies, dies durchaus zu Recht, auf den Umstand, daß Sophie von Kühn nicht nur ein junges, sondern ein sehr junges Mädchen war, nämlich gerade einmal zwölfeinhalb Jahre, was, so Erasmus, nichts anderes bedeute, als daß der Aktuarius (eine Art Verwaltungsassistent) Friedrich von Hardenberg wohl „einem Kinde" verfallen sei.

Die Einwände des Bruders, der seine Meinung übrigens schon bald korrigierte, als er Sophie von Kühn persönlich kennenlernte, ließen Hardenberg kalt. Er glaubte zu wissen, daß er die Liebe seines Lebens gefunden hatte. Über dieses Faktum, das für ihn feststand, ließ er nicht mit sich reden; über die dazugehörigen Umstände jedoch verbreitete er sich gern und ausführlich. Es konnte keine gewöhnliche Liebesgeschichte sein, in die der Herr von Hardenberg da geraten war: Sophie, so wurde er nicht müde zu betonen, hatte etwas Überirdisches an sich – sie glich einem himmlischen Wesen, dessen Dasein auf Erden als Geschenk gelten durfte, welches dem Beschenkten die Gelegenheit gab, der Idee des Schönen in der Gestalt wirklicher Schönheit beizuwohnen.

In der Tat rühmten auch andere Zeitgenossen Sophie von Kühns Liebreiz und Anmut; man pries ihren leuchtenden, alles durchdringenden Blick, mußte aber zugleich auch konstatieren, daß es sich ansonsten wohl um ein sehr normales Mädchen handelte, das Bier trank, deftige Speisen liebte, zu fluchen verstand und beim Erzählen von Zoten nicht unbedingt errötete. Hardenberg, dessen Fähigkeit, dem prosaischen Leben poetische Eigenschaften zuzusprechen, sich bereits früh und kräftig entwickelt hatte – eine Fähigkeit übrigens, die später zum eigentlichen Markenzeichen des romantischen Dichters Novalis wurde –, adelte das Glück, das er empfand, mit einer konsequent durchgehaltenen Idealisierung, aus der er verdoppelte Freude bezog: Zum einen genoß er den Umgang mit seiner Geliebten, die ihren Verehrer, den sie gelegentlich wohl etwas überspannt fand, auf Distanz zu halten wußte; zum anderen wähnte er sich ein einer Weise inspiriert, daß er seinen von der Liebe geschürten Feuereifer auch auf andere Gebiete warf – im besonderen die Philosophie, der von jeher sein Interesse galt. An seinen Freund Friedrich Schlegel schrieb er im Juli 1796:

„Mein Lieblingsstudium heißt im Grunde wie meine Braut: Sophie heißt sie – Philosophie ist die Seele meines Lebens und der Schlüssel zu meinem eigensten Selbst. Seit meiner Bekanntschaft bin ich auch mit diesem Studio ganz amalgamiert. Du wirst mich prüfen. Etwas zu schreiben und zu heiraten ist ein Ziel fast meiner Wünsche. Fichte bin ich Aufmunterung schuldig. Er ist's, der mich weckte und indirekt zuschürt. Glaub aber nicht, daß ich wie sonst leidenschaftlich bloß Eins verfolge und nicht vor meine Füße sehe... Ich fühle in allem immer mehr die erhabenen Glieder eines wunderbaren Ganzen, in das ich hineinwachsen, das zur Fülle meines Ichs werden soll; und muß ich nicht alles gern leiden, da ich liebe und mehr liebe, als die spannenlange Gestalt im Raume, und länger liebe als die Schwingung der Lebenssaite währt? Spinoza und Zinzendorf haben sie erforscht – die unendliche Idee der Liebe, und geahndet die Methode, sich für sie und sie für sich zu realisieren auf diesem Staubfaden. Schade, daß ich in Fichte noch nichts von dieser Aussicht sehe, nichts von diesem Schöpfungsatem fühle: aber er ist nahe dran – er muß in ihren Zauberkreis treten, wenn ihm nicht sein früheres Leben den Staub von den Flügeln gewischt hat..."

Johann Gottlieb Fichte war der meistdiskutierte Philosoph jener Zeit. Sein kühnes Programm, das Universum aus der Tathandlung des Ich hervorgehen zu lassen, wurde auch in Nichtphilosophen-Kreisen, zu denen sich Hardenberg von seinem Werdegang her rechnen mußte, erörtert. Er, dem es anscheinend keine Mühe bereitete, einem nüchternen Brotberuf nachzugehen und zugleich als enthusiasmierter Weltbürger eine ganz andere Ansicht von den Dingen vorzubereiten, fühlte sich, befeuert von der ihm geschenkten Liebe, stark genug, um es mit der herrschenden Lehre aufzunehmen. Die Philosophie, von der Fichte anfangs noch geglaubt hatte, sie könne als Vehikel dienen für revolutionäre Veränderungen, die ihre vernünftigen Begründungen in sich trugen, befand sich mittlerweile auf einem vorsichtigen Rückzugsprozeß; das Ich war von den weltlichen Belangen, die sich als zäh und beharrungsfest erwiesen, abgezogen worden und brachte mittlerweile Bestimmungen auf den Markt des Denkens, die sich zumindest in ihren theoretischen Ansprüchen keinerlei Beschränkung auferlegen mußten. Novalis, ein frohgemuter Denker im Stand der Liebe, hatte längst beschlossen, seinen Namen auch auf dem Gebiet der Philosophie Ehre zu machen: So wie er als Dichter Neuland bestellen wollte, kam er auch als Philosoph nicht umhin, sich ein Wissen zu erarbeiten, das von Grund auf anders war. Im besonderen die Vereinzelung des jeweiligen Subjekts behagte ihm nicht; das Ich, dem Fichte per reflektorischem Handstreich die Verantwortung für eine Realität übertragen hatte, die anscheinend doch ihre eigenen Wege ging, sollte aus seiner Isolation befreit werden – ein Vorgang, der bereits einen Weg markierte vom Wissen zum Glauben, von der Anmaßung des Menschen zur göttlichen Gewißheit. In den mehr als 500 Seiten starken Aufzeichnungen, die Hardenberg während seiner philosophischen Studien anfertigte, heißt es dazu:

„Die Fähigkeit des Sein-Erkennens können wir im Einzelnen finden – wo ein Erkennen ist – ist auch ein Sein. Aus den Veränderungen dieses Einzelnen können wir nicht auf Aufhören des Seins und Erkennens schließen. Als Gattung hören wir nicht auf, aber als Einzelnes. Das Erkennen ist ein allgemeiner Zustand, der nicht an einen einzelnen Fall gebunden ist. Wenn wir von uns sprechen, so reden wir von der Gattung und dem Einzelnen... Die zufällige, oder einzelne Form unseres Ich hört nur für die einzelne Form auf – der Tod macht nur dem Egoismus ein Ende... Wir sprechen vom Ich – als Einem, und es sind doch zwei, die durchaus verschieden sind – aber absolute Correlata. Das Zufällige muß schwinden, das Gute muß bleiben... Was du wirklich liebst, das bleibt dir. – Man weiß nicht, was man wünscht, wenn man das Zufällige fixieren möchte – über Liebe... Das Allgemeine jedes Augenblicks bleibt, denn es ist im Ganzen. In jedem Augenblicke, in jeder Erscheinung wirkt das Ganze – die Menschheit, das Ewige ist allgegenwärtig – denn sie kennt weder Zeit noch Raum – wir sind, wir leben, wir denken in Gott, denn dies ist die personifizierte Gattung... Es ist alles, es ist überall; in ihm leben, weben und werden wir sein. Alles Echte dauert ewig – alle Wahrheit – alles Persönliche."

Hardenbergs These, daß die „echte Liebe bleibt", ja in sich schon auf Ewigkeit angelegt sei, erwies sich, was die bloßen Fakten anging, leider nur als Behauptung, der die wirkliche Einlösung nicht mehr vergönnt sein sollte. Sophie von Kühn war unheilbar erkrankt; das Kind, mit dem er am 15. März 1795 noch eine inoffizielle Verlobung eingegangen war, wurde in die Obhut bekannter Ärzte gegeben, die aber auch nicht mehr tun konnten, als dem medizinischen Wissensstand ihrer Zeit zur Anwendung zu verhelfen, was entschieden zu wenig war. Sophie, tapfer bis zuletzt, ließ drei Operationen über sich ergehen; dann, nach einer kurzfristigen Besserung ihres Allgemeinzustands, verließen sie die Kräfte: Sie starb am „19. März 1797, früh um 9 Uhr, 2 Tage nach ihrem fünfzehnten Geburtstag" – so der amtliche Vermerk im Kirchenbuch der Gemeinde Grüningen. Für Friedrich von Hardenberg, der sich bis zuletzt mit immer vager werdenden Hoffnungen zu trösten versuchte, stürzte die Welt ein, die er sich selbst erdacht und erdichtet hatte. Dabei war er nicht unvorbereitet gewesen: Als Sophies Krankheit ausbrach, rechnete er mit dem Schlimmsten – eine

Erwartung, die er durch den Zuspruch der Philosophie und die von ihr angeregten Einsichten in ein Lebensglück nach dem Tode erträglich zu halten versuchte:

„Meine Phantasie wächst, wie meine Hoffnung sinkt – wenn diese ganz versunken ist und nichts zurückließ als einen Grenzstein, so wird meine Phantasie hoch genug sein, um mich hinaufzuheben, wo ich das finde, was hier verloren ging. Frühzeitig hab ich meine prekäre Existenz fühlen gelernt, und vielleicht ist dieses Gefühl das erste Lebensgefühl in der künftigen Welt."

Vor der Gewißheit des Todes greift letztlich wohl keine Phantasie hoch genug hinauf, um sich in Tröstungen aufgehoben zu wissen, die den lebensweisheitlichen Konzepten entstammen; so erging es auch Hardenberg. Angesichts des Schicksals, das ihm widerfahren war, kam seine Phantasie zum Erliegen, und die Sentenzen, die er sich zurechtgelegt hatte, versagten vor einer Wirklichkeit, die es auszuhalten galt. Was er, der Zurückgebliebene, verspürte, war der schlichte Wunsch, Sophie nachzufolgen. Wann immer es ging, wanderte er zu ihrem Grab hinaus, ließ sich dort nieder, um alsbald von Visionen vereinnahmt zu werden, die ihm die Unterschiede zwischen realem und traumhaftem Erleben vermischten. „Nachsterben" wurde zu seiner Devise, von der er in Briefen und persönlichen Aufzeichnungen sprach – raunend zumeist, aber auch bedrohlich, so daß seine Freunde sich Sorgen machten. An eine Bekannte schrieb er am 13. April 1797:

„Das Blütenblatt ist nun in die andere Welt hinübergeweht, – der verzweifelte Spieler wirft die Karten aus der Hand ... Ich sehe sie, den Engel meines Lebens, meine ewige Sophie, bald, sehr bald wieder. – Es ist frühzeitig dunkel und einsam geworden. Verkürzen Sie dem Einsamen, Sehnsuchtsvollen noch die Stunden, die ihn von sich selbst, vom ewigen Frieden trennen. Es erquickt mich so sehr, mich noch recht mit einigen guten Menschen zu letzen, ehe ich ihr folge ... Ich habe noch einiges zu verrichten – dann mag die Flamme der Liebe und Sehnsucht auflodern und dem geliebten Schatten die liebende Seele nachsenden. Der Augenblick des Wiedersehens ist der freudigste Aufblick, den ich noch unter dieser Sonne habe. – Sie umgibt mich unaufhörlich – alles was ich noch tue, tue ich in ihrem Namen. Sie war der Anfang – sie wird das Ende meines Lebens sein. Ihre Leiden sind mir Wunden, die nur die balsamische Luft einer besseren Welt heilen wird... Das Verlangen, ihrem Grabe näher zu sein, überwog die Angst vor den Erinnerungen dieser Gegend. Es ist auch mein Grab. – Meine ganze Freude, meine Aussichten – mein Leben, meine Liebe liegen hier begraben. – Ihr und mein Grab werden mich gewiß so lange ich noch lebe, mit unaussprechlicher Liebe und Kraft zu allem Guten erfüllen..."

Hardenberg, so sah es aus, betrieb fast eine Art Kult um das Grab seiner Geliebten. Von den Bildern, die ihn dort befielen, sprach er nur in vorsichtigen Andeutungen; es war offensichtlich, daß sich erotische Reminiszenzen mit religiösen Erlösungsvorstellungen verbanden, die, im jeweils gelungenen Moment, ein Glücksgefühl hervorriefen, das die reale, nunmehr abgelebte Liebe nur noch wie einen Abglanz der künftigen Seligkeit erscheinen ließ. Eine der Visionen, die ihn an Sophies Grab befielen, wurde zum eigentlichen Schlüsselerlebnis des noch immer erstaunlich pflichtbewußten Aktuarius Friedrich von Hardenberg, der sich damit endgültig in eine Weltauffassung hineinversetzt fühlte, über die schließlich nur noch der Dichter und Philosoph Novalis Auskünfte geben konnte. Das Ereignis, die für ihn wegweisende Vision am Grabe, geschah am 13. Mai 1797. In Novalis' Tagebuch findet sich dazu die karge Notiz:

„Nach Tisch ging ich spazieren – dann Kaffee – das Wetter trübte sich, erst Gewitter, dann wolkig und stürmisch – sehr lüstern – ich fing an in Shakespeare zu lesen, ich las mich recht hinein. Abends ging ich zu Sophien. Dort war ich unbeschreiblich freudig. Aufblitzende Enthusiasmus-Momente. Das Grab blies ich wie Staub vor mir hin. Jahrhunderte waren wie Momente, ihre Nähe war fühlbar, ich glaubte, sie solle immer vortreten..."

Was Novalis längst ahnte und an Sophies Grab noch einmal mit vorgeführt bekam, war die Einsicht, daß der gewöhnliche

Menschentod nicht das sang- und klanglose Ende bedeutete, sondern den Eintritt markierte in ein ganz anders geartetes Leben, in dem, so durfte es zumindest die Hoffnung suggerieren, alle, die es anging, wieder zusammenkamen und zu einer geistigen Übereinkunft fanden, von der auf Erden ein Widerschein möglich wird – Erinnerung an eine Zukunft, die Seligkeit gewährt. Eine solche Einsicht hat natürlich mehr mit Glauben zu tun als mit Wissen, dem Novalis ohnehin nicht allzuviel zutraute: Philosophie, wie er sie verstand, kann gar nicht umhin, den Glaubenssprung zu wagen, der ein Denken ermöglicht, dem auch bislang ungeahnte Erkenntnisbereiche noch offenstehen. So wie das Ich selbst zur Ichheit erweitert werden muß – ein Gedanke, den Fichte nach Meinung seines Kritikers Novalis zwar angesprochen, aber nie konsequent durchgeführt hatte, so soll die sinnliche Erkenntnis aus sich heraus zur übersinnlichen Gewißheit aufsteigen – ein auf das einmalige und ewige Leben bezogener Gedankengang, der das selbstbewußte Abenteuer sucht und dabei seine Heimat findet...

„Wir träumen von Reisen durch das Weltall: Ist denn das Weltall nicht in uns? Die Tiefen unseres Geistes kennen wir nicht. – Nach Innen geht der geheimnisvolle Weg. In uns oder nirgends ist die Ewigkeit mit ihren Welten, die Vergangenheit und Zukunft... Der erste Schritt wird Blick nach Innen, absondernde Beschauung unsers Selbst. Wer hier stehn bleibt, gerät nur halb. Der zweite Schritt muß wirksamer Blick nach Außen, selbsttätige, gehaltene Beobachtung der Außenwelt sein... Das erste Genie, das sich selbst durchdrang, fand hier den typischen Keim einer unermeßlichen Welt... Der Mensch vermag in jedem Augenblicke ein übersinnliches Wesen zu sein. Ohne die wäre er nicht Weltbürger, er wäre ein Tier."

Der Mut, den Novalis faßte, seine neu veredelte und begründete Zuversicht, ließ sich auch durch einen weiteren Schicksalsschlag nicht aus der Bahn bringen: Knapp einen Monat, nachdem Sophie von Kühn gestorben war, erlag sein Lieblingsbruder Erasmus einer unheilbaren Krankheit. Der Tod hatte schon vorher Zeichen gesetzt, daß er es mit der Sippe derer von Hardenberg gut meinte: das frühe Sterben lag in der Familie, und von Novalis' zehn Geschwistern erreichte nur eines (mit 44) ein Alter, das schon fast als hochbetagt gelten durfte. Für Erasmus' Schicksal machte Novalis die gleiche Zuversicht wie für Sophie geltend: Er gehörte nunmehr einer „unsichtbaren Welt" an, die jene Versöhnung bot, die im irdischen Tun und Treiben noch nicht möglich war. Novalis, für einmal gestärkt und für immer, trat als Tröster auf, der nicht nur in eigener Sache argumentierte, sondern auch, im Familienkreis etwa, mit seiner noch jungen Zuversicht Überzeugungsarbeit zu leisten versuchte. An Friedrich Schlegel schrieb er:

„Der Tod von Erasmus hat eher eine wohltätige als nachteilige Wirkung auf mich getan. Er hat meine Kräfte eher vermehrt als vermindert... Meine Eltern und Geschwister tun mir sehr leid. Schon Sophiens Tod hatte sie erschüttert – und nur so kurz darauf – zum erstenmal den Verlust eines Kindes und Bruders. Du kannst denken, wie es mir in dieser Gegend, der alten Zeugin meiner und ihrer Herrlichkeit, vorkommt. Dennoch habe ich eine geheime Freude, so nah ihrem Grabe zu sein. Es zieht mich immer näher, und dieser Zug macht jetzt zuweilen mein unaussprechliches Glück. Mein Herbst ist da, und ich fühle mich so frei, gewöhnlich so kräftig – es kann noch etwas aus mir werden. Soviel versichre ich Dir heilig, daß es mir ganz klar schon ist, welcher himmlische Zufall ihr Tod gewesen ist – ein Schlüssel zu allem – ein wunderbar schicklicher Schritt. Nur so konnte so manches rein gelöst, nur so manches Unreife gezeigt werden. Eine einfache, mächtige Kraft ist mir zur Besinnung gekommen. Meine Liebe ist zur Flamme geworden, die alles Irdische nachgerade verzehrt."

Hardenbergs Schlüsselerlebnis, die Eingebung am Grab, kam einer religiösen Erweckung gleich, die, in der Folge, Einfluß nahm auf verschiedene Lebensbereiche. Zum einen reanimierte sie die Schaffenskraft des Dichters Novalis, die vorschnell schon fast zum Erliegen gekommen war; zum anderen machte sie eine Gläubigkeit in ihm stark, die über die Versatzstücke des katholischen Kirchenglaubens hinausgriff und zur philosophischen Selbstfindung wurde, von der aus das unmittelbare Wissen mit seiner eigentlichen Wahrheit zusammengehen konnte. Schließlich verordnete sich der Aktuarius Hardenberg, unter der nachwirkenden Einflußnahme seines Schlüsselerlebnisses, ein zusätzliches Studium an der Bergakademie in Freiberg, das ihm, wie er hoffte, nach der Ausbildung zum Salineninspektor bessere Berufschancen bieten würde und zudem eine vom nüchternen Geist der Naturwissenschaften getragene Ergänzung seiner Philosophie versprach, die er inzwischen als „magischen Idealismus" verstand – eine Weltauffassung, welche alle gewöhnlichen Gegensätze aufzuheben suchte und die Fertigkeit propagierte, „die Sinnenwelt willkürlich zu gebrauchen". Für ihn stand fest, daß Leben und Welt romatisiert werden sollten, was eine Verschiebung der gewohnten Gewichte bedeutete – eine Angleichung von Kunst und Natur und die Intensivierung des Daseinsganzen bis hin zur gedachten Unendlichkeit all seiner im großen wie im kleinen wirkenden Existenzformen:

„Die Welt muß romantisiert werden. So findet man den ursprünglichen Sinn wieder. Romantisieren ist nichts als eine qualitative Potenzierung. Das niedre Selbst wird mit einem bessern Selbst in dieser Operation identifiziert. So wie wir selbst eine solche qualitative Potenzreihe sind. Diese Operation ist noch ganz unbekannt. Indem ich dem Gemeinen einen hohen Sinn, dem gewöhnlichen ein geheimnisvolles Ansehn, dem Bekannten die Würde des Unbekannten, dem Endlichen einen unendlichen Schein gebe, so romatisiere ich es –. Umgekehrt ist die Operation für das Höhere, Unbekannte, Mystische, Unendliche – dies wird durch diese Verknüpfung logarithmisiert – es bekommt einen geläufigen Ausdruck..."

Die Wechselwirkung zwischen Ungewöhnlichem und Gewöhnlichem muß ins Wissen gehoben werden – ein Vorgang, in dem der Mensch sich über sich selbst zu erheben vermag. Von ihm zu berichten ist weniger die Sache der Philosophie als Aufgabe des Dichters. Novalis, der sein Bergbau-Studium erfolgreich zu Ende brachte, Salinenassessor wurde und es schließlich, kurz vor seinem frühe Tode im Jahre 1801, noch zum Amtshauptmann brachte, verschrieb sich in den letzten Jahren seines Lebens zunehmend der Poesie; sie konnte das System der Begriffe anschaulich machen, an dem die Vernunft ihre selbstgesetzte Grenze fand. Die Poesie macht dort weiter, wo die Philosophie aufhören muß. Der Blick, den der Dichter zur Welt wendet, ist ein anderer als der, den das gestrenge Auge der Philosophie aussendet, die unter der Last ihrer Prämissen ächzt. Der Dichter geht frei und spielerisch mit dem Schönen um, das in den unendlich vielen Geheimnissen des Lebens wohnt, die nur dem gänzlich uninspirierten Zeitgenossen verborgen bleiben, der sich für die gewöhnliche Sichtweise der Dinge entschieden hat; – wer es jedoch versteht, nicht nur genauer hinzusehen, sondern auch innig zu lauschen, wird den Ton vernehmen, der um das Geheimnis ist – er gleicht jenem „Zauberwort", von dem später auch Novalis' Kollege Eichendorff im berühmtesten seiner Vierzeiler sprach. Die Verabschiedung der Philosophie zugunsten der Dichtkunst war allerdings nur eine vorläufige; Novalis gab der, wie er sie nannte, „gewöhnlichen Philosophie" den Laufpaß, um mit den Mitteln der Poesie die „echte", „die höhere Philosophie" ins Leben zu rufen. Sie hält Abstand von der Inkompetenz ihrer Vorgängerin; „glücklich" ist, so das Bekenntnis, „wer weise geworden und nicht die Welt mehr durchgrübelt" ... Und Novalis fügte hinzu:

„Wenn nicht mehr Zahlen und Figuren/ Sind Schlüssel aller Kreaturen/ Wenn die so singen, oder küssen,/ Mehr als die Tiefgelehrten wissen,/ Wenn sich die Welt ins freie Leben/ Und in die Welt wird zurückbegeben,/ Wenn dann sich wieder Licht und Schatten/ Zu echter Klarheit wieder gatten,/ Und man in Märchen und Gedichten/ Erkennt die wahren Weltgeschichten,/ Dann fliegt vor Einem geheimen Wort/ Das ganze verkehrte Wesen fort."

Am 25. März 1801, fünf Wochen vor seinem 29. Geburtstag starb Novalis an Lungentuberkulose; – der unseligen Tradition seiner Familie, sich einem frühen Tod anheimzugeben, hatte einige Monate zuvor bereits sein 16 Jahre jüngerer Bruder Bernhard entsprochen, der in die Saale gegangen war. Bis zuletzt hielt Novalis an der einmal erkannten Zuversicht fest; sein berufliches Fortkommen, für das er die realistische Sicht der Dinge bevorzugte, schien gesichert – sein literarischer Fleiß, der mit bemerkenswerten Plänen einherging, war ungebrochen. In den letzten Jahren seines Lebens veröffentlichte er (u.a.) die „Hymnen an die Nacht", „Geistliche Lieder", „Blütenstaub", „Glauben und Liebe", und er beendete den ersten Teil seines Romans „Heinrich von Ofterdingen", der postum veröffentlicht wurde und Berühmtheit erreichte durch seine Beschwörung der Blauen Blume, die sich später auf merkwürdige Weise verselbständigte und als Symbol romantischer Welterklärung herhalten mußte. Seine Krankheit versuchte Novalis auch mit Hilfe des theoretischen Verdikts kleinzuhalten; seine Hoffnungen galten der Zukunft, die ja, wie er längst glaubte, allemal wichtiger zu nehmen war als eine schwergewordene Vergangenheit. Gerade von der „höheren Philosophie", die nun gemeinsame Sache mit der Poesie machte, durfte man noch viel erwarten; mit ihr und in ihr kann es dem Dichter, dem „echten" Philosophen, ja auch dem einfachen Menschen, der sich noch aufs Staunen versteht, gelingen, vom Leben selbst zu lernen – von dem vielfältig Schönen, das es bietet, und von dem, was seine Bedrohung ausmacht:

„Krankheiten, besonders langwierige, sind Lehrjahre der Lebenskunst und Gemütsbildung. Man muß sie durch tägliche Bemerkungen zu benützen suchen. Ist denn nicht das Leben des gebildeten Menschen eine beständige Aufforderung zum Lernen? Der gebildete Mensch lebt durchaus für die Zukunft. Sein Leben ist Kampf; seine Erhaltung und sein Zweck Wissenschaft und Kunst. Je mehr man lernt, nicht mehr in Augenblicken, sondern in Jahren usw. zu leben, desto edler wird man. Die hastige Unruh, das kleinliche Treiben des Geistes geht in große, ruhige, einfache und vielumfassende Tätigkeit über, und die herrliche Geduld findet sich ein."

Seine Eingebung, die ihn bewegende Vision am Grab der Geliebten, hat Novalis auch literarisch verewigt: In seiner dritten „Hymne an die Nacht" kehrt er noch einmal an den für ihn so wichtigen Ort des Geschehens zurück; das Ereignis, von dem zuvor nur andeutungsweise im Tagebuch die Rede war, wird erneut beschworen und zu einer Verserzählung verdichtet, die den Tod für hinfällig erklärt und statt dessen die wundersamen Zeichen benennt, von deren Grund aus eine Wahrheit aufscheint, welche erhaben bleibt – über Raum, Zeit und Vergessen ...

„Einst da ich bittre Tränen vergoß, da in Schmerz aufgelöst meine Hoffnung zerrann, und ich einsam stand am dürren Hügel, der in engen, dunkeln Raum die Gestalt meines Lebens barg – einsam, wie noch kein Einsamer war, von unsäglicher Angst getrieben – kraftlos, nur ein Gedanken des Elends noch. – Wie ich da nach Hülfe umherschaute, vorwärts nicht konnte und rückwärts nicht, und am fliehenden, verlöschten Leben mit unendlicher Sehnsucht hing: – da kam aus blauen Fernen – von den Höhen meiner alten Seligkeit ein Dämmerungsschauer – und mit einemmale riß das Band der Geburt – des Lichtes Fessel. Hin floh die irdische Herrlichkeit und meine Trauer mit ihr – zusammen floß die Wehmut in eine neue, unergründliche Welt – du Nachtbegeisterung, Schlummer des Himmels kamst du über mich – die Gegend hob sich sacht empor; über der Gegend schwebte mein entbundner, neugeborner Geist. Zur Staubwolke wurde der Hügel – durch die Wolke sah ich die verklärten Züge der Geliebten. In ihren Augen ruhte die Ewigkeit – ich faßte ihre Hände, und die Tränen wurden ein funkelndes, unzerreißliches Band. Jahrtausende zogen abwärts in die Ferne, wie Ungewitter. An ihrem Halse weint ich dem neuen Leben entzückende Tränen. – Es war der erste, einzige Traum – und erst seitdem fühl ich ewigen, unwandelbaren Glauben an den Himmel der Nacht und sein Licht, die Geliebte."

„*Eine Art Maschine*"

Charles Darwin

Die Philosophie lebt davon, daß sich nicht nur Philosophen an ihr beteiligen, und das ist gut so. Zu vielschichtig sind die Probleme dieser Welt, zu dicht miteinander verwoben, als daß die Philosophen, ehrwürdige Spezialisten für das Allgemeine, allein noch in der Lage wären, Antworten zu finden auf jene wiederkehrenden Fragen, die heutzutage auch auf dem Boden eines beträchtlich erweiterten Wissensstandes gestellt werden. Die Ergebnisse der Einzelwissenschaften, die sich rapide vermehren, sind, soweit wie möglich, in das philosophische Nachdenken mit einzubeziehen; für den Philosophen stellt sich die Aufgabe, auf der Höhe des empirischen Erkenntnisstands zu sein und zugleich die prüfende Reflektion über den Sinngehalt unseres Tuns nicht aus den Augen zu verlieren. Das bedeutet zum einen ein Mehr an Arbeit, zum anderen aber auch eine gesteigerte Verantwortung, die mit der Herausforderung einhergeht, Philosophie als Instrument kritischen Nachfragens mit einem Wissensreservoir auszustatten, das Ergebnisse offerieren kann und nicht nur auf Mutmaßungen angewiesen bleibt. Eine solche, in ihrem Ermessensspielraum und Erwartungshorizont erweiterte Philosophie, die sich ihres traditionellen Rüstzeugs deswegen noch lange nicht entledigen muß, hat die Möglichkeit, aus den Fragen und Einwänden der Einzelwissenschaften zu lernen; ein Umstand, der nützlich erscheint, denn Lernen schadet bekanntlich nicht – schadet auch nicht den Philosophen, die mit der Philosophiegeschichte allein im Sturmgepäck nur noch wenig Eindruck schinden können.

Die Spezialisierung der Wissenschaften setzte im 19. Jahrhundert ein – in einer Zeit, da der Philosophie im deutschen Idealismus noch einmal ein spekulatives Hochgefühl beschert wurde, das alsbald verflog und geschäftigem Zweckdenken wich. Die Korrekturen zu den idealistischen Tagträumen erfolgten vor allem aus England; dort, wo man sich schon immer eher nüchternen Überlegungen hingegeben hatte, waren es in erster Linie die Naturwissenschaftler, deren Forschungsresultate das bisherige Weltbild der Philosophie in Frage stellten. Dabei tat sich besonders der Biologe und Geologe Charles Darwin hervor, ein Mann, der, ohne es zu wollen, die Philosophie dazu bewegte, sich mit einem neuen Menschenverständnis auseinanderzusetzten, das keine anthropozentrischen Höhenflüge mehr gelten ließ, sondern nur noch die radikal desillusionierte stammesgeschichtliche Wirklichkeit. Der Mensch, einst zum Ebenbild Gottes deklariert, geriet nach Darwins Lehre, so wie sie von den meisten seiner Zeitgenossen verstanden wurde, in eine bedenkliche Nähe zum Affen; ein Ansinnen, das nicht nur Theologen und konservative Philosophen zunächst einmal als derbe Zumutung erscheinen mußte. Darwin selbst lag es zeit seines Lebens ferne, mit unnützen Provokationen Aufmerksamkeit erzwingen zu wollen. Er war ein Meister der unauffälligen und unaufwendigen Lebensführung. 1809 im mittelenglischen Shrewsbury geboren, legte er bereits als Knabe einen Hang zum gepflegten Understatement an den Tag. Der Vater Robert Waring Darwin, ein imposanter Landarzt, dem es gelang, ein solides Vermögen anzuhäufen, das dem Sohn später ein sorgenfreies Dasein ermöglichte, beobachtete die Entwicklung von Charles, des fünften seiner sechs Kinder, mit Wohlwollen, vermochte dabei aber keinerlei Besonderheit oder gar herausragende Begabung zu entdecken. Der Junge wirkte verträumt, wenn nicht gar verschlafen; was ihn interessierte, waren naturkundliche Fundstücke, die er mit ungewohnter Emsigkeit sammelte. Zuweilen erfaßte ihn auch eine seltsame Ordnungs- und Klassifizierungswut: Charles wollte die Dinge benannt wissen, was im besonderen für Pflanzen galt, denen er zuweilen sogar eigene Namen anheftete, nur um sie in einen kleinen Kosmos der Zugehörigkeit einzubringen, den er selbst verwaltete. Der anscheinend so ganz und gar nicht geniale Junge hatte zudem Ahnungen, in denen etwas von späteren Erkenntnisleistungen aufblitzte: So dämmerte es ihm bereits in jungen Jahren, daß der Fluß der Gedanken im Kopf nicht nach Maßgabe der üblichen Zeiteinheiten zu messen ist – eine Vermutung übrigens, die konträrlief zu der damals gängigen Theorie über die binnenphysiologischen Abläufe beim Menschen; sie, die Gedanken nämlich, können sich vervielfältigen, überschlagen, können aber auch, in Extremsituationen beispielsweise, scheinbar stillstehen oder ungeahnte Hellsichtigkeit gewinnen... In seiner postum veröffentlichten „Autobiographie" schrieb Darwin dazu:

„Mein Vater und meine älteren Schwestern haben mir erzählt, daß ich als kleiner Junge eine ausgeprägte Vorliebe für lange, einsame Spaziergänge gehabt habe, doch ich weiß nicht mehr, was ich mir dabei gedacht habe. Ich war häufig in Gedanken versunken und kam einmal, auf dem Rückweg zur Schule, oben auf den alten Befestigungsanlagen um Shrewsbury herum, die man in einen öffentlichen Weg umgewandelt hatte, wobei an einer Seite kein Geländer angebracht war, vom Wege ab und fiel hinab, doch die Höhe betrug nur sieben oder acht Fuß. Und dennoch war die Fülle der Gedanken, die mir bei diesem kurzen, aber plötzlichen und völlig unerwarteten Fall durch den Kopf schossen, erstaunlich, und es stimmte kaum mit dem überein, was Physiologen, glaube ich, bewiesen haben, daß jeder Gedanke eine bestimmte Zeit in Anspruch nimmt..."

Charles Darwin blieb ein mittelmäßiger Schüler. Die naturwissenschaftlichen Fächer lagen ihm mehr als alte Sprachen oder Poesie – das immerhin stellte sich heraus. Sein Vater hatte schließlich ein Einsehen mit ihm und nahm ihn von der Schule. Frei nach dem Motto: Wer schon kein guter Schüler ist, soll wenigstens anständig studieren, schickte er den Sohn auf die Universität Edinburgh, wo er sich, getreu einer gewissen Familientradition, zum Arzt ausbilden lassen sollte. Das Studium jedoch machte dem gerade 18jährigen Darwin junior keine große Freude; die Vorlesungen ödeten ihn an, und nur bei den vorgeschriebenen Besuchen in diversen Krankenhäusern wurde er lebhafter, weil er merkte, daß sich hinter medizinischen

Fällen menschliche Schicksale verbargen, die zu ergründen spannender war als die Lektüre von Lehrbüchern und Fachuntersuchungen. Der Vater registrierte mit Mißvergnügen, daß Charles sich anscheinend nicht dazu durchringen konnte, die erforderliche Zielstrebigkeit an den Tag zu legen. Insgeheim schien er darauf zu spekulieren, daß sein Vater als wohlhabender Landarzt seinen Kindern genügend Vermögen hinterlassen würde, um auch ohne erfolgreich absolvierte Ausbildung ein sorgenfreies Leben führen zu können. Sorgenfrei allerdings lebte der Sohn schon jetzt: Als Student tat er nur das Nötigste und konzentrierte sich ansonsten auf seine Freizeitaktivitäten, bei denen die Jagd an erster Stelle stand. Besonders gern war er in Maer, dem idyllisch gelegenen Landsitz seines Onkels Jos, den Charles überaus schätzte...

„Meine Besuche in Maer... waren sehr schön, unabhängig von dem herbstlichen Jagdvergnügen. Das Leben dort war absolut frei, die Gegend sehr angenehm zum Spazierengehen und Reiten, und am Abend ergab sich sehr viel angenehme Unterhaltung, nicht so persönlich, wie es in großen Familiengesellschaften meist der Fall ist, und auch mit Musik. Im Sommer pflegte die ganze Familie häufig auf den Stufen der alten Säulenvorhalle zu sitzen, vor sich den Blumengarten; der steil abfallende, bewaldete Abhang gegenüber dem Haus spiegelte sich in dem See, aus dem dann und wann ein Fisch emporschnellte oder auf dem ein Wasservogel umherschwamm. Nichts hat in mir ein lebendigeres Bild hinterlassen als diese Abende in Maer. Ich hing auch mit großer Liebe und Verehrung an meinem Onkel Jos: Er war schweigsam und zurückhaltend, als sei er ein furchterregender Mensch, doch manchmal sprach er ganz offen mit mir. Er war ganz der Typus eines aufrichtigen Menschen mit klarem Urteil. Ich glaube, keine Macht der Erde hätte ihn dazu bringen können, auch nur einen Zoll breit von dem abzuweichen, was er für richtig hielt..."

Von Edinburgh wechselte Darwin an die Universität Cambridge. Er hatte vier Semester Medizin studiert, ohne Erfolg; nun überredete ihn sein Vater dazu, es mit der Theologie zu versuchen. Ein Geistlicher in der Familie, dachte Darwin senior wohl, war auch nicht schlecht; im gesellschaftlichen Ansehen stand der Gottesmann auf einer ähnlichen Stufe wie der Arzt, und er konnte zudem auch dann noch für die Ewigkeit arbeiten, wenn die Kenntnisse der Medizin nichts mehr fruchteten. Als Student mit vergleichsweise unangenehmen Erfahrungen – er hatte ja in seinem Studium noch nicht sehr viel Glück entwickelt – erbat sich Charles Bedenkzeit aus: Er wollte prüfen, ob er glaubensfest genug war, um es zum redlichen Diener Gottes auf Erden zu bringen. Der Vater willigte ein, und der Sohn unterzog sich eingehender Studien, die ihm immerhin den sogenannten Baccalaureus Artium (abgekürzt: B.A.) einbrachten, einen akademischen Grad, der ihn dazu berechtigt hätte, als Geistlicher in der Anglikanischen Staatskirche zu wirken. Darwin sah jedoch keine Veranlassung, einen Beruf zu ergreifen; die Zweifel, welche er hegte, erschienen ihm keineswegs ausgeräumt, und so begann er auf Anraten seines väterlichen Freundes Henslow, der Professor für Theologie und Botanik war, ein Zweitstudium in Biologie. Henslow teilte die Sammelleidenschaft seines Schülers, der sich mittlerweile besonders für Käfer aller Art interessierte. Im Frühjahr 1831 absolvierte Darwin eine ausgedehnte naturkundliche Exkursion durch Nordwales. Nach seiner Rückkehr fand er einen Brief Henslows vor, in dem ihm mitgeteilt wurde, daß ein junger Wissenschaftler für eine ausgedehnte, wahrscheinlich mehrjährige Forschungsreise rund um die Welt gesucht würde. Die Expedition mit der „Beagle", einem Forschungsschiff ihrer Majestät Königin Victoria, werde von der britischen Regierung finanziert; der Naturkundler an Bord müsse allerdings unentgeltlich arbeiten und für seine Verpflegung, bei der ein Jahressatz „von etwa 30 Pfund" veranschlagt werde, selber aufkommen. Henslows Brief schloß mit den Worten:

„Ich habe ausgesprochen, daß ich Sie für die bestqualifizierte Person unter denen, die ich kenne, halte... Ich spreche dies aus, nicht in der Voraussetzung, daß sie ein fertiger Naturforscher, sondern reichlich dazu qualifiziert sind, zu sammeln, zu beobachten und alles, was einer Aufzeichnung auf dem Gebiete der Naturgeschichte wert ist, aufzuzeichnen...

Tragen Sie sich nicht mit irgendwelchen bescheidenen Zweifeln oder Befürchtungen über Ihre Untüchtigkeit, denn ich versichere Ihnen, ich meine, Sie sind gerade der Mann, welchen sie suchen! So betrachten Sie sich auf die Schulter geklopft von Ihrem Büttel und herzlich ergebenen Freunde J. S. Henslow."

Die Reise mit der „Beagle" sollte, wie sich herausstellte, zu Charles Darwins philosophischem Schlüsselerlebnis werden, das ihm die Augen öffnete für die Vielfältigkeit des Lebens und dessen enormen Reichtum an Variationen. Der junge Naturwissenschaftler mußte sich auf dieser Fahrt wie ein Theaterbesucher vorkommen, der gekommen ist, einen Einakter zu sehen, und dem zu seiner Überraschung ein unendlich abwechslungsreiches, abendfüllendes Spektakel präsentiert wird, das seine eigene Geschicht erzählt, der man nur zuhören muß, um auf andere, die bisherigen Gewißheiten übersteigende Gedanken zu kommen. – Am 27. Dezember 1831 war es soweit: Die „Beagle" verließ den Hafen von Davenport und stach in See. „Das gute kleine Schiff", wie Darwin sein neues Zuhause liebevoll nannte, war nur 31 Meter lang und hatte immerhin 70 Mann Besatzung. Das beengte Leben an Bord führte naturgemäß zu einigen Spannungen und Auseinandersetzungen, die durch die Launen des zum Jähzorn neigenden Kapitän FitzRoy, mit dem Darwin die Kabine teilte, noch verstärkt wurden. Der junge Wissenschaftler, den FitzRoy, ein Anhänger der physiognomischen Theorien von Lavater, zunächst gar nicht mitnehmen wollte, weil er Einwände gegen dessen Nase hatte, erwies sich jedoch als Glücksgriff für das Schiff und seine Besatzung: Darwins Ausgeglichenheit, sein zufriedenes, gelegentlich fast sonnig zu nennendes Gemüt trugen wesentlich zur Entspannung bei. Nie habe man, wie später übereinstimmend bekundet wurde, ein böses Wort von ihm zu hören bekommen, und auch die Seekrankheit, die ihn anfangs malträtierte, vermochte ihn nicht aus dem seelischen Gleichgewicht zu bringen. Sein wahres Befinden teilte Darwin nur dem Tagebuch mit, das er von Reisebeginn an führte:

„30. Dezember 1831. – Gegen Mittag bei Breitengrad 43, südlich von Kap Finisterre und jenseits der berühmten Biscaya-Bucht. Entsetzliche Stimmung und sehr seekrank. Ich habe oftmals vor Antritt der Fahrt gesagt, daß ich das Unternehmen wohl häufig bereuen würde. Ich kann mir kaum einen elenderen Zustand vorstellen, wenn mich so düstere und traurige Gedanken heimsuchen wie heute. Für ein paar Minuten stolperte ich an Deck und war durch den Anblick des Meeres sehr beeindruckt. Das tiefe Wasser unterscheidet sich so sehr von den Küstengewässern wie ein See von einem Teich. Es ist nicht nur die dunkle Blaufärbung, sondern die Leuchtkraft dieser Farbe, wenn sie sich gegen die weißen Schaumkronen abhebt, was seine einzigartige Schönheit ausmacht..."

Darwin lernte mit der Seekrankheit umzugehen. Schließlich hatte er sich so an die Schiffsbewegungen gewöhnt, daß ihm der feste Boden, den er bei Landausflügen unter die Füße bekam, fast schon wieder verdächtig erscheinen wollte. Im Februar 1832 erreichte die „Beagle" Brasilien, wo verschiedene längere Aufenthalte vorgesehen waren. Darwin sah sich mit einer völlig neuen Umgebung und einer Fülle von exotischen Details konfrontiert, die ihn, wie er konstatierte, „in schier grenzenloses Erstaunen versetzte". Er hatte Mühe, mit seinen Aufzeichnungen nachzukommen – so viel gab es zu beobachten, zu registrieren und festzuhalten. Seine Begeisterung wurde allerdings empfindlich gestört, als er in einen Streit mit FitzRoy geriet, bei dem es um Sklaverei ging, die der Kapitän als gottgefällig und ökonomisch wertvoll einstufte, während Darwin sie grundsätzlich verabscheute. In einem Brief an seine Schwester Catherine schrieb er:

„Ehe ich England verließ, wurde mir gesagt, alle meine Ansichten würden sich ändern, sobald ich in Sklavenländern gelebt hätte; die einzige Änderung, deren ich mir bewußt bin, ist, daß ich den Charakter der Neger viel höher schätzengelernt habe. Es ist unmöglich, einen Neger zu sehen und nicht freundlich gegen ihn gestimmt zu sein: ein so gemütvoller, offener, ehrlicher Ausdruck und so schöne muskulöse Körper! ... Die Sklaverei betrachte ich jetzt als monströsen Schandfleck auf unserer gerühmten Freiheit... Ich habe genug... gesehen, um gründlich von den Lügen und dem Unsinn angewidert zu werden, den man über diese Angelegenheit in England hört."

Darwin war nicht bereit, seine Einschätzung der Sklaverei zu revidieren; er zeigte sich auch standhaft, als FitzRoy, der von seiner Mannschaft ein einheitliches Meinungsbild erwartete, für das er als Vordenker verantwortlich zeichnete, damit drohte, ihn der Kabine zu verweisen oder gar in Brasilien zurückzulassen. Später jedoch legte sich der Zorn des Kapitäns; er erklärte sich großmütig bereit, „die unvernünftigen Ansichten des jungen Mannes" zu dulden, wünschte jedoch, über das leidige Thema während der Reise nicht mehr zu reden. Die „Beagle" erreichte im Dezember 1832 die Südspitze Amerikas, das sogenannte Feuerland. Mehr noch als die wilde Landschaft, die Darwin, so seine Notiz, „an Tod und Zerfall" erinnerte, faszinierten ihn die Eingeborenen, ein Menschenschlag, der mit seiner „primitiven Ungefügtheit" in unwirtlichsten Regionen überlebt hatte. Was mochten die geheimen Gesetze sein, die solche, eigentlich nicht zu erwartenden Entwicklungen möglich machten, fragte sich Darwin als staunender Beobachter, und ihm dämmerte, daß die Natur, wo immer sie noch Natur war, einen unspektakulären, diffizilen und sehr langwierigen Anpassungsprozeß austrug, in dem sich die Lebenstüchtigkeit all ihrer Geschöpfe erweisen mußte.

„Ich hätte kaum geglaubt, wie groß die Verschiedenheit zwischen wilden und zivilisierten Menschen sei: sie ist größer als die zwischen einem wilden und domestizierten Tier, insofern beim Menschen eine größere Veredelungsfähigkeit vorhanden ist... Wenn man diese Wilden betrachtet, so fragt man, wo sind sie hergekommen, was kann wohl einen Stamm von Menschen versucht, oder welche Veränderung kann ihn gezwungen haben, die schönen Gegenden des Nordens zu verlassen, die Kordilleren oder das Rückgrat von Amerika hinabzuwandern, Kanus zu erfinden und zu bauen, welche von den Stämmen in Chile, Peru und Brasilien nicht gebraucht werden, und dann eines der unwirtlichsten Länder auf der ganzen Erde zu betreten? Obschon sich derartige Betrachtungen zuerst dem Geist aufdrängen, dürfen wir doch sicher sein, daß sie zum Teil irrig sind. Es liegt kein Grund vor zur Annahme, daß die Feuerländer an Zahl abnehmen; wir müssen daher annehmen, daß sie ihren Anteil an Glück, welcher Natur der auch sein mag, genießen, und zwar genug, um ihr Leben des Besitzes wert zu machen. Die Natur, welche die Gewohnheiten zu einer unwiderstehlichen Macht und ihre Wirkungen erheblich gemacht hat, hat den Feuerländer dem Klima und den Erzeugnissen seines elenden Vaterlandes angepaßt."

Von April bis Juni 1834 hielt sich die „Beagle" in Patagonien auf. In Bahia Blanca, einer argentinischen Hafenstadt, setzte sich Darwin von der Mannschaft ab und unternahm einen ausgedehnten Landausflug. Dabei stieß er auf eine Vielzahl fossiler Funde, die ihn in Erstaunen versetzten. Es war, als befände er sich in einem naturkundlichen Freiluftmuseum, das mit beeindruckenden, vor allem aber gänzlich unerwarteten Beständen aufwarten konnte: den Überresten nämlich von kolossalen Säugetieren wie des Megatherium etwa, einer ausgestorbenen Riesenfaultierrasse, oder verschiedener Muschelarten, von denen es immerhin noch etliche lebende Ableger gab, so daß Darwin darin eine Bestätigung für die Theorie seines Kollegen, des Geologen Lyell sah, der davon ausging, daß „Schalentiere eine größere Langlebigkeit als die Spezies der Säugetiere" aufwiesen. Überhaupt war die Langlebigkeit im Tier- und Pflanzenreich wohl ein Phänomen, das die gewöhnliche Auffassungsgabe des menschlichen Zeithorizonts vor gewisse Probleme stellte; ein Umstand, den Darwin nicht überbewertet wissen wollte, da er Leben und Sterben auch im großen, erdgeschichtlichen Kontext als ein undramatisches, ja letztlich wohl sehr normales Geschehen verstand:

„Wenn daher, wie es wahrscheinlich zu sein scheint, die Spezies zuerst selten werden und dann aussterben – wenn die zu rapide Zunahme einer jeden Spezies, selbst der am meisten begünstigten, beständig durch Hemmnisse aufgehalten wird, wie wir zugeben müssen, obschon es schwer ist zu sagen, wie und wann –, und wenn wir ohne das geringste Erstaunen, doch außerstande, den genauen Grund anzuführen, sehen, daß eine Spezies außerordentlich häufig und eine andere nahe verwandte Spezies in einem und demselben Bezirk selten ist: Warum sollten wir ein großen Erstaunen empfinden, daß die Seltenheit noch einen Schritt weiter, nämlich zum Aussterben geführt wird?... Irgendeine außerordentliche Kraft herbeizuziehen und sich zu wundern, wenn eine Spezies zu existieren aufhört, scheint mir auf das gleiche hinauszulaufen, als wollten wir zwar zugeben, daß die Krankheit des Individuums der Vorläufer des Todes ist – wären auch nicht überrascht über die Krankheit, wunderten uns aber doch, wenn der kranke Mensch dann stirbt, und wollten annehmen, daß er durch irgendeinen Gewaltakt umgekommen sei."

Die Überlegungen, die Darwin in den unwirtlichen Landstrichen von Feuerland und Patagonien anstellte, wurden noch entscheidend vertieft, als die „Beagle" im September 1835 die sagenumwobenen Galapagos-Inseln erreichte. Hier sah sich der Naturkundler mit einer Artenvielfalt konfrontiert, die ihm so erstaunlich vorkam, daß sich die Frage nach ihrer Geschichte wie von selbst stellte. Darwin begriff, daß es nicht damit getan war, nur zu beobachten und zu katalogisieren, sondern daß man eine Theorie benötigte, mit deren Hilfe der Varietätenwandel natürlicher Lebensformen auf seine möglichen naturgeschichtlichen Konstanten hin untersucht und bestimmt werden konnte. Eine solche Theorie mußte ebenso einfach wie weitreichend sein; sie sollte alle Arten von Lebewesen umfassen und den Verstehensprozeß der natürlichen Vergangenheiten in einer Weise verlängern, daß sich daraus Erklärungsmodelle für vorhandene biologische Zusammenhänge und ihre Entwicklungen ergaben. Darwin glaubte, des Rätsels Lösung auf der Spur zu sein; einstweilen hatte er zwar nur eine Fülle von Fundstücken und Untersuchungsergebnissen – und noch keine ausgearbeitete Theorie –, aber er tröstete sich damit, daß es besser so war als umgekehrt: Was hätte er mit einer genialen Hypothese anfangen sollen, für die sich keine Belege beibringen ließen... Die Mutmaßungen, die ihn beschäftigten, erhielten zudem täglich neues Anschauungsmaterial; es schien tatsächlich nur noch eine Frage der Zeit, bis das Rätsel des Lebens eines seiner wesentlichen „Geheimnisse" preisgab:

„Die Naturgeschichte dieser Inseln (der Galapagos, O.A.B.) ist in hohem Grad merkwürdig und verdient sehr wohl Aufmerksamkeit. Die meisten organischen Erzeugnisse sind eingeborene Schöpfungen, die sich nirgendwo anders finden; es besteht sogar ein Unterschied zwischen den Bewohnern der verschiedenen Inseln, doch zeigen alle eine ausgesprochene Verwandtschaft mit denen von Amerika, obschon sie von diesem Kontinent durch ein Stück offenen Meeres mit einer Breite von 500 bis 600 Meilen getrennt sind. Der Archipel ist eine kleine Welt für sich oder vielmehr ein an Amerika gehängter Satellit; von dort hat er einige wenige verstreute Siedler herbeigezogen und den allgemeinen Charakter seiner eingeborenen Erzeugnisse erhalten. Bedenkt man die unbedeutende Größe dieser Inseln, so fühlt man sich nur um so mehr über die Zahl ihrer eingeborenen Geschöpfe und über ihren beschränkten Verbreitungsbezirk überrascht. Wenn man sieht, daß jede Höhe von einem Krater gekrönt wird und daß die Verbreitungsgrenzen der meisten Lavaströme noch ganz deutlich sind, so werden wir zu der Annahme geführt, daß sich innerhalb einer, geologisch genommen rezenten Periode hier noch der Ozean ununterbrochen ausbreitete. Wir scheinen daher in beiden Beziehungen, sowohl im Raum als in der Zeit, jener großen Tatsache – jenem Geheimnis aller Geheimnisse –, dem ersten Erscheinen neuer lebender Wesen auf der Erde, nähergebracht zu werden..."

Am 2. Oktober 1836 beendete die „Beagle" ihre große Reise und machte im Hafen von Falmouth fest. Charles Darwin war inzwischen 28 Jahre jung; als 23 jähriger hatte er sich seinerzeit zu jenem „einen und einzigen Abenteuer" seines Lebens entschlossen, das er niemals bereuen sollte, im Gegenteil: Er wußte, und wies wiederholt darauf hin, daß seine Weltsicht aus einer Weltreise resultierte, die ihm höchst anschaulich vor Augen führte, wie vielfältig die Lebensformen auf Erden waren, wie kompliziert ihre wechselseitigen Abhängigkeiten und wie kurzlebig, gemessen an der globalen Naturgeschichte, ihre individuellen Existenzweisen. Ausgestattet nunmehr, so lautete sein Stoßseufzer, „mit ganzen Bergen von Materialien, Notizen und Aufzeichnungen", tat Darwin das in seiner Situation wohl einzig richtige: er ließ sich Zeit. In aller Ruhe begann er mit der Auswertung seiner Arbeiten; die dazugehörige Theorie war ihm in groben Zügen präsent, wartete aber noch, überdeckt von Daten und Fakten, auf eine ihr gemäße Formulierung. Der junge Naturforscher, der nach seinem Abenteuerdasein inzwischen zur Seßhaftigkeit neigte, seine Cousine Emma Wedgwood geheiratet und ein Haus in der Nähe von London erworben hatte; wußte immerhin, daß er ein grundlegendes Werk schreiben würde, in welchem die Ergebnisse seiner Forschungen vorgestellt und die daraus resultierenden Konsequenzen zusammengefaßt werden sollten. Im Herbst des Jahres 1838 gelang Darwin so etwas wie der Durchbruch; er erhielt eine Anregung, die es ihm erlaubte, seine Theorie zu konkretisieren und ihre möglichen Anwendungsbereiche zu präzisieren:

„Mein erstes Notizbuch begann ich im Juli 1837. Ich ... trug Tatsachen in großem Rahmen zusammen und ... verstand bald, daß die Selektion der Schlüsselbegriff war für den Erfolg des Menschen bei der Zucht nützlicher Tier- und Pflanzenrassen. Doch wie man die Selektion auf Organismen anwandte, die im Naturzustand lebten, war noch einige Zeit ein Rätsel für mich. – Im Oktober 1838 ... las ich zufällig und zu meinem Vergnügen Malthus' Abhandlungen über Bevölkerung, und da ich aus meinen langen Beobachtungen der Gewohnheiten von Tieren und Pflanzen wohl darauf vorbereitet war, den Kampf um die Existenz zu erkennen, der überall stattfindet, durchzuckte es mich plötzlich, daß unter diesen Umständen begünstigte Variationen dazu neigen, bestehen zu bleiben, während weniger geeignete vernichtet werden. Das Ergebnis daraus wäre die Entstehung neuer Arten."

Darwins Buch „Die Entstehung der Arten", sein grundlegendes Werk, erschien erst im Jahre 1859. Alle 1300 Exemplare der ersten Auflage wurden am ersten Tag verkauft, was auch damit zu tun hatte, daß sein Verfasser, aufgrund anderer Publikationen, mittlerweile zu einem Mann des öffentlichen Interesses geworden war. Darwin galt als anerkannter Wissenschaftler und erfolgreicher Autor: 1839 hatte er seinen „Reisebericht eines Naturforschers um die Welt" veröffentlicht, eine Nacherzählung der großen Reise, die zu Bestseller-Ehren kam und in mehr als 15 Sprachen übersetzt wurde. Die Tantiemen, die ihm dieses Buch einbrachte, hatte Darwin im Grunde schon nicht mehr nötig: Er konnte es sich nämlich, früheren Tagträumen folgend, inzwischen tatsächlich erlauben, von den Erträgen des väterlichen Erbteils zu leben, das ihm zugefallen war. Die ihm gemäße, behaglich anmutende Existenz als Privatgelehrter führte er um so lieber, da ihm diverse Krankheiten zusetzten, die, waren sie nun hypochondrischer Natur oder echte Gebrechen, ein kontinuierliches, unter Pflichten und zeitlichen Zwängen stehendes Arbeiten oft genug behinderten. Am Ende seines Lebens durfte er mit Genugtuung auf das Erreichte schauen: Als berühmter, zudem umstrittener Wissenschaftler, dessen Thesen von der natürlichen Zuchtwahl nicht nur erbitterte Gegner auf den Plan riefen, sondern auch gewiefte Simplifikateure, die aus Darwins Theorie das einfache Recht des Stärkeren ableiten zu können glaubten, hielt er sich von den Zentren der Auseinandersetzung fern – er meine gesagt zu haben, was gesagt werden mußte; für weiterführende Interpretationen fühlte er sich nicht mehr zuständig. Zu guter Letzt mußte er konstatieren, daß seine einseitige Beschäftigung mit den Naturwissenschaften ihn von früher gepflegten Vorlieben, zum Beispiel Musik, Lyrik und Malerei, radikal entfremdet hatte; was ihm blieb, war eine schlichte Restgläubigkeit, die ohne persönlichen Gott auskam, und eine fast kindlich zu nennende Vorliebe für dickleibige Romane, die, so Darwins Forderung, das Leben gefälligst besser darstellen sollen, als es in Wirklichkeit ist:

„Ich segne zuweilen alle Romanciers. Man hat mir eine beträchtliche Anzahl Romane vorgelesen, und ich mag sie alle, wenn sie einigermaßen gut sind und kein unglückliches Ende haben – wogegen ein Gesetz erlassen werden müßte! Ein Roman nach meinem Geschmack ist nicht von erster Güte, wenn nicht eine Person darin vorkommt, die ich durch und durch lieben kann – und wenn es eine hübsche Frau ist, um so besser!

Dieser merkwürdige und beklagenswerte Verlust eines höherentwickelten ästhetischen Geschmacks ist um so eigenartiger, als mich Bücher über Geschichte, Biographien, Reisebeschreibungen ... und Aufsätze über alle Arten von Gegenständen so stark wie schon immer interessieren. Mein Geist scheint eine Art Maschine geworden zu sein, die allgemeine Gesetze aus einer großen Anzahl von Tatsachen herausmahlt. Doch warum dies eine Atrophie nur des Teils meines Hirns verursacht hat, von dem der Geschmack abhängt, vermag ich nicht zu sagen. Ein Mensch mit einem besser differenzierten und besser erhaltenen Hirn, als meines ist, hätte wahrscheinlich nicht derart gelitten, und wenn ich mein Leben noch einmal leben dürfte, würde ich es mir zur Regel machen, mindestens einmal in der Woche ein wenig Dichtkunst zu lesen und etwas Musik zu hören, denn vielleicht könnten die Teile meines Gehirns, die nun ausgefallen sind, durch die Anstrengung in Gebrauch gehalten werden. Der Verlust dieser Neigungen ist ein Verlust an Glück, und dies ist möglicherweise schädlich für den Verstand, noch eher aber wohl für den moralischen Charakter, weil der emotionale Teil unserer Natur geschwächt wird."

„Die Anschauung von der Geisteswelt"

Rudolf Steiner

In manchen feuilletonistisch verbrämten Nachrufen, die von Verstorbenen handeln, mit denen man im Leben nicht so ganz viel anzufangen wußte, wird erwähnt, daß der Dahingegangene ein Fremder geblieben sei; man meint damit eine gewisse Unangepaßtheit, die ihn ausgezeichnet habe, aber auch eine Rätselhaftigkeit, die insgesamt über einer Existenz gelegen haben mag, von der zu vermuten bleibt, daß sie für die Mitmenschen vielleicht ebensowenig zu durchschauen war wie für den Betroffenen selbst. Ein Fremder im Leben gewesen zu sein, muß nicht unbedingt als schlechtes Resümee gelten; es läßt sich darin noch einiges von jener Verwunderung, jenem hartnäckigen Nachfragen finden, das man mit der Philosophie in Verbindung bringt, die ja insgesamt wohl nicht auf den Weg gebracht worden wäre, wenn sie sich bruchlos ins Leben gefügt und mit dem handgreiflich Gegebenen begnügt hätte. Das Fremdsein muß im übrigen nicht mit schmerzhafter Einsamkeit einhergehen; der Fremde darf die Dinge, die ihn bewegen, auch mit sich selbst, als Frage- und Antwortspiel, das ihn von inner her treibt, ausmachen und sich ansonsten in die Normalität einfügen, deren einziger Vorzug es ist, eine Realität zu begründen, um die man nicht umhin kann.

Eine solche, sich früh aufbauende und vorwiegend im inneren Selbsterfahrungsbezirk wirksame Fremdheit, die durchaus mit äußerer Geselligkeit zu verbinden war, meinte auch der Philosoph Rudolf Steiner bei sich zu spüren, der 1861 im kleinen, damals ungarischen, heute kroatischen Kraljevec als Sohn eines österreichischen Bahntelegraphisten geboren wurde. Der Vater, der eigentlich Jäger und Förster sein wollte, verrichtete seinen Dienst gewissenhaft, aber mit spürbarer Unlust, die notgedrungen auf das Familienleben mit abfärbte, dem man anmerken konnte, daß es sich an einer Umgebung auszurichten hatte, in der Neuankömmlinge ohnehin erst nach längeren Anpassungsbemühungen zurechtkamen. Die Mutter Franziska Steiner, eine schweigsame, doch herzensgute Person mit untergründiger Vorliebe für okkulte Phänomene, tat wenig, um die Isolation, in der sich die Famile befand, zu durchbrechen.

Eine Besserung der als bedrückend empfundenen Verhältnisse trat ein, als die Eisenbahngeselleschaft den Telegraphen Johann Steiner zum Stationsvorsteher beförderte und ins niederösterreichische Pottschach im idyllischen Schwarztal versetzte. Hier schien die Welt freundlicher zu sein – offener, geeignet auch für eine Gewöhnung, aus der Heimatgefühl entstand. Franziska Steiner brachte zwei weitere Kinder zur Welt: ein Mädchen und einen Jungen, der aufgrund einer Behinderung Anlaß zu Kummer bot. Der älteste Sohn hat die Zeit in Pottschach später als Geschenk gewürdigt, das ihm die eigentliche Kindheit bescherte: In seinem Lebensrückblick verbanden sich die noch verfügbaren, als angenehm gewürdigten Erinnerungen mit dem Bild einer Landschaft, die den Hintergrund bildete für eine auf Widerruf bereitgestellte Geborgenheit, mit der sich, wiederkehrend, auch die Fremdheit noch einzulassen hatte:

„Eine wundervolle Landschaft umschloß meine Kindheit. Der Ausblick ging auf die Berge, die Niederösterreich mit Steiermark verbinden. Der Schneeberg, Wechsel, die Raxalpe, der Semmering. Der Schneeberg fing mit seinem nach oben hin kahlen Gestein die Sonnenstrahlen auf, und was diese verkündeten, wenn sie vom Berge nach dem kleinen Bahnhof strahlten, das war an schönen Sommertagen der erste Morgengruß. Der graue Rücken des Wechsel bildete dazu einen ernst stimmenden Kontrast. Das Grün, das von überall her in dieser Landschaft freundlich lächelte, ließ die Berge gleichsam aus sich hervorsteigen. Man hatte in der Ferne des Umkreises die Majestät der Gipfel, und in der unmittelbaren Umgebung die Anmut der Natur."

Waren die Landschaft auch anmutig und die Menschen heiter, so ließ sich die Fremdheit, die Steiner zu spüren meinte, doch nicht bannen. Sie hatte erwas Grundsätzliches für sich – eine nach innen gewendete, individuelle Prägung, die in dem Maße bestimmter werden mußte, wie sie in der Außenwelt nur ein Schattendasein führte. Als die Familie des Bahnbediensteten Johann Steiner im Jahre 1869 erneut versetzt wurde und nach Neudörfl ins Burgenland zog, kam dieser Ortswechsel einem bezeichnenden Rückschritt gleich: Die noch aus Kraljevec bekannten Isolationsmechanismen machten sich bemerkbar; man lebte für sich, unbeachtet und beargwöhnt zugleich. Bis zum elften Lebensjahr besuchte Rudolf Steiner die örtliche Dorfschule, in der ihm der übliche Lehrstoff eingetrichtert werden sollte, was zumeist ein junger Hilfslehrer besorgte, der oft genug den vielbeschäftigten Schulmeister vertreten mußte. Der Unterricht des Hilfslehrers zeitigte allerdings unerwartete Nebenwirkungen, die darauf hinausliefen, daß die Fremdheit, mit der Steiner umzugehen hatte, sich mit einemmal von ihrer verführerischen Seite darbot: Sie kam aus dem Wissen selbst, wuchs zu einer abstrakten Vergegenwärtigung des persönlichen Begreifens auf, das die Entdeckung einer eigenen Ich-Befindlichkeit mit den Erkenntnis-Objekten zusammenbrachte, die am Anfang jedes Lernens erst vorgestellt und veranschaulicht werden müssen. Das Fach, das dem Jungen eine solche Herausforderung abverlangte, war die Geometrie...

„Der Hilfslehrer (konnte) mit etwas in mein Leben eingreifen, daß für mich richtungsgebend geworden ist. Bald nach meinem Eintreten in die die Neudörfler Schule entdeckte ich in seinem Zimmer ein Geometriebuch. Ich stand so gut mit diesem Lehrer, daß ich das Buch ohne weiteres eine Weile zu meiner Benutzung haben konnte. Mit Enthusiasmus machte ich mich darüber her. Wochenlang war meine Seele ganz erfüllt von der Kongruenz, der Ähnlichkeit von Dreiecken, Vierekken, Vielecken; ich zergrübelte mein Denken mit der Frage, wo sich eigentlich die Parallelen schneiden; der pythagoräische Lehrsatz bezauberte mich. – Daß man seelisch in der Ausbildung rein innerlich angeschauter Formen leben könne, ohne Eindrücke der äußeren Sinne, das gereichte mir zur höchsten Befriedigung. Ich fand darin Trost für die Stimmung, die sich mir durch die unbeantworteten Fragen ergeben hatte. Rein im Geiste etwas erfassen zu können, das brachte mir ein inneres Glück..."

Dem jungen Steiner stand eine Erkenntnis bevor, die ihn nicht mehr verlassen sollte und die zur eigentlichen Essenz dessen wurde, was seine Fremdheit im Leben ausmachte: Es gab, glaubte er beizeiten zu wissen, einen ganz eigenen Bereich geistiger Gewißheiten, der, unabhängig von Sinnesdaten, Fakten und Meinungen, aus sich selbst heraus bestand. Der Ort, an dem dieser Ort seine Heimat hatte, war die menschliche Seele, die Steiner nicht als untergründigen Bewußtseinsschacht oder postmortale Rechengröße begriff, sondern als realen Schauplatz für eine fortschreitende geistige Entwicklung, welche vom Ich ihren Ausgang nahm und hinausgriff in die Welt der objektiven Gegebenheiten. Mochten die Formen auch unterschiedlich sein, in denen Geist sich zu erkennen gab, so gehörten sie doch zu einer einheitlichen, natürlich wie künstlich geprägten Welt, deren Gesetzmäßigkeit sich dem Auffassungsvermögen des Denkens erschloß...

„In meinem Verhältnisse zur Geometrie muß ich das erste Aufkeimen einer Anschauung sehen, die sich allmählich bei mir entwickelt hat. Sie lebte schon mehr oder weniger unbewußt in mir während der Kindheit und nahm um das zwanzigste Lebensjahr herum eine bestimmte, vollbewußte Gestalt an. Ich sagte mir: die Gegenstände und Vorgänge, welche die Sinne wahrnehmen, sind im Raume. Aber ebenso wie dieser Raum außer dem Menschen ist, so befindet sich im Innern eine Art Seelenraum, der der Schauplatz geistiger Wesenheiten und Vorgänge ist. In diesen Gedanken konnte ich nicht etwas sehen wie Bilder, die sich der Mensch von den Dingen macht, sondern Offenbarungen einer geistigen Welt auf diesem Seelen-Schauplatz. Als das Wissen, das scheinbar von dem Menschen selbst erzeugt wird, das aber trotzdem eine von ihm ganz unabhängige Bedeutung hat, erschien mir die Geometrie. Ich sagte mir als Kind natürlich nicht deutlich, aber ich fühlte, so wie Geometrie muß man das Wissen von der geistigen Welt in sich tragen. Denn die Wirklichkeit der geistigen Welt war mir so gewiß wie die der sinnlichen ... Ich wollte mir sagen können, das Erlebnis von der geistigen Welt ist ebensowenig eine Täuschung wie das von der Sinnenwelt. Bei der Geometrie sagte ich mir, hier darf man etwas wissen, was nur die Seele selbst durch ihre eigene Kraft erlebt; in diesem Gefühle fand ich die Rechtfertigung, von der geistigen Welt, die ich erlebte, ebenso zu sprechen wie von der sinnlichen. Und ich sprach so davon. Ich hatte zwei Vorstellungen, die zwar unbestimmt waren, die aber schon vor meinem achten Lebensjahr in meinem Seelenleben eine große Rolle spielten. Ich unterschied Dinge und Wesenheiten, ‚die man sieht' und solche, ‚die man nicht sieht.'"

Steiners Schlüsselerlebnis, die Offenbarung des geistigen Lebens durch ein Geometriebuch, gab ihm die nötigen Hinweise zur Aufdeckung jener Fremdheit, die er auch dann noch spürte, wenn er sich unter Freunden und guten Bekannten bewegte. Es wurde ihm klar, daß er anders fühlte und dachte: Die Eigenständigkeit seelischer Vorgänge in Verbindung mit einem nicht einklagbaren Realitätsbezug des Geistesgeschehens mußte als schwerverdauliches Weltanschauungsmodell gelten, das wahrlich nicht jedermanns Sache sein konnte. Steiner lernte mit diesem Sachverhalt umzugehen; er, der als Knabe noch mit dem Ruf zu kämpfen hatte, ein braver Einzelgänger zu sein, entwickelte sich in späteren Jahren zu einem kommunikations- und diskussionsfreudigen jungen Mann, der gerade im Gespräch mit Andersdenkenden wichtige Anregungen für seine eigene Philosophie gewann, in die er frühzeitig auch die Möglichkeiten okkulter Erfahrungen mit einbrachte. Ein weiteres Kindheitserlebnis war es, das ihn zu der Vermutung führte, es könne, zwischen Himmel und Erde und vor allem im hellwachen Gespür des Seelenempfindens, Dinge geben, die sich der normalen Berechenbarkeit entzogen ...

„Die Schwester meiner Mutter war auf tragische Art (Selbstmord, O.A.B.) gestorben. Der Ort, an dem sie lebte, war ziemlich weit von dem unsrigen entfernt. Meine Eltern hatten keine Nachricht. Ich sah, sitzend im Wartesaal des Bahnhofs, im Bilde das ganze Ereignis. Ich machte einige Andeutungen in

Gegenwart meines Vaters und meiner Mutter. Sie sagten nur ‚Du bis a dummer Bua.' Nach einigen Tagen sah ich, wie mein Vater nachdenklich wurde durch einen erhaltenen Brief, wie er dann, ohne mein Beisein nach einigen Tagen mit meiner Mutter sprach und diese dann tagelang weinte. Von dem tragischen Ereignisse erfuhr ich erst nach Jahren."

Steiners Überzeugung, daß die Geisteswelt eine über das individuelle Wissen hinausreichende Eigenständigkeit besitzt, die Raum läßt für das (zunächst noch) Unerklärliche, begleitete ihn durch die Schulzeit, in der er lernte, was zu lernen war. Im Oktober 1879, nach Ablegung einer ordentlichen Matura, immatrikulierte er sich als Student der Mathematik, Physik und Biologie an der Technischen Universität Wien. Die Entscheidung, es mit den eher handfesten Wissenschaftlern zu halten, resultierte aus der Erwartung, in der nüchternen Weltsicht der Naturwissenschaft eine probate Ergänzung für sein eigenes Denken zu finden, das nach wie vor Schwierigkeiten hatte, sich mit dem vorherrschenden Erkenntnismodell schlichter Rezeptivität anzufreunden. Der Weg des Wissens, wie er mehrheitlich gesehen wurde, war eine breit ausgelegte, über empiristische Fundamente geführte Straße, auf der die erfolgsverwöhnten Suchtrupps der Wissenschaften mit strammem Schritt ans Ziel gelangten; für tiefergehende Zweifel schien es keinen Anlaß mehr zu geben. Steiner konnte sich des Eindrucks nicht erwehren, daß dieses Erkenntnismodell deutlich zu kurz griff: Zwar hatte es eine Art Legitimation durch die praktische Anwendbarkeit für sich, aber es fiel zugleich hinter einen bereits erreichten Bewußtseinsstand zurück, dem es gelungen war – über die Philosophie des deutschen Idealismus beispielsweise –, einem funktionierenden Zusammenwirken von Subjekt- und Objektbestimmungen im Wissen selbst auf die Spur zu kommen...

„Die physische Außenwelt stellte sich damals als Bewegungsvorgänge der Materie dar. Die Empfindungen der Sinne erschienen nur wie subjektive Erlebnisse... Da draußen im Raum spielen sich die Bewegungsvorgänge der Materie ab; treffen diese Vorgänge auf den menschlichen Wärmesinn, so erlebt der Mensch die Empfindungen der Wärme. Es sind außer dem Menschen Wellenvorgänge des Äthers; treffen diese auf den Sehnerv, so entsteht im Menschen die Licht- und Farbenempfindung. Diese Anschauung trat mir überall entgegen. Sie machte meinem Denken unsägliche Schwierigkeiten. Sie trieb allen Geist aus der objektiven Außenwelt hinaus. Mir stand die Idee vor der Seele, daß, wenn die Betrachtung der Naturerscheinungen auf dergleichen Annahmen führe, man mit einer Anschauung vom Geiste an diese Annahmen nicht herankommen könne. Ich sah, wie verführerisch für die damals an der Naturwissenschaft heranerzogene Denkrichtung diese Ausnahmen sind... Aber eben dies ergab schwere Seelenkämpfe. Immer wieder mußte die leicht zu erdenkende Kritik dieser Denkungsart innerlich niedergerungen werden, um die Zeit abzuwarten, in der weitere Erkenntnisquellen und Erkenntniswege eine größere Sicherheit geben würden."

Die Sicherheit kam, als Steiner sich intensiver mit der Philosophie des deutschen Idealismus beschäftigte. Zwar hatte er bereits zu Schulzeiten Kants „Kritik der reinen Vernunft" gelesen – eine beeindruckende Lektüre, wie er bekannte, die ihm jedoch keine unmittelbare Nutzanwendung zukommen ließ. Nun beschäftigte er sich mit Fichte, Hegel und Schelling, die, auf jeweils unterschiedliche Weise, den Kantschen Erkenntnissatz intensiviert und erweitert hatten. Besonders Fichte war es, der Steiner zunächst beeindruckte. Die Radikalisierung des im Ich zentrierten Identitätsgedankens erschien ihm wie ein längst fälliger Gewaltmarsch auf den Höhen des Wissens, der, allerdings, aus Gründen, die in der beim Wort genommenen Subjektivität selbst lagen, noch vor dem Ziel abgebrochen werden mußte. Was Fichte sagen wollte, nämlich eine vom Ich her nach Wissenschaftsideal konstruierte Objektivität, welche den Gesetzlichkeiten entsprach, die von der Philosophie in sie hineingelegt wurden, erreichte er nicht – ebensowenig wie Hegel, der wenig später das Denken zur Weltmacht erklärte und als ebenso erstaunliches wie einseitiges Kolossalsystem der Realität überstülpte. Einen entscheidenden Hinweis für sich selbst fand Steiner erst beim Studium von Schellings (1795 erschienenen) „Briefen über Dogmatismus und Kritizismus", die ihn in vorläufige Begeisterung versetzten, so daß er sich, gleich nach der Lektüre, einem Freund mitteilen mußte:

„Es war die Nacht vom 10. auf den 11. Januar (1881, O.A.B.), in der ich keinen Augenblick schlief. Ich hatte mich bis ½ 1 Uhr mitternachts mit einzelnen philosophischen Problemen beschäftigt, und da warf ich mich endlich auf mein Lager; mein Bestreben war voriges Jahr, zu erforschen, ob es denn wahr wäre, was Schelling sagt: ‚Uns allen wohnt ein geheimes, wunderbares Vermögen bei, uns aus dem Wechsel der Zeit in unser innerstes, von allem was außen hinzukam entkleidetes Selbst zurückzuziehen und da unter der Form der Unwandelbarkeit das Ewige in uns anzuschauen.' Ich glaubte und glaube nun noch, jenes innerste Vermögen ganz klar in mir entdeckt zu haben – und geahnt habe ich es ja schon längst –; die ganze idealistische Philosophie steht nun in einer wesentlich modifizierten Gestalt vor mir; was ist eine schlaflose Nacht gegen einen solchen Fund!"

Steiner sah sich von einer Philosophie inspiriert, der er gleichwohl nicht als Nachahmer dienen wollte. Ohne daß er es eigentlich wahrhaben mochte, ging es ihm bei allen seinen Studien um die Bestätigung der in ihm herangereiften Weltanschauung, für die er schließlich Belege gefunden zu haben glaubte, um sie als gesichert ausgeben zu können. Weitere Lektüre-Erlebnisse waren hinzugekommen, allen voran Goethe, aber auch Schiller, dessen Ästhetik es ihm besonders angetan hatte; in ihr sah Steiner eine Synthese von Sinnlichkeit und zweckfreier Geistesanschauung am Werk, die maßgebend werden konnte für eine Wertebestimmung jenseits geschmäcklerischer Urteilsfindungen. Was ihm vom Denken des deutschen Idealismus prinzipiell unterschied, war die Bedeutung, die er dem Seelen- und Geistesleben im Hinblick auf dessen Wirksamkeitsbereich einräumte, den er zur gesamten Natur hin öffnete. Dabei durfte er sich wiederum an einem Schelling-Diktum orientieren, das da besagte, die Natur schlage im Menschen ihre Augen auf und finde zu sich selbst. Die anthropozentrische Anmaßung dieses an sich poetischen Gedankens wollte Steiner entschärft wissen; er setzte statt dessen auf ein gleichrangiges Zusammenwirken von Körper, Seele und Geist, das in seinen vorgestellten Erkenntnismöglichkeiten Abstufungen vorsah, die sich aus der Gewichtung des jeweiligen Objekts auf seiten eines vom Subjekt abgelösten Wissens ergab. Steiners Philosophie, obwohl von ihrem Urheber in Gänze noch nicht schriftlich fixiert, stand in ihren wesentlichen Konturen fest; was ihr an zusätzlichen Materialien beigebracht werden konnte, sollte nun mehr aus dem Leben kommen als aus dem Kanon der Wissenschaften – das Leben selbst öffnete sich dem Denken in einer Weise, die den Schluß nahelegte, daß es eine Innigkeit des geistig-seelischen Erlebens gab, welche sinnliche Wahrnehmung, Erkenntnis und das Verstehen von natürlichen Gesetzmäßigkeiten in einem umfaßte ...

„Geht man immer weiter in dem Gedanken-Erleben, so findet man, daß diesem Erleben die geistige Wirklichkeit entgegenkommt. Man nimmt den Seelenweg zu dem Geiste hin. Aber man gelangt auf diesem inneren Seelenwege zu einer geistigen Wirklichkeit, die man auch im Innern der Natur wiederfindet. Man erringt eine tiefere Naturerkenntnis, indem man sich der Natur dann gegenüberstellt, wenn man im lebendigen Gedanken die Wirklichkeit des Geistes geschaut hat. Mir wurde immer klarer, wie durch das Hinwegschreiten über die gewöhnlichen abstrakten Gedanken zu denjenigen geistigen Schauungen, die aber doch die Besonnenheit und Helligkeit des Gedankens sich bewahren, der Mensch sich in eine Wirklichkeit einlebt, von der ihn das gewöhnliche Bewußtsein entfernt ... Die geistige Schauung nimmt den Geist wahr wie die Sinne der Natur; aber sie steht mit dem Denken der geistigen Wahrnehmung nicht ferne wie das gewöhnliche Bewußtsein mit seinem Denken der Sinneswahrnehmung, sondern sie denkt, indem sie das Geistige erlebt, und sie erlebt, indem sie die erwachte Geistigkeit im Menschen zum Denken bringt. Eine geistige Schauung stellte sich mir vor die Seele hin, die nicht auf einem dunklen mystischen Gefühle beruhte. Sie verlief vielmehr in einer geistigen Betätigung, die an Durchsichtigkeit dem mathematischen Denken sich voll vergleichen ließ.

Ich näherte mich der Seelenverfassung, in der ich glauben konnte, ich dürfe die Anschauung von der Geisteswelt, die ich in mir trug, auch vor dem Forum des naturwissenschaftlichen Denkens für gerechtfertigt halten. – Ich stand, als diese Erlebnisse durch meine Seele zogen, in meinem zweiundzwanzigsten Lebensjahre."

Steiner, ein denkwürdig gefestigter junger Mann, unterzog sich in der Folgezeit verschiedener Tätigkeiten, die zum einen mit dazu beitrugen, seinen Horizont zu erweitern, zum anderen den simplen Zweck erfüllten, ihm den Lebensunterhalt zu sichern, für den er durchweg mit nur spärlichen Mitteln ausgestattet war. So erhielt er den Auftrag, Goethes mophologische Schriften zu edieren, amtierte danach als Hauslehrer bei einer wohlhabenden Wiener Familie, deren Sorgenkind, einen scheinbar verhaltensgestörten und geistig zurückgebliebenen Sohn, er so aufopferungsvoll und einfühlsam unterrichtete, daß dem Jungen später ein noch halbwegs normaler Werdegang ermöglicht werden konnte. 1890 wurde er Mitarbeiter am Goethe- und Schiller-Archiv in Weimar, wo er sich wiederum mit Goethe zu befassen hatte, der ohnehin längst zu seiner geistigen Leitfigur avanciert war, die er gelegentlich mit Interpretationen bedachte, von denen vermutet werden durfte, daß sie mehr der eigenen Weltanschauung entsprangen als den mutmaßlichen Intentionen des Dichterfürsten. In Weimar nahm er Kontakt mit Elisabeth Förster-Nietzsche auf, der berüchtigten Schwester des Philosophen, die ihren Bruder, geschäftstüchtig und sicher nicht ohne Liebe, wie ein Ausstellungsstück verwahrte, auf das nur auserwählten Gestalten gelegentlich ein erschauernder Blick gegönnt wurde. Zu diesen Auserwählten gehörte auch Steiner; ihm gewährte sie Einlaß in Nietzsches Zimmer, wo den Besucher alsbald jenes Gefühl menschenübersteigender Tragik befiel, das Elisabeth Förster besonders gern strapazierte, wenn es um Einfärbung der Nachrichten ging, die aus dem Schattenreich ihres genialen Pfleglings noch nach außen dringen sollten...

„Da lag der Umnachtete mit der wunderbar schönen Stirne, Künstler- und Denkerstirne zugleich, auf einem Ruhesofa. Es waren die ersten Nachmittagsstunden. Diese Augen, die im Erloschensein noch durchseelt wirkten, nahmen nur noch ein Bild der Umgebung auf, das keinen Zugang zur Seele mehr hatte. Man stand da, und Nietzsche wußte nichts davon. Und doch hätte man von dem durchgeistigten Antlitz noch glauben können, daß es der Ausdruck einer Seele wäre, die den ganzen Vormittag Gedanken in sich gebildet hatte, und die nun eine Weile ruhen wollte. Eine innere Erschütterung, die meine Seele ergriff, durfte meinen, daß sie sich in Verständnis für den Genius verwandle, dessen Blick auf mich gerichtet war, mich aber nicht traf. Die Passivität dieses lange Zeit verharrenden Blickes löste das Verständnis des eigenen Blickes aus, der die Seelenkraft des Auges wirken lassen durfte, ohne daß ihm begegnet wurde."

Im Sommer 1897 zog Steiner nach Berlin. Er übernahm die Redaktion des „Magazins für Litteratur" und gab Kurse an der Arbeiterbildungsschule. Eine beeindruckende, für manche geradezu beängstigende Aktivität zeichnete ihn aus: Steiner warf eine Schrift nach der anderen auf den Markt – es schien so, als wollte er alle Bereiche des Lebens mit kundigen Kommentaren bedenken, die letzlich jedoch keine andere Funktion erfüllten, als seine eigene Weltanschauung im Spiegel konträrer Meinungen zu sehen und, über den Umweg unterschiedlicher Darstellungsweisen, bestätigt zu wissen. Steiner wurde Mitglied der Theosophischen Gesellschaft, deren elitäre Geheimniskrämerei ihm jedoch von Anfang an Schwierigkeiten bereitete. Das opake Denken, das von eingefleischten Theosophenkreisen propagiert wurde, hatte allerdings bemerkenswerten Zulauf; die Zeit um die Jahrhundertwende war ohnehin fruchtbar für Endzeittheoretiker, Geschichtspessimisten und Mystagogen aller Schattierungen. So konnte Steiner, der in den Zirkeln der Rauner und Murmler eher als nüchterner Rationalist galt, Vortragstourneen durch Deutschland, die Schweiz, Österreich und Holland absolvieren, die ihm fast immer volle Säle bescherten. Anfang Februar 1913 wurde die Anthroposophische Gesellschaft gegründet. Ihren Mitgliedern, die sich vorwiegend aus Personenkreisen rekrutierten, denen die Theosophische Gesellschaft mit einem Ausschlußverfahren drohte, gab Steiner, Buch um Buch, eine Philosophie an die Hand, die ein Verständnis der Welt, bezogen auf ihre zeitliche und vereinigende Vergegenwärtigungsstruktur im Menschen, erlaubte. Dabei wurde auch die Sehnsucht nach einem Geistigen bedient, das sich nicht in bloßer Einmaligkeit beschränkt, sondern in einem Lebens-Kreislauf steht, der sich der Ewigkeit auf dem Weg über Wiedergeburt und dem dazu gehörigen Ereignisgeschehen nähert...

„In einem Leben erscheint der menschliche Geist als Wiederholung seiner selbst mit den Früchten seiner vorigen Erlebnisse in vorhergehenden Lebensläufen... Dies aber kann die Veranlassung dazu geben, das Leben daraufhin anzusehen, wie Schicksalsvorgänge in das Leben eintreten. Etwas stößt dem Menschen zu. Er ist wohl zunächst geneigt, ein solch Zustoßendes wie ein zufällig in sein Leben Eintretendes zu betrachten. Allein er kann gewahr werden, wie er selbst das Ergebnis solcher Zufälle ist. Wer sich in seinem vierzigsten Lebensjahre betrachtet und mit der Frage nach seinem Seelenwesen nicht bei einer wesenlos abstrakten Ich-Vorstellung stehenbleiben will, der darf sich sagen: ich bin ja gar nichts anderes, als was ich geworden bin, was mir bis heute schicksalsmäßig zugestoßen ist..."

Mit der Gründung der Anthroposophischen Gesellschaft kam noch mehr Arbeit auf Steiner zu. Er, der sich beizeiten unentbehrlich gemacht hatte, wurde nun zum Spiritus rector einer Bewegung, die kühn genug war, eigene Denkansätze für nahezu alle Lebensbereiche zu entwickeln. Steiner lieferte, zumeist in Aufsatz- und Vortragsform, die dazugehörigen Verständigungsschriften; er betätigte sich als Dichter, Musiktheoretiker, Choreograph, Pädagoge, Bildhauer, Mediziner, Landmann und Architekt. Als nach Ende des Ersten Weltkriegs die Zentrale der Gesellschaft in die Schweiz verlagert wurde, wirkte er maßgeblich am Bau des sog. Goetheanums mit, einer eigenen anthroposophischen Tagungs- und Veranstaltungsstätte, deren eigenwillige Architektur zum großen Teil auf Steinerschen Entwürfen beruhte. Die Aktivitäten der

Anthroposophen, im besonderen die geistvolle Umtriebigkeit ihres Chefideologen, mußten sich schon bald Spott gefallen lassen, der bis auf den heutigen Tag nicht verstummt ist. Dabei können sich die erzielten Leistungen durchaus sehen lassen; dies gilt nicht zuletzt für die anthroposophischen Erziehungsinstitute, die Waldorf-Schulen, denen in Zeiten umfassender Bildungs- und Sozial-Desillusionierung größerer Zulauf als je zuvor beschert ist. Anders als manche seiner Nachfolger hat Steiner von weltanschaulicher Nötigung nichts gehalten; dies gilt besonders für junge und ganz junge Menschen, deren freie Entwicklung das höchste Gebot der Erziehung zu bleiben hat...

„Die Waldorfschule soll keine Weltanschauungsschule sein, in der wir die Kinder möglichst mit anthroposophischen Dogmen vollstopfen... Wir wollen, was auf anthroposophischem Gebiet gewonnen werden kann, in wirkliche Unterrichtspraxis umsetzen... Wir müssen lebendiges Interesse haben für alles, was heute in der Zeit vor sich geht, sonst sind wir für diese Schule schlechte Lehrer. Wir dürfen uns nicht nur einsetzen für unsere besonderen Aufgaben."

Rudolf Steiner starb am 30. März 1925 in seinem Atelier im Goetheanum in Dornach. Sein Tod hatte mit einer zunehmenden Erschöpfung zu tun, die ihn in den letzten Lebensjahren befiel; zu groß war das Arbeitspensum gewesen, das er sich tagein, tagaus zumutete. Seinen Kritikern, die ihn als philosophischen Anverwandlungskünstler diffamierten, der sich aus einer Vielzahl von Denksystemen scheinbar ungeniert bediente, konnte er entgegenhalten, daß sich seine Weltanschauung früh entwickelt hatte und in ihrem Kern gleichgeblieben war; die Veränderungen, denen er Ausdruck verlieh, hatten mit dem von Menschen ausgehenden Erkenntnisprozeß zu tun, der aus dem Leben selbst erwächst: Das Geheimnis des Daseins nämlich kann entschlüsselt werden – von dem, der es trägt...

„Die ganze Welt, außer dem Menschen, ist ein Rätsel, das eigentliche Welträtsel; und der Mensch selbst ist die Lösung. Was er sagt, kann aber stets nur so viel an Inhalt über die Lösung geben, als er selbst über sich als Mensch erkannt hat...

Erkenntnis wurde mir dasjenige, was nicht allein zum Menschen, sondern zu dem Sein und Werden in der Welt gehört. Wie Wurzel und Stamm eines Baumes nichts Vollendetes sind, wenn sie nicht in die Blüte sich hineinleben, so sind Sein und Werden der Welt nichts wahrhaft Bestehendes, wenn sie nicht zum Inhalt der Erkenntnis weiterleben. Auf diese Einsicht blickend, wiederholte ich bei jeder Gelegenheit, bei der es angebracht war: der Mensch ist nicht das Wesen, das für sich den Inhalt der Erkenntnis schafft, sondern er gibt mit seiner Seele den Schauplatz her, auf dem die Welt ihr Dasein und Werden zum Teil erst erlebt. Gäbe es nicht Erkenntnis, die Welt bliebe unvollendet."

„So will es der Träumer"

Walter Benjamin

Es gibt Einsichten, die vom Baum der Erkenntnis wie überreife Früchte fallen. Ihre Zeit ist gekommen, nun sind sie fällig. Wer diese Früchte auffängt und sich einzuverleiben weiß, wird in einen Stand des Wissens versetzt, der solide ist, weil er weniger von der Überraschung lebt als vom Aufgehen einer längst ausgestreuten Wissenssaat. Der Philosoph, dem solches widerfährt, mag verwundert über den Augenblick sein, in dem er bedacht wird – schließlich kann jeder Moment überraschend sein, der gerade nicht dem Zeitpunkt entspricht, den man sich insgeheim ausgemalt hat. Ansonsten jedoch dürfte sich die Überraschung in Grenzen halten, da eine Einsicht, die im Stillen heranreift, auf eine Art fromme Erwartungshaltung zählen kann: Man nimmt entgegen, was einem dargeboten wird, und fühlt sich belohnt wie jemand, der längst dazu veranlaßt worden ist, nur noch gegen feste Honorarsätze zu arbeiten.

Eine andere Art der Einsichtnahme kommt spektakulärer daher: Sie gleicht einer aufwendigen Erweckung und bleibt der dramatischen Rahmenhandlung nahe, die wir bei manchen früheren philosophischen Schlüsselerlebnissen kennengelernt haben. Die Weisungsvision des Augustinus gehört hierher, desgleichen Pascals Feuertraum oder Rousseaus gefühlsschwere Eingebung unter einem Chausseebaum an der Landstraße nach Vincennes. Der Philosoph, dem solche Erlebnisse zustoßen, fühlt sich bis in die Grundfesten seiner Existenz hinein erschüttert; er weiß oder beginnt zumindest zu ahnen, daß von nun an alles ganz anders sein wird. Dabei muß der Erweckungsvorgang, dem man sich ausgesetzt sieht, weder mit großem Getöse einhergehen noch sonderlich lange anhalten; er kann sich schnell wieder legen, zurückgleiten in die unaufwendige Ereignisstruktur des Alltags und dort eine Lunte auslegen, die später erst an ihr explosives Erkenntnisziel führt.

Ein Erlebnis, das besondere Hellsichtigkeit verlieh, hatte der Philosoph und Schriftsteller Walter Benjamin, als er im Jahr 1929 mit der Berliner Stadtbahn fuhr. Benjamin war guter Dinge: Zwar plagten ihn die üblichen Geldsorgen und Existenzängste, aber zugleich meinte er eine lauernde, merkwürdig geschärfte Aufmerksamkeit in sich zu spüren, die darauf aus war, an einem mit Bedacht gewählten Objekt ihre Erprobung zu finden. Draußen, vor den Fenstern der Bahn, glitten Stadtlandschaften vorbei, ein Ensemble von Bauten und Belebtheiten, das in seiner hintergründigen Ordnung ein Gefüge von Bildern aufscheinen ließ, das der Neuentdeckung harrte. Ließ sich nicht dort draußen eine geheime Ordnung rekonstruieren, die noch bestimmt werden wollte; konnte man nicht die Spuren aufdecken, die sich in die Stadtlandschaft bis zur Unkenntlichkeit eingegraben hatten? Man mußte, so Benjamins spätnachmittägliche Vermutung an diesem Tage, nur einen anderen, von der lauernden Aufmerksamkeit präparierten Blick anwenden, mußte der Vordergründigkeit die Suche nach jenem Hintergründigen und Unterschwelligen entgegenstellen, das, einmal bewußt gemacht, dem Erkennen zu seiner fragilen Wahrheit verhilft, die erst dann aufzuscheinen beginnt, wenn der Blick sich in seinem erwählten Gegenstand verhakt hat und das wartende Bewußtsein mit seinen Überlegungen beginnt. Das Objekt, an dem sich schließlich die Aufmerksamkeit des Philosophen verfing, war ein schlichtes Werbeplakat, das eine Erinnerung auslöste, die sich, als aufblitzender Vorgriff auf das noch zu Bestimmende, wie gerade eben entstanden präsentierte ... In einer der unzähligen Notizen seines monumentalen, unabgeschlossen gebliebenen „Passagenwerks", das Benjamin mehr als dreizehn Jahre lang beschäftigt hielt, heißt es dazu:

„Vor vielen Jahren sah ich in einem Stadtbahnzug ein Plakat, das, wenn es auf der Welt mit rechten Dingen zuginge, seine Bewunderer, Historiker, Exegeten und Kopisten so gut wie nur irgend eine große Dichtung oder ein großes Gemälde gefunden hätte. Und in der Tat war es beides zugleich. Wie es aber bei sehr tiefen, unerwarteten Eindrücken bisweilen gehen kann: der Chock war so heftig, der Eindruck, wenn ich so sagen darf, schlug so gewaltig in mir auf, daß er den Boden des Bewußtseins durchbrach und jahrelang unauffindbar irgendwo in der Dunkelheit lag. Ich wußte nur, daß es sich um ‚Bullrichsalz' handelte und daß die Originalniederlage dieses Gewürzes ein kleiner Keller in der Flottwellstraße war, an dem ich jahrelang mit der Versuchung vorbeifuhr, hier auszusteigen und nach dem Plakate zu fragen. Da gelangte ich eines verschossenen Sonntagnachmittags in jenes nördliche (?) Moabit... Vorzeichen deuteten diesmal schon unterwegs darauf hin, daß es ein bedeutungsvoller Nachmittag werden müsse..."

Benjamin näherte sich einer Art Offenbarung, die sich mitten in der alltäglichen Gegenstandswelt ereignen sollte; in der Erinnerung geriet ihm die Hinführung an das Objekt seiner Neugier noch ein wenig wundersamer und verklausulierter, als sie sich in Wirklichkeit wohl zutrug. Abgesehen davon, daß es sich bei ‚Bullrich-Salz' nicht um ein Gewürz handelte, sondern um ein bewährtes Magen-Sedativum, stimmte die Komposition des Ganzen: Ein Ereignis bereitete sich vor, dem die Konturen seines Vollzugs schon eingezeichnet worden waren; vom Schacht des Bewußtseins, das immer wieder, fast sehnlich, auf solche beispielhafte Gelegenheiten zu warten scheint, wurde schließlich eine Realisation abgerufen, die den Anlaß erhielt, den sie benötigte. Die Episode, von der Erinnerung auf das feinste konserviert – sogar zwei attraktive Damen, die sich an seiner Seite befanden, fanden bei Benjamin noch Erwähnung –, konnte zum Abschluß gebracht werden; aus einem Bild formte sich des Rätsels Lösung, das über das Abgebildete hinaus rätselhaft blieb und neue Erkundungen einzuleiten hatte:

„Mit meinen beiden schönen Begleiterinnen (stand ich) vor einer positiven Destille, deren Auslagebuffet durch ein Arrangement von Schildern belebt war. Eines darunter war ‚Bullrich-Salz'. Es enthielt nichts als das Wort, aber um diese Schriftzeichen bildete sich plötzlich, mühelos, jene Wüstenlandschaft des ersten Plakats. Ich hatte es wieder. So sah es aus:

Im Vordergrund der Wüste bewegte ein Frachtwagen sich vorwärts, den Pferde zogen. Er hatte Säcke geladen, auf denen ‚Bullrich-Salz' stand. Einer dieser Säcke hatte ein Loch, aus dem Salz schon eine Strecke weit auf die Erde gerieselt war. Im Hintergrund der Wüstenlandschaft trugen zwei Pfosten ein großes Schild mit den Worten ‚Ist das Beste'. Was aber tat die Salzspur auf dem Fahrwege durch die Wüste? Sie bildete Buchstaben, und die formten ein Wort, das Wort: ‚Bullrich-Salz'. War die prästabilierte Harmonie eines Leibniz nicht Kinderei gegen diese messerscharf eingespielte Prädestination in der Wüste? Und lag nicht in diesem Plakat ein Gleichnis vor für Dinge, die in diesem Erdenleben noch keiner erfahren hat. Ein Gleichnis für den Alltag der Utopie?"

Aus einem an sich unscheinbaren Bild also ließ sich eine Projektion hervorzaubern – eine Heimholung all des sehnsüchtig stimmenden, noch nicht Dagewesenen, das den Erwartungshorizont eines jeden Menschen bestimmt, der sich einen Blick bewahrt hat für das Verborgene in der wiederkehrenden Realitätsstruktur des Gegenwärtigen. Benjamin hatte sich einen solche Blick nicht nur bewahrt, sondern er besaß eigentlich gar keinen anderen: Das bloße Registrieren von Gegenständlichkeiten war seine Sache nicht; er suchte das Wesen in der Erscheinung, und wo sich weder Wesen noch Erscheinung im Bild auslösen ließen, entwickelte er ein Drittes: das Ansinnen des noch nicht Gegebenen, den Nachweis einer erspürbaren, den Menschen wie den Dingen zukommenden Eigenständigkeit, die über bloße Begriffsexistenz hinausgeht. Eine solche, mehr im Unsichtbaren als im Sichtbaren wirkende dezente Kraft nannte Benjamin Aura: Sie ist zeit-ungebunden und darf als eine Art überindividuelles Charisma verstanden werden; als eine Einzigartigkeit, die, wenn sie denn überhaupt vorhanden ist, erahnt werden muß – was nicht jedermanns Sache sein kann, da das Original, „im Zeitalter der Reproduzierbarkeit", in einen Verdrängungswettbewerb geraten ist, der die Einmaligkeit schließlich als Desiderat der Kopien erscheinen läßt und zu einem Wert erklärt, dem, letztendlich, jede genauere Bestimmbarkeit abhanden kommt...

„Was ist eigentlich Aura? Ein sonderbares Gespinst aus Raum und Zeit: einmalige Erscheinung einer Ferne, so nah sie sein mag. An einem Sommernachmittag ruhend einem Gebirgszug am Horizont oder einem Zweig folgen, der seinen Schatten auf den Ruhenden wirft – das heißt die Aura dieser Berge, dieses Zweiges atmen. An der Hand dieser Definition ist es ein Leichtes, die besondere gesellschaftliche Bedingtheit des gegenwärtigen Verfalls der Aura einzusehen. Er beruht auf zwei Umständen, welche beide mit der zunehmenden Ausbreitung und Intensität der Massenbewegung auf das engste zusammenhängen. Die Dinge sich ‚näherzubringen' ist nämlich ein genau so leidenschaftliches Anliegen der gegenwärtigen Massen, wie es ihre Tendenz einer Überwindung des Einmaligen jeder Gegebenheit durch deren Reproduzierbarkeit darstellt. Tagtäglich macht sich unabweisbar das Bedürfnis geltend, des Gegenstands aus nächster Nähe im Bild, vielmehr im Abbild, in der Reproduktion habhaft zu werden. Und unverkennbar unterscheidet sich die Reproduktion, wie illustrierte Zeitung und Wochenschau sie in Bereitschaft halten, vom Bilde. Einmaligkeit und Dauer sind in diesem so eng verschränkt, wie Flüchtigkeit und Wiederholbarkeit in jenem. Die Entschälung des Gegenstandes aus seiner Hülle, die Zertrümmerung der Aura, ist die Signatur einer Wahrnehmung, deren ‚Sinn für das Gleichartige in der Welt'... so gewachsen ist, daß sie es mittels der Reproduktion auch dem Einmaligen abgewinnt."

Benjamin, ein unendlich belesenere Philosoph und Literat, der sich in seiner Ungeschütztheit mit Zitaten verbarrikadierte, denen er gleichwohl ganz ungewohnte, ganz eigenständige Notierungen zu entlocken wußte, besaß die Fähigkeit, das Unausgesprochene mit Hilfe von Andeutungen zum Sprechen zu bringen. Er selbst fungierte als Zuhörer und Späher: Aus dem Gehörten errichtete er das Unerhörte; das Gesehene hellte er, mit deutendem Blick in die Untergründigkeit, auf, so daß sich, zumeist ohne das Willkürliche einer Gedankenverbindung, neue Zusammenhänge ergaben, die ihre Eigenständigkeit aus transzendierter Gewohnheit und überstimmtem Bekanntheitsgrad bezogen. Benjamins Schlüsselerlebnis, die Ausdeutung eines Bildes, das, seiner Bestimmung harrend, für den erneuten Aufruf in einer ihm gemäßen Umgebung bereitstand, ließ sich in einem Erkenntnisprozeß wiederverwenden, der die herkömmliche Trennung zwischen Realem und Träumerischem, zwischen äußerem Anspruch und innerer Einsichtnahme nicht mehr gelten lassen mochte... Das Wissen selbst sorgte für seine Enthebung, indem es zum Stillstand kam; es probte die Versunkenheit, in der die Entfernungen schrumpften und das Nahe mit einemmal zeitlos wurde:

„Ob sich nicht das Gefallen an der Bilderwelt aus einem düsteren Trotz gegen das Wissen nährt? Ich sehe in die Landschaft hinaus: Da liegt ein Meer in seiner Bucht spiegelglatt; Wälder ziehen als unbewegliche stumme Masse an der Kuppe des Berges herauf; droben verfallene Schloßruinen, wie sie schon vor Jahrhunderten gestanden haben; der Himmel strahlt wolkenlos, in ewiger Bläue. So will es der Träumer! ... Er muß vergessen, um sich den Bildern zu überlassen. An ihnen hat er Ruhe, Ewigkeit. Jede Vogelschwinge, die ihn streift, jeder Windstoß, der ihn durchschauert, jede Nähe, die ihn trifft, straft ihn Lügen. Aber jede Ferne baut seinen Traum wieder auf, an jede Wolkenwand steht er gelehnt, an jedem erleuchteten Fenster erglimmt er von neuem..."

Der Philosoph und Literat Walter Benjamin gehörte, unabhängig vom Vollzug fataler politischer Entwicklungen, zu jenen Menschen, die im Alltagsbetrieb für gewöhnlich als Pechvögel auftreten. Sein Leben, bezogen auf die Maßstäbe bürgerlichen Statusdenkens, glich einer Abfolge kleiner und mittlerer Pannen: Gelingen wollte ihm nur selten etwas, und wenn, hatte dies mit seinem Schreiben zu tun, nicht mit dem Verweis auf äußere Karriereleistungen. Geboren am 15. Juli 1892 in Berlin als Sohn eines wohlhabenden jüdischen Kaufmanns, kam Benjamin zwar in den Genuß einer behüteten Kindheit und der dazugehörigen privilegierten Schulausbildung; danach aber begannen die Schwierigkeiten. Schon sein Studium der Philosophie und Literaturwissenschaft an den Universitäten Berlin, Freiburg, München und Bern, das er 1919 mit einer Dissertation über den „Begriff der Kunstkritik in der deutschen Romantik" und der Promotion abschloß, verlief alles andere als gradlinig. Benjamin war, wie die Psychologin Charlotte Wolff einmal vermerkte, „ein ewiger Student des Ungewöhnlichen und der halben Töne"; er verstand sich als Reisender in Sachen Wahrheit und studierte um des möglichen Erkenntnisgewinns wegen – die Zwänge, einen Beruf ergreifen zu müssen, mißachtete er souverän. So wurde die Existenz als Privatgelehrter und freier Schriftsteller, die er später zu führen hatte, bereits während seiner Studienzeit vorbereitet. Daß sein Leben keine Erfolgsgeschichte sein würde, war Benjamin schon früh klar geworden; er tröstete sich mit der Gewißheit, daß der Erfolg selbst nur ein Zufallsprodukt sein konnte, nicht aber das Resultat konzentrierter Eigenleistungen...

„Es ist ein eingewurzeltes Vorurteil, daß es der Wille sei, der zum Erfolg der Schlüssel ist. Ja, läge der Erfolg nur in der Linie des Einzeldaseins, wäre er nicht auch der Ausdruck dafür, wie dieses Dasein in das Weltgefüge eingreift. Ein Ausdruck freilich, voller Vorbehalte. Doch sind denn Vorbehalte etwa weniger gegenüber dem Einzeldasein und dem Weltgefüge selbst am Platz? Daher ist der Erfolg... der tiefste Ausdruck für die Kontingenzen dieser Welt. Der Erfolg ist die Marotte des Weltgeschehens. Somit hat er am wenigsten zu schaffen mit dem Willen, der ihm nachjagt. Überhaupt sind es nicht die Gründe, die ihn herbeiführen, an denen seine wahre Natur sich dartut, sondern die Figuren der Menschen, die er bestimmt. Es sind seine Lieblinge, an denen er sich zu erkennen gibt. Seine Schoßkinder – und seine Stiefkinder."

Benjamin blieb ein Stiefkind seines Erfolgs. Seine Versuche, eine akademische Laufbahn einzuschlagen, schlugen fehl, was er selbst vergleichsweise gelassen hinnahm; sein Vater allerdings, Kaufmann und Aktionär, dem die Wirtschaftskrise der Weimarer Republik zusetzte, drohte mit Einstellung der finanziellen Zuwendungen, die schließlich auch ganz versiegten. Benjamin war danach auf sich allein gestellt. Vollends in Ärmlichkeit, die episodenhaft sogar zu einer denkwürdigen Erbärmlichkeit wurde, geriet er 1930 nach der Scheidung von seiner Frau Dora Pollak, der er ihre Mitgift in Höhe von 40000 Mark zurückzahlen mußte. Ihm blieb nichts anderes übrig, als sein Erbteil zu beleihen, um den Verpflichtungen nachkommen zu können. Einkünfte erzielte er nur durch seine essayistischen Arbeiten und Bücher, die man in Fachkreisen lobte, so daß ihr Autor gelegentlich sogar als „führender Literaturkritiker Deutschlands" gerühmt wurde, was jedoch keinerlei Einfluß auf die durchweg bescheidenen Honorare hatte, die er erzielte. Benjamin sah sich des öfteren gezwungen, wertvolle Bücher aus seiner Bibliothek zu veräußern, um wieder zu Geld zu gelangen. – Im März 1933 ging er ins Exil nach Paris. Das Dasein, das er fristete, eine Existenz am Existenzminimum, sollte sich nicht mehr entscheidend ändern... Benjamin blieb im Leben ein unsicherer Kantonist, der dazu verdonnert schien, im entscheidenden Augenblick zu spät kommen zu müssen. In seiner Chronik „Berliner Kindheit um 1900" hat er diesen Sachverhalt ironisch gewürdigt:

„Ich wußte... gleich, woran ich war, als ich in meinem ‚Deutschen Kinderbuch' von Georg Scherer auf die Stelle stieß: „Will ich in mein Keller gehn/ Will mein Weinlein zapfen;/ Steht ein bucklicht Männlein da,/ Tät mir'n Krug wegschnappen.' Ich kannte jene Sippe, die auf Schaden und Schabernack versessen war, und daß sie sich im Keller zu Hause fühlte, war nicht verwunderlich... Von ihrem Schlage war der Bucklige. Doch kam er nicht näher. Erst heute weiß ich, wie er geheißen hat. Meine Mutter verriet mir's, ohne es zu wissen. ‚Ungeschickt läßt grüßen', sagte sie mir immer, wenn ich etwas zerbrochen hatte oder hingefallen war. Und nun verstehe ich, wovon sie sprach. Sie sprach vom bucklichten Männlein, welches mich angesehen hatte. Wer diese Männlein ansieht, gibt nicht acht. Nicht auf sich selbst und auf das Männlein auch nicht. Er steht verstört vor einem Scherbenhaufen: ‚Will ich in mein Küchel gehn,/ Will mein Süpplein kochen;/ Steht ein bucklicht Männlein da,/ Hat mein Töpflein brochen.' – Wo es erschien, da hatte ich das Nachsehen. Ein Nachsehen, dem die Dinge sich entzogen... Das Männlein kam mir überall zuvor. Zuvorkommend stellte sich's in den Weg... Allein, ich habe es nie gesehen. Es sah immer nur mich. Und desto schärfer, je weniger ich von mir selber sah..."

Walter Benjamin, Philosoph, Kritiker, Literaturwissenschaftler, dazu Schriftsteller und Bücherliebhaber, gehörte zu jenen Menschen, welche die Wahrheit nicht in großer Münze ausgeben können. Etwas Geheimnisvolles haftete seinen Denkbemühungen an; in seinen Schriften, darunter ein berühmter Essay über Goethes „Wahlverwandtschaften", der Prosaband „Einbahnstraße" und das bereits erwähnte gewaltige Torso des „Passagenwerks", finden sich verbrämte Sophismen, umständliche Diskurse, weitschweifige Erörterungen, aber auch, und dies vor allem, dezidierte Reflexionen, Aphorismen, Denkbilder von höchster Eindringlichkeit. Dem Essayisten Benjamin stand zudem an gelungenen Tagen der Poet Benjamin zur Seite; ein begabter, dennoch scheuer und als Privatperson noch immer weitgehend unbekannter Mann, der Stimmungen und Dinge wie beim allerersten Mal sah – und zu beschreiben wußte. Bei Gelegenheit konnte Benjamin sogar konkret und prophetisch werden – was er, seinerzeit, über die Stimmungslage des kleinen Mannes schrieb, der sich, in trauriger Selbstüberschätzung, für wichtiger hält, als es seiner tatsächlichen Lage entspricht, hat auch heute noch Gültigkeit:

„Da ist diese sonderbare Paradoxie: Die Leute haben nur noch das engherzigste Privatinteresse im Sinn, wenn sie handeln; zugleich aber werden sie in ihrem Verhalten mehr denn je bestimmt durch die Instinkte der Masse... Unabwendbar drängt sich heute in jede gesellige Unterhaltung das Thema der Lebensverhältnisse, des Geldes. Aus den Dingen verschwindet die Wärme. Die Gegenstände des täglichen Gebrauchs stoßen den Menschen sacht, aber beharrlich von sich ab... Der Entfaltung jeder menschlichen Regung... ist der Widerstand der Umwelt angesagt... Wohnungsnot... wird zum elementaren Sinnbild europäischer Freiheit, dazu die Freizügigkeit, vollkommen zu vernichten... Ist einmal die Gesellschaft unter Not und Gier soweit entartet, daß sie die Gaben der Natur nur noch raubend empfangen kann, so wird ihre Erde dramatisch verarmen..."

Im Sommer 1938 waren Benjamin noch einmal Wochen stiller Zufriedenheit vergönnt. Er nahm eine Einladung des Dichters Bertolt Brecht an, der knapp fünf Jahre zuvor im dänischen Fischerdorf Skovsbostrand, das zu Svendborg auf Fünen gehörte, für 7000 Kronen ein Landhaus mit Stall und Garten gekauft hatte. Nachdem das Anwesen renoviert und umgebaut worden war, diente es als standesgemäßer Wohnsitz, in dem man ein Exil etwas bequemer als anderswo aushalten und absitzen konnte... Die konspirativ-idyllische Arbeitsatmosphäre in Brechts Haus inspirierte den Philosophen: Er arbeitete an seinem Buch „Das Paris des Second Empire bei Baudelaire", das vom mittlerweile in New York ansässigen Frankfurter Institut für Sozialforschung in Auftrag gegeben worden war. Eine Atmosphäre trügerischer Ruhe und Friedlichkeit umgab ihn, die für seine literarischen Bemühungen durchaus ersprießlich war; für willkommene Abwechslung sorgten die Gespräche mit Brecht, der seinen Gast zuvorkommend behandelte, dessen geschichtsphilosophischen Ideen jedoch, im besonderen der schon erwähnten Aura, nicht viel abgewinnen konnte. Unter dem Datum des 25. Juni 1938 vermerkt der Dichter in seinem Arbeitsjournal:

„benjamin... schreibt an einem essay über baudelaire. da ist gutes; er weist nach, wie die vorstellung von einer bevorstehenden geschichtslosen epoche nach 48 die literatur verbog... man richtete sich mit dem bösen ein. es bekam blumenform. das ist nützlich zu lesen. merkwürdigerweise ermöglicht ein spleen benjamin, das zu schreiben. er geht von etwas aus, was er aura nennt – was mit dem träumen zusammenhängt (dem wachträumen). er sagt: wenn man einen blick auf sich gerichtet fühlt, auch im rücken, erwidert man ihn (!). die erwartung, daß das, was man anblickt, einen selber anblickt, verschafft die aura. diese soll in letzter zeit im zerfall sein, zusammen mit dem kultischen. benjamin hat das bei der analyse des films entdeckt, wo aura zerfällt durch die reproduzierbarkeit von kunstwerken. alles mystik – bei einer haltung gegen mystik. in solcher form wird die materialistische geschichtsauffassung adaptiert! es ist ziemlich grauenhaft!"

Nachdem Benjamin das Manuskript seines Buches abgeschlossen und an seinen Auftraggeber geschickt hatte, kehrte er nach Paris zurück. Fast so, als hätte ihr Adressat bereits wieder darum ersucht, setzten alsbald die gewohnten Rückschläge ein: Benjamins Schwester, mit der er eine kleine Wohnung teilte, erkrankte schwer, und aus den USA erreichte ihn, mit einiger Verzögerung, die Mitteilung, daß seine Baudelaire-Studie nicht den Erwartungen entspräche und umgearbeitet werden müsse. Die weltpolitische Lage, bestimmt durch Sudetenkrise und Münchener Abkommen, tat ein übriges, um der im dänischen Sommer erschriebenen Zuversicht schnell wieder den Boden zu entziehen. Die Zeichen der Zeit standen endgültig auf Krieg...

Benjamin blieben noch zwei Jahre, um seine so traurig freie, vom Glück sorgsam mißachtete Existenz ans Ende zu bringen, für das er, herzkrank und auf der Flucht, schließlich selber sorgte, indem er sich am 26. September 1940 an der französisch-spanischen Grenze das Leben nahm. Vielleicht gerade weil ihm das gewöhnliche Glück nicht gewogen war, hat Benjamin es zur philosophischen Metapher erhoben, die dafür einstehen soll, daß Entwurf und Idee des Lebens sich am Modell humaner Umgangsformen orientieren. Das Glück wird zur Zielvorgabe des Menschen; als Geheimlosung mit Offenbarungscharakter trägt es das Konstrukt einer Weltordnung und beeinflußt die ihm entsprechenden Individualitäten...

„Das wahre Bild der Vergangenheit huscht vorbei. Nur als Bild, das auf Nimmerwiedersehen im Augenblick seiner Erkennbarkeit eben aufblitzt, ist die Vergangenheit festzuhalten. Die Wahrheit wird uns nicht davonlaufen... Die Ordnung des Profanen hat sich aufzurichten an der Idee des Glücks. Das Profane... ist zwar keine Kategorie des messianischen Reiches, aber eine Kategorie, und zwar der zutreffendsten eine, seines leisesten Nahens. Denn im Glück erstrebt alles Irdische seinen Untergang; nur im Glück aber ist ihm der Untergang zu finden bestimmt... Der Rhythmus dieses ewig... in seiner räumlichen, aber auch zeitlichen Totalität vergehenden Weltlichen, der Rhythmus der messianischen Natur, ist Glück. Denn messianisch ist die Natur aus ihrer ewigen und totalen Vergängnis. Diese zu erstreben, auch für diejenigen Stufen des Menschen, welche Natur sind, ist die Aufgabe der Weltpolitik, deren Methode Nihilismus zu heißen hat."

Der Nihilismus, der heute die Weltpolitik bestimmt, eine fade Ideologie schlichten Erfolgsdenkens, verdankt sich dem schmählichen Zusammenbruch kommunistischer Systeme, die der Idee des Sozialismus auf lange Sicht irreparablen Schaden zugefügt haben. Das schlechte Vergangene ist abgesunken, das ganz Andere, Neue – noch nicht in Sicht. Geschichte, in den letzten Jahren zum sich überstürzenden Globalereignis geworden, scheint nun zwangsweise pausieren zu müssen. Eine seltsame Perspektivlosigkeit beherrscht die Versuche öffentlicher Verständigung; man müht sich, eine lästig gewordene Vergangenheit abzuschütteln, um trüber Gegenwart ihre Grauzonen zu nehmen und eine fragwürdige Zukunft weniger fragwürdig erscheinen zu lassen. In dieser Situation massenhafter Indolenz kommt der Philosophie Benjamins eine wiederauflebende Aktualität zu; sie könnte deutlich machen, wie die zwanghafte Beruhigung der Geschichte einen Schock auslöst, der erst dann heilsam wird, wenn sich die Konturen eines glückhaft veränderten Lebens abzeichnen und der Fortschritt, ein Ruinenbaumeister des Notwendigen, bildhafte Einsicht erhält in das ihm übereignete Geschehen:

„Zum Denken gehört nicht nur die Bewegung der Gedanken, sondern ebenso ihre Stillstehung. Wo das Denken in einer von Spannungen gesättigten Konstellation plötzlich einhält, da erteilt es derselben einen Chock, durch den es sich als Monade kristallisiert ... In dieser Struktur erkennt es das Zeichen einer messianischen Stillstellung des Geschehens, anders gesagt, einer revolutionären Chance im Kampfe für die unterdrückte Vergangenheit ... Der Ertrag seines Verfahrens besteht darin, daß im Werk das Lebenswerk, im Lebenswerk die Epoche und in der Epoche der gesamte Geschichtsverlauf aufbewahrt ist und aufgehoben ... Vergangenes historisch artikulieren heißt nicht, es erkennen, ‚wie es denn eigentlich gewesen ist'. Es heißt, sich einer Erinnerung bemächtigen, wie sie im Augenblick der Gefahr aufblitzt ...

Es gibt ein Bild von Klee, das Angelus Novus heißt. Ein Engel ist darauf dargestellt, der aussieht, als wäre er im Begriff, sich von etwas zu entfernen, worauf er starrt. Seine Augen sind aufgerissen, sein Mund steht offen, und seine Flügel sind ausgespannt. Er hat das Antlitz der Vergangenheit zugewendet. Wo eine Kette von Begebenheiten vor uns erscheint, da sieht er eine einzige Katastrophe, die unablässig Trümmer auf Trümmer häuft und sie ihm vor die Füße schleudert. Er möchte wohl verweilen, die Toten wecken und das Zerschlagene zusammenfügen. Aber ein Sturm weht vom Paradiese her, der sich in seinen Flügeln verfangen hat und so stark ist, daß der Engel sie nicht mehr schließen kann. Dieser Sturm treibt ihn unaufhaltsam in die Zukunft, der er den Rücken kehrt, während der Trümmerhaufen vor ihm zum Himmel wächst. Das, was wir den Fortschritt nennen, ist dieser Sturm ..."

"Homo absconditus"

Helmut Plessner

Das interessanteste Tier für den Menschen ist der Mensch. Diese Vermutung, von Johann Gottlieb Fichte im Jahre 1803 zu Papier gebracht, inspirierte nicht nur den Forschungsdrang der philosophischen Anthropologie, sondern hat auch, von jeher, die Philosophie selbst auf merkwürdig unergründliche Weise begleitet. Die Frage nach dem, was der Mensch ist und was er sein kann, ist von zeitloser Brisanz; sie läßt sich immer wieder neu stellen, aber nur schwerlich beantworten, und gleicht somit einem wiederkehrenden Motivationsspiel, das in die Denkanstrengungen der Humanwissenschaften eingreift und zugleich fördernd wie unterminierend wirkt. Der Mensch, rätselhaft schon immer, wird sich selber nicht los; als Subjekt hat er eine Lawine des Wissens losgetreten, in der er, Objekt der Objekte, mit unterzugehen droht. Das Interesse des Menschen am Menschen, von Fichte noch wie ein leidenschaftsloser Aufruf zur theoretischen Neugier vorgetragen, der die transzendentale Vernunft ihre Grenzen setzt, geriet nach dem Abdanken des deutschen Idealismus in eine Leistungsexplosion der empirischen Wissenschaften, die das Anspruchsdenken der traditionellen Philosophie insgesamt in Frage stellen mußte. Was der Mensch war und ist, ließ sich nunmehr aufgrund von Ergebnissen sagen, die von den Einzelwissenschaften, etwa Biologie, Medizin, Psychologie, Anthropologie oder Ethnologie, vorgelegt wurden und die, zumindest nach Meinung ihrer Urheber, als gesichert gelten durften. Die Philosophie hatte dem Rechnung zu tragen; ihr blieb nur der Rückzug in die eigene Innerlichkeit oder der Anschluß an den jeweils herrschenden Erkenntnis- und Methodenstand.

Mit der in den zwanziger Jahren unseres Jahrhunderts von Max Scheler, Arnold Gehlen und Helmuth Plessner entwickelten, heute bereits als klassisch bezeichneten philosophischen Anthropologie gelang der Philosophie ein solcher Anschluß. Sie versuchte, sich auf das neue, eher vielschichtig-verwirrend denn einsichtig anmutende Bild vom Menschen einzustellen, das aus der Fülle empirischer Daten zu schattenhafter Größe aufwuchs; sie war aber auch gewillt, einen Reflexionsbezug zum eigenen, aus ehrwürdiger Geschichte gespeisten Selbstverständnis herzustellen und durchzuhalten. Dabei verordnete sie sich Bescheidenheit, die gelegentlich etwas bemüht ausfiel; dem Umstand, das pompöse metaphysische Entwürfe aus der Mode gekommen waren, obwohl in der Politik längst schon das laute Wort galt, vermochte man nur mit ruhigem Kalkül, ja mit Dezenz zu entsprechen. Von den Begründern der philosophischen Anthropologie hielt sich Max Scheler für maßgebend; er trat als Schrittmacher auf, während Gehlen einige Formulierungen gelangen, die über den Tag hinaus einflußreich waren. Von Helmuth Plessner hingegen hörte man vergleichsweise wenig: Er arbeitete eher im stillen, begegnete den Zeitläuften, solange dies möglich war, mit Gelassenheit und trug in ereignisreichen Jahrzehnten ein Werk zusammen, das ungeachtet seiner nie verschwiegenen Zeitgebundenheit verblüffend modern anmuten muß. Plessner, der weder schul- noch stilbildend gewirkt hat, verdanken wir eine anthropologische Deutung des Menschen, der man die Verbindung zur großen Philosophie anmerken kann und die gerade deshalb wohl eine Vielzahl von Einzelanalysen ermöglicht, aus der die Befindlichkeit des Menschen, über das ihm zugewiesene Dasein hinaus, abzulesen ist...

Helmut Plessner kam am 4. September 1892 in Wiesbaden als Sohn eines Arztes zur Welt. Der Vater leitete ein Privatsanatorium für Innere und Nervenkrankheiten, in dem die Patienten in der Regel reich waren, aber auch eingebildet – eine Kombination, die das Haus florieren ließ und für den jungen Plessner oft genug Anlaß zum Staunen bot. In einer 1975 erschienenen, mit feiner Ironie konzipierten philosophischen Selbstdarstellung notierte er dazu:

„Die Atmosphäre eines Privatsanatoriums ist heute schwer vorstellbar. Jedenfalls saß ich schon als kleiner Kerl mit am Tisch, dem mein Vater präsidierte. Kein Wunder, daß ich, bei Freunden eingeladen, fragte: ‚Wo sind denn Eure Patienten?' Politik im Kreise einander fremder Kurgäste verbat sich von selbst als Gesprächsthema. Auch hatte das überwiegend großbürgerlichen Kreisen entstammende Publikum kaum daran Interesse. Mit einer Ausnahme: Der Fall Dreyfus, der Empörung erregte. Also ging ich – ich muß wohl sechs Jahre alt gewesen sein – an der Hand eines Kindermädchens zu meinem Freunde, dem Schutzmann Bock, der durch seine Pickelhaube die Staatsautorität in Person für mich war, und bat ihn, sich für den armen Dreyfus einzusetzen..."

Menschen, so wurde dem Knaben Plessner mit diesem und anderen Erlebnissen vorgeführt, waren komisch und interessant zugleich; was sie trieben, bedurfte der genaueren Betrachtung. Mit siebzehn Jahren machte er Abitur; sein Zeugnis war von beeindruckender Durchschnittlichkeit. Lobende Erwähnung fanden nur sein Betragen und seine Sangeskünste. Entgegen den Ratschlägen des Vaters entschloß sich Plessner, ein Studium der Medizin und Biologie in Freiburg zu beginnen. Erste Hinweise für philosophische Überlegungen erhielt er von einem Botaniker: Albrecht Reuber, ein experimentierfreudiger Wissenschaftler, las in seiner Freizeit Husserls „Logische Untersuchungen" und Leonard Nelsons „Abhandlung über das sogenannte Erkenntnisproblem". Die spezifische Nachdenklichkeit, von der Philosophie, als Wissenschaft wie als Weltweisheit betrieben, auszugehen hat, wußte Reuber an seine Schüler zu vermitteln. Sie traf auf einen jungen Mann, der, wie erwähnt, bereits als Kind eine besondere Erlebenswelt kennengelernt hatte und nun noch neugieriger wurde; was ihn interessierte, waren die merkwürdigen Differenzen, die sich im Handeln des Menschen auftaten, einem hintergründigen Bewußtseinstier, dessen eigentliche, oft nur post festum zu bestimmenden Verhaltensmotive mit seinem vordergründigen Gebaren nur selten übereinstimmten. Plessner erhielt eine erste Ahnung davon, daß naturwissenschaftliche Forschung und philosophische Wesensschau sehr wohl zusammengehen konnten. Was die Empirie vorlegte, war mehr als bloßes Datenmaterial: es bedurfte der Deutung und Wertung. Hier stand die Philosophie bereit, die sich aus den großen Systemgebäuden zurückgezogen hatte und mit kleinerer wissenschaftlicher Münze zahlte. Plessners Interessenschwerpunkte verlagerten sich langsam aber sicher in Richtung einer philosophischen Grundsatzreflexion, die kühn genug war, vom Menschen selbst auszugehen. Begünstigt wurde er durch eine Atmosphäre zwangfreien Gedankenaustausches; an den Universitäten, denen politisch schwere Zeiten drohten, durfte man Wissenschaft damals noch um der Wissenschaft willen betreiben ...

„Wer 1910 in der glücklichen Lage war, sich sein Studium und sein Universität wählen zu können, versteht den Ausspruch, daß die Zukunft heute nicht mehr das ist, was sie einmal war. Damals gab es keinen numerus clausus, keine Massenfächer, keinen ideologischen Fanatismus. Der Student akzeptierte die Universität, wie sie war. Sie gewährte einem jungen Mann, der die Schule gerade hinter sich hatte, ein ungekanntes Maß an Freiheit. Man wurde nicht als Jugendlicher, sondern als Herr behandelt. Pädagogik war kein Gesichtspunkt, geschweige denn ein Fach. – Nach zwei Semestern in Freiburg ... entschloß ich mich, auf das Physikum zu verzichten und in Heidelberg Zoologie zu studieren, eine brotlose Kunst, wie mein Vater sagte ..."

In Heidelberg brachte Plessner im Jahre 1913 seine erste Veröffentlichung zustande: eine kleine Abhandlung mit dem Titel „Die wissenschaftliche Idee. Ein Entwurf über ihre Form". Er arbeitete an einer zoologischen Dissertation und bemühte sich zugleich um die Vertiefung seiner philosophischen Studien. 1914 ging er nach Göttingen, um sein Philosophiestudium bei Husserl fortzusetzen. Als dieser jedoch zwei Jahre später nach Freiburg berufen wurde, zog es Plessner vor, an die Universität Erlangen zu wechseln. Dort promovierte er Ende 1916 mit einer Arbeit über die „Krisis der transzendentalen Wahrheit im Anfang". 1920 habilitierte sich Plessner an der Universität Köln mit „Untersuchungen zu einer Kritik der philosophischen Urteilskraft", einer eilig konzipierten Schrift, die im Dunstkreis der Kantischen Philosophie verblieb, der er über Jahre hinweg besondere Aufmerksamkeit geschenkt hatte. Die Ablösung von Kant vollzog sich nur zögerlich; sie wurde eingeleitet mit dem Buch „Die Einheit der Sinne", das 1923 erschien und wesentliche Gedanken seiner philosophischen Anthropologie vorbereitete. Der Mensch als Lebewesen, stellte Plessner fest, bleibt mit seiner biologischen Möglichkeit im Rahmen seiner tierischen Herkunft; zugleich befähigen ihn seine geistigen Anlagen, sich über sein kreatürliches Erbe hinwegzusetzen und den freien Entwurf zu wagen – mit dem Risiko des Scheitern und, dies vor allem, mit den Möglichkeiten, sein Scheitern zu begreifen. 1928 – im gleichen Jahr also, in dem Heideggers „Sein und Zeit" und Schelers „Die Stellung des Menschen im Kosmos" erschienen – kam, nahezu unbeachtet von der Öffentlichkeit, Plessners Hauptwerk „Die Stufen des Organischen und der Mensch" heraus, das seine bisherigen Grundannahmen präzisierte und die Ausgangslage der philosophischen Anthropologie beschrieb. Im Eingangskapitel des Buches heißt es:

„Durch die Entdeckungen der Abstammungs- und Vererbungslehre, der Physiologie und Entwicklungsgeschichte hatte sich ein neuer Aspekt von der Naturgebundenheit des Menschen und seiner Kultur ergeben. Was in früheren Zeiten relative Selbstverständlichkeit gewesen war, die Zugehörigkeit des Menschen zum Tierreich, wurde durch die veränderte Betrachtung der Natur zu einer das Wesen des Menschen ‚erklärenden', d.h. auflösenden Erkenntnis. Wenn also das Geistige nicht nach bekanntem Rezept zum einfachen Überbau einer bestimmten Art tierischen Daseins werden und damit nur einer biologischen Form des alten Naturalismus zum Siege verholfen sein sollte, galt es, aus neuer Perspektive die Verbundenheit von Natur und Geist und die Stellung des Menschen zu bestimmen..."

Philosophische Anthropologie erhält von Plessner die Rolle einer Hilfswissenschaft im Chefrang zugesprochen. Sie soll die Erkenntnisse der Einzelwissenschaften berücksichtigen und, wenn möglich, zu einer Gesamtdeutung verarbeiten, die sowohl theoretische als auch praktische Schlußfolgerungen erlaubt. Das Menschenbild, mit dem sie umgeht, bleibt eine offene und feste Größe in einem. Der philosophische Anthropologe muß ein Interpretationskünstler im Garten des Menschlichen sein; er hat Einzelheiten zu wägen und in den größeren Zusammenhang zu stellen. Von ihm wird erwartet, daß er Verallgemeinerungen wagt; zugleich soll er sich vor eben diesen hüten, denn der Gang der Wissenschaften ist ein beschleunigter: Vor die Verallgemeinerung stellt sich ein diskreter Zwang zur Revision; der philosophische Anthropologe bleibt somit auf Korrekturen angewiesen, welche sich aus der Natur der Sache ergeben, die der oft ratlose Mensch selber ist...

„Solange man... die Erklärung menschlichen Verhaltens nur mit dem Instrumentarium der Verhaltensforschung, einer biologischen Disziplin, betreibt, darf man sich nicht wundern, daß in den entscheidenden Punkten nur Analogien herauskommen, die der Exzentrizität menschlicher Position nicht Rechnung tragen. Sie in ihren Konsequenzen für das menschliche Dasein herauszuarbeiten, ist die Aufgabe der philosophischen Anthropologie, die sich ihrer Macht, aber auch ihrer Grenzen bewußt ist. Ihrer Macht: denn sie nimmt die physische Existenz für die Frage nach dem Wesen des Menschen ernst, ohne naturalistischer Kurzschlüsse sich schuldig zu machen. Und ihrer Grenzen: Denn auf die Fragen, welchen der Mensch begegnet, muß sie die Antworten philosophischen Disziplinen oder dem Glauben überlassen. So kommen wir auch philosophisch nur weiter, wenn wir die anthropologische Reflexion als Korrektur einsetzen..."

Die Exzentrizität der menschlichen Position, von der Plessner spricht, bildet den Kern seiner philosophisch-anthropologischen Theorie. Sie besagt, daß die Körperlichkeit des Menschen eine doppelte ist: Der Mensch ist Leib, und er hat einen Leib. Die Fähigkeit zur Distanzierung, die der Mensch besitzt, erlaubt es ihm, daß er seinen Körper beherrscht und ihn zugleich als Gegenstand wahrnimmt, den er von außen sieht. Der Mensch, so ein gern gebrauchtes Bild Plessners, steckt in seinem Körper wie in einem Futteral. Er lernt, mit seinem Leib umzugehen, was durchaus so etwas wie natürliche Kunstfertigkeit sein kann. Mit seinem Selbstbewußtsein, der Entdeckung des Ich, greift der Mensch über sich selbst hinaus; er emanzipiert sich von seinem leiblichen Zentrum und wird zum Exzentriker. Als solcher kann er mit sich selbst umgehen; sein Selbstverständnis lebt aus der Rückbezüglichkeit, dem Bewußtseinsgespräch, das der Mensch mit sich als Objekt führt, und der Gewißheit, ein exteriores, ein nach außen gerichtetes Lebewesen zu sein, das in einer subjektiv-objektiv verschränkten Welt, einer Welt der vielen anderen Menschen, seine Existenz führt ... Plessner schreibt:

„Nur dem Menschen ist seine Lage als Körper zugleich gegenständlich und zuständlich gegeben. Er erfährt sich als Ding und in einem – Ding, das sich jedoch von allen Dingen absolut unterscheidet, weil er es selbst ist, weil es seinen Intentionen gehorcht oder jedenfalls auf sie anspricht. Getragen von ihm, zur Wirksamkeit mit ihm und durch es entfaltet, bildet es zugleich einen nie restlos zu überwindenden Widerstand. In dieser vom Menschen stets neu zu vollziehenden Einheit des Verhältnisses zu seiner gegenständlich und zuständlich gegebenen physischen Existenz entdeckt sich ihm sein Körper als Mittel, d.h. als etwas, das er gebrauchen kann: zum Gehen, Tragen, Sitzen, Liegen, Greifen, Stoßen usw. Die Fügsamkeit in eins mit der eigenständigen, gegenständigen Dinglichkeit macht den Leib zum Instrument ..."

Die Körperbeherrschung des Menschen, obgleich höchst unterschiedlich ausgeprägt, wird von den meisten als Selbstverständlichkeit empfunden. Man bewegt sich in seiner Welt; man agiert und reagiert, und erst bei schmerzhaften Kollisionen wird dieses Tätigkeitsprinzip, zumindest vorübergehend, in Frage gestellt. Dabei ist die Körperbeherrschung, wie sie der Mensch für sich entwickelt hat, durchaus etwas Außergewöhnliches. Von der Evolution her betrachtet, ist sie ein geschichtlicher Vorgang, zu dem es mehr als gesicherte Vermutungen gibt. Eines Tages richtete der Mensch sich auf; auch dies eine doppelbödige Aktion, die als körperliche Handlung begann und in ihren geistig-gesellschaftlichen Konsequenzen, wie wir wissen, noch immer nicht abgeschlossen ist. Plessner spricht in diesem Zusammenhang von der „Freilegung des Auge-Hand-Feldes", das zu einer Art Operationszentrale des umtriebigen Menschen wird. Aufgerichtet, versehen nunmehr mit erweitertem Überblick, kontrolliert er sein Tun; mit den Augen wacht er über die Verrichtungen, die er als Körper vollbringt. Dem entwicklungsgeschichtlichen Reifeprozeß, der zur Freilegung des Auge-Hand-Feldes führte, entspricht eine individuelle Vorbereitungszeit, in der der Mensch lernt, was seine speziellen Fähigkeiten bedeuten und wie sie zu handhaben sind. Zustimmend verweist Plessner in diesem Kontext auf die Forschungen des Biologen Adolf Portmann:

„Ein derart exponiertes Naturwesen (wie der Mensch, O.A.B.) braucht, eben weil es darauf angelegt ist, zu probieren, eine Vorbereitungszeit von frühester Jugend auf. Adolf Portmann hat das große Verdienst, den Charakter dieser Vorbereitungszeit biologisch zum ersten Mal deutlich bestimmt zu haben. Trotz sehr langer Tragezeit kommt der Mensch ein Jahr zu früh zur Welt, zwar lebensfähig, aber, was seine Fähigkeiten, aufrecht zu gehen und zu sprechen betrifft, noch unfertig. Er macht also nach der Geburt extra-uterin ein Stück Entwicklung in direktem Kontakt mit der Außenwelt durch. Während dieses ‚extra-uterinen Frühjahres' lernt er die instrumentale Situation beherrschen, zu der ihn die Natur berufen hat: Aufrechtgehen und Sprechen. Beide Funktionen entfalten sich nur im Außenkontakt mit Sinneseindrücken, die der Mutterleib nicht bietet: Licht, Schall, räumliche Formen, Fremdwiderstände, unerwartete Kollisionen... Die Tatsache der natürlichen Frühgeburt ist ein Kunstgriff der Natur, ein solches der Tierheit entwachsenes Lebewesen zur Welt zu bringen und ihm die dünne Chance von Lebens- und Überlebensfähigkeit zu verschaffen..."

Helmut Plessner lehrte bis zum Jahre 1932 an der Universität Köln. Die Zeiten waren andere geworden; politische Radikalisierung griff um sich, in deren Gefolge nicht nur

Maulhelden und Schlägertrupps das Sagen hatten, sondern auch eine Schar von Frühangepaßten, die den vorauseilenden Gehorsam praktizierten, mit dessen Hilfe Karrieren verlängert und Konkurrenten beiseite geschoben werden konnten. Im Jahre 1935 erschien Plessners Buch „Das Schicksal deutschen Geistes im Ausgang seiner bürgerliche Epoche", das fast gänzlich unbeachtet blieb, im Jahre 1959 allerdings eine kuriose Wiedererweckung feierte, als es unter dem nunmehr griffigeren Titel „Die verspätete Nation. Über die politische Verführbarkeit" erneut vorgelegt wurde und innerhalb kurzer Zeit fünf Auflagen erlebte. Der späte Erfolg des Buches hatte nicht nur mit den grundlegend veränderten Zeitumständen zu tun, die Ende der fünfziger Jahre einer funktionierenden politischen Streitkultur durchaus wohlgesonnen waren, sondern resultierte auch aus der bis zum Schlagworthaften eingängigen Evidenz einer These, die Plessner in bewußter Anlehnung an frühere Interpreten des ressentimentbeladenen deutschen Nationalstaates entwickelt hatte...

Nach einem Zwischenspiel in Istanbul wechselte Plessner 1934 an die Universität Groningen; das Ende des Zweiten Weltkrieges erlebte er in Amsterdam. Bis 1952 lehrte er in den Niederlanden; dann erreichte ihn ein Ruf an die Universität Göttingen, den er nach einigem Zögern, annahm. In Göttingen fand Plessner Zeit, seine Anthropologie mit prägnanten Einzelstudien abzurunden und thematisch zu komplettieren. Besonders seine Untersuchungen zu Weinen, Lachen und Lächeln waren es, die Aufmerksamkeit erregten. Plessner gelang es, diesen Grundphänomenen menschlichen Ausdrucksvermögens neue Bedeutung abzugewinnen; er zeigte auf, daß im Kaleidoskop unserer Expressivität subtile Verständigungsmöglichkeiten aufscheinen können, die, unabhängig vom sprachlichen Nachvollzug, bestimmend zur exzentrischen Position des Menschen selbst gehören. Lachen und Weinen etwa als elementare Bekundungsformen der Gefühlsanspannung scheinen den Menschen zunächst zu überwältigen; sie bringen ihn, das vorgebliche Vernunftwesen, vorübergehend aus dem Konzept:

„Körperliche Vorgänge emanzipieren sich. Der Mensch wird von ihnen geschüttelt, gestoßen, außer Atem gebracht. Er hat das Verhältnis zu seiner physischen Existenz verloren, sie entzieht sich ihm und macht gewissermaßen mit ihm, was sie will..."

Dabei sind Lachen und Weinen, was die Erschütterung angeht, mit der sie individuelle Kontrollmechanismen außer Kraft setzen, ähnlich strukturiert. Ihre Anlässe jedoch markieren die möglichen Gegensätze im Befindlichkeitsspektrum des Menschen: Lachen, in seiner gewaltigsten Form, reißt die Dämme der Beherrschung nieder; im Weinen hingegen findet eine eher ansatzlose Selbstaufgabe statt:

„Auf dem Hintergrunde solcher Ansprüche, wie sie der Mensch erhebt: auf Individualität, also Einzigkeit, Einmaligkeit..., auf Würde..., Einklang zwischen Leib, Seele, Geist – kann so gut wie alles, was er ist, hat und tut, komisch wirken... Nachahmung von Gesicht, Tonfall, Bewegungen – lächerlich; Verwechslung – lächerlich; Verkleidung – lächerlich. Unproportionierte Formen, ungeschicktes Benehmen, Übertriebenheiten jeder Art, Monomanien, Zerstreutheiten...: unerschöpfliche Quellen der Komik... Das Ergreifende, Rührende, Geliebte, Heilige und Hohe" hingegen „begegnete als das absolut Eindeutige und zugleich Entrückte, als das reine Ende für unser auf Verhältnismäßigkeiten, Relationen und Relativitäten, auf Druck und Gegendruck abgestimmtes Verhalten. ‚Ohnmacht' vor ihm ist vielleicht kein glückliches Wort, weil es den Anschein erweckt, als wäre nur ein Unvermögen da, gegen eine Gewalt sich aufzulehnen. Und doch sprechen wir auch hier, wenn uns die Tränen kommen, zu Recht von Weich- und Schwachwerden. In dem Durchbrochensein der normalen Verhältnismäßigkeit unseres Lebens in und mit der Welt sind wir an eine Grenze alles Verhaltens geraten..."

Im Lachen und Weinen nötigt die Körperlichkeit des Menschen ihm Reaktionen auf, die angemessene Antworten sind auf Situationen, die ihn in seiner sonstigen Beherrschtheit überfordern. Im Vergleich dazu ist das Lächeln eine eher moderate Ausdrucksform. Ein lächelnder Mensch scheint nur verhalten auf der Klaviatur der Expressionen zu spielen; er nimmt sich zurück und deutet Geheimnisse an, von denen vielleicht noch zu reden sein wird. Die Vermutung, daß es sich beim Lächeln um eine Vorstufe des Lachens handeln könnte, lehnt Plessner ab; für ihn hat das Lächeln ein eigenes Ausdrucksvermögen, dessen Hintergründigkeit zu differenzierten Interpretationen Anlaß gibt. Ein Lächeln hat fast immer etwas Undurchsichtiges; es kann aus spontaner Freundlichkeit entstehen, aber auch maskenhaft wirken. Mit dem Lächeln kann der seiner selbst bewußte Mensch arbeiten wie mit einer mimischen Manövriermasse; er modelliert die Erscheinungsform seiner alltäglichen Physiognomie, mit der er sich, ausdrucksstark und variationsreich, in Szene zu setzen weiß. Die dramaturgischen Möglichkeiten des Lächelns sind so groß, daß ihm ein Rest an Unausdeutbarem bleibt, von dem das Spiel zwischenmenschlicher Faszinationen lebt.

Helmuth Plessner lehrte bis zum Jahre 1962 in Göttingen. Nach seiner Emeritierung übernahm er eine Gastprofessur an der New School for Social Research in New York. Ende 1963 ließ er sich in Erlenbach am Zürichsee nieder. Noch immer fühlte er sich nicht reif fürs Altenteil; er hielt Veranstaltungen an der Universität Zürich ab und war weiterhin publizistisch tätig. Das Menschenbild, das er entwarf, sparte die großen Illusionen aus; so blieb die Exzentrizität des Menschen, von der er sprach, letztlich ohne Glanz und Glimmer, weshalb gerade die Philosophie, die nach Plessner das Sagen bekam, von seiner Anthropologie zunächst nicht mehr viel wissen wollte. Plessner hat dies ungerührt, wenn auch vermutlich mit stillem Groll zur Kenntnis genommen. Er beharrte darauf, daß Philosophie und Naturwissenschaften sich reflexiv durchdringen müssen, wenn sie nützlich sein wollen im Sinne eines seiner selbst bewußten und sich im Wissen gleichwohl bescheidenden Menschen...

„Die klassische Charakterisierung des Menschen als eines Lebewesens, das der Rede mächtig ist, hat allen Versuchen der Abstammungslehre, ihr Auftreten peu à peu zu erklären, erfolgreich getrotzt. Sie kann in dem Übergangsfeld zwischen

Tier und Mensch nur mit einem Male als eine neuartige Möglichkeit aufgetreten sein. Wohlgemerkt als eine Möglichkeit, die auf die verschiedensten Weisen sprachliche Gestalt annehmen mußte. Eine derartige Dimensionsverschiebung hat etwas von einem Wunder an sich, und so faßt es auch die fromme Tradition. Dem Naturforscher aber darf es nicht verwehrt sein, sich darüber Gedanken zu machen, wobei ihm freilich die Philosophie zu Hilfe kommen muß. Denn mit den Begriffen der Biochemie allein kommt er nicht aus. Nur ist das für ihn nichts Ungewöhnliches. Ein analoges Problem der Entstehung lebendiger Substanz hat sich ihm schon gestellt und wird gegen alle konservativen Bedenken heute ernsthaft diskutiert (...) Enthüllt diese Geschichte einen geheimen Plan? Hat die Natur oder wie immer man das rätselvolle Substrat, in welchem sich das Schauspiel der Dimensionsentwicklung des Lebens begeben hat, auf den Menschen gewartet? War, was er in seinen demiurgischen Fähigkeiten heute entfaltet und in unabsehbarem Maße noch entfalten wird, im Schöpfungsplan vorbestimmt? – Die Naturwissenschaft kann auf diese Frage nicht antworten. Sie wird aber, wenn sie der ursächlichen Verhaftung der Entwicklungsgeschichte nachforscht, das Überraschungsmoment, das Ereignishafte ihrer Bildungen und die zwingende Kraft, die sie durch ihr Zustandekommen auf die weitere Entwicklung ausübt, nicht bestreiten, auch wenn sie dem Zufall dabei mehr zutraut als einer verborgenen Dramaturgie..."

Im hohen Alter kehrte Plessner noch einmal nach Göttingen zurück. Dort starb er am 12. Juni 1985 an Herzversagen. Helmuth Plessners Einfluß auf die Philosophie war zu seinen Lebzeiten eher begrenzt; man bevorzugte die begriffsschillernden Programme und, wo diese nicht mehr griffen, das kleine Reflexionstableau nach Hausmacherart. Plessners philosophische Anthropologie, die den Menschen als exzentrisches Geschöpf ohne Mitte bestimmt, das sich zu einer denkwürdigen Freiheit vermittelt sieht, mußte fast zwangsläufig zwischen alle Lehrstühle geraten. Heute jedoch scheint sich wieder ein vorsichtiges, wenngleich beiläufiges Interesse für die philosophische Anthropologie Helmuth Plessners bemerkbar zu machen. Die

Freiheit des Menschen ist an ihre Grenzen gestoßen; ein Umdenken wird gefordert, das den menschlichen Faktor nicht eliminiert, sondern moralisch und ethisch in eine Gewissensprobe nimmt. Die philosophische Anthropologie Plessners war altmodisch genug, an der Würde des Menschen, diesem ramponierten und dennoch unverzichtbaren Desiderat unserer Selbstbestimmung, festzuhalten, ohne sie als Begriff über Gebühr in Anspruch zu nehmen; an solchem Eigen-Sinn, der einiges für sich hat, läßt sich die Modernität eines Menschenbildes ablesen, das von Überhebung und Kleinmütigkeit gleichweit entfernt ist:

„Eine Erkenntnis, welche die offenen Möglichkeiten im und zum Sein des Menschen, im großen wie im kleinen eines jeden einzelnen Lebens verschüttet, ist nicht nur falsch, sondern zerstört den Atem ihres Objekts: seine menschliche Würde. Der homo absconditus, der unergründliche Mensch, ist die ständig jeder theoretischen Festlegung sich entziehende Macht, seine Freiheit, die alle Fesseln sprengt, die Einseitigkeiten der Spezialwissenschaft ebenso wie die Einseitigkeiten der Gesellschaft. – Das immer wieder geforderte Gesamtbild vom Menschen resultiert also nicht automatisch aus der Zusammenarbeit der einzelnen Wissenschaften, sondern bedarf der philosophischen Anthropologie. Sie ist nicht eine noch zu ihnen hinzukommende Wissenschaft, sondern die ständige kritische Besinnung auf deren Grundlagen und Begrenzungen. Als eine derartige Besinnung auf sein eigenes Wesen entzieht sie den Menschen der Vergegenständlichung und damit seiner Verfügbarmachung für die Abstraktionen der Wissenschaften und der Gesellschaft. So erfüllt sie in den Grenzen seiner Würde ihre offenhaltende, ihre universale Funktion."

„Die Antwort des Lebens"

Erich Fromm

Daß die Philosophie mit dem Staunen zu tun hat, ja oft sogar mit dem Staunen anhebt, ist eine bekannte Tatsache. Gestaunt werden darf über alles: über das Leben an sich, dem in der Regel ein tödliches Ende beschieden ist; über das Wunder der einzelnen, sich selber bewußt werdenden Existenz, von der aus man zu begreifen sucht, wie denn wohl Endlichkeit und Unendlichkeit, Subjekt und Objekt zusammengehen können. Aus dem Staunen wird schließlich ein Fragen, das sich entweder an das übergreifende Allgemeine halten kann, wie es beispielsweise Leibniz tat, als er wissen wollte, warum überhaupt etwas sei und nicht vielmehr nichts, oder das von einer konkreten Begebenheit seinen Ausgang nimmt, die als solche bemerkenswert genug erscheint, um einen sich fortsetzenden Nachdenklichkeitsprozeß in Gang zu setzen. Letzteres widerfuhr in jungen Jahren dem späteren Psychoanalytiker und Philosophen Erich Fromm, der als Heranwachsender mit einem Vorfall konfrontiert wurde, dessen Unbegreiflichkeit ihm nicht mehr aus dem Kopf wollte. Im einleitenden autobiographischen Kapitel seines Buches „Jenseits der Illusionen" heißt es dazu:

„Warum ich ein so großes Interesse für die Frage entwikkelte, warum die Menschen sich gerade so und nicht anders verhalten, dafür mag der Hinweis hilfreich sein, daß ich das einzige Kind eines ängstlichen und launischen Vaters und einer zu Depressionen neigenden Mutter bin. Ich begann mich für die merkwürdigen und geheimnisvollen Ursachen menschlicher Reaktionen zu interessieren. Ganz lebhaft entsinne ich mich noch an eine Begebenheit – ich war damals etwa 12 Jahre alt –, die mein Denken weit mehr beschäftigte als alles, was ich zuvor erlebt hatte... Folgendes war geschehen: Ich kannte eine junge Frau, etwa 25 jährig, eine Freundin meiner Familie. Sie war schön und attraktiv, und außerdem war sie Malerin – die erste Malerin, der ich begegnet war. Ich entsinne mich, gehört zu haben, daß sie verlobt gewesen war, aber nach einiger Zeit die Verlobung wieder gelöst hatte; auch erinnere ich mich, daß sie fast stets in Begleitung ihres verwitweten Vaters war. Soweit ich mich erinnern kann, war ihr Vater ein alter, uninteressanter Mann von wenig anziehendem Äußeren. (Das fand ich wenigstens damals, aber vielleicht war mein Urteil auch etwas von Eifersucht getrübt.) Eines Tages hörte ich die erschütternde Nachricht, daß der Vater gestorben sei und sie unmittelbar darauf sich das Leben genommen und ein Testament hinterlassen habe, in dem sie erklärte, sie wolle zusammen mit ihrem Vater begraben werden. Ich hatte damals noch nie etwas vom Ödipuskomplex oder von inzestuöser Fixierung zwischen Tochter und Vater gehört. Ich hatte mich zu der jungen Frau stark hingezogen gefühlt und den wenig anziehenden Vater verabscheut. Und ich hatte zuvor noch niemanden gekannt, der sich das Leben genommen hatte. Der Gedanke durchfuhr mich: ‚Wie ist so etwas möglich? Wie ist es möglich, daß eine junge, schöne Frau so in ihren Vater verliebt ist, daß sie ein Grab an seiner Seite den Freuden des Lebens und des Malens vorzieht?' Ich wußte natürlich keine Antwort auf diese Fragen, aber das ‚Wie ist so etwas möglich?' blieb haften..."

Das „einzige Kind eines ängstlichen und launischen Vaters und einer zu Depressionen neigenden Mutter", als welches sich Fromm beschrieb, lernte früh begreifen, daß das Schwerverständliche in der Welt mit jenem geheimnisvollen Seelenleben in Verbindung steht, von dem jeder einzelne Mensch geprägt ist. Wollte man mehr wissen, als eine vordergründige Bestandsaufnahme bestimmter Erlebnisse nahelegte, mußte man versuchen, an ihre untergründigen Motive heranzukommen, die sich allerdings nicht in freier Verfügbarkeit anboten, sondern der Interpretation bedurften. Was zu sagen war, ergab sich nur aus tiefergehenden Verständnisbemühungen; die Betroffenen nämlich konnten oder wollten nicht reden, so daß der Fragende selbst darauf angewiesen blieb, für seine Antworten zu sorgen. Der junge Fromm fühlte sich zunächst alleingelassen mit dem, was ihn bewegte: Die Frau, für die er geschwärmt hatte, lebte nicht mehr; über die Motive ihres Freitods durften die Hinterbliebenen rätseln. Von seinen Eltern, die im orthodoxen Judentum zu Hause waren und wenig Interesse für das Seelenbefinden anderer Leute zeigten, hatte er keine Hilfe zu erwarten: ihre Absichten beschränkten sich darauf, dem Sohn eine ordentliche, an der traditionellen jüdischen Gesetzestreue orientierte Erziehung angedeihen zu lassen. Während Fromm noch über zwischenmenschliche Probleme nachdachte, für die ihm keine Lösung angeboten wurde, brachen andere, ungleich belastendere Geschehnisse über ihn herein, die neue Fragen heraufbeschworen:

„Vielleicht hätten mich ... diese persönlichen Erlebnisse nicht so tief und nachhaltig berührt ohne das Ereignis, das meine Entwicklung mehr als alles andere bestimmte: der Erste Weltkrieg. Als dieser Krieg im Sommer 1914 ausbrach, war ich ein Junge von vierzehn Jahren, den die Aufregungen des Krieges, die Siegesfeiern, die Tragödie des Todes einzelner Soldaten, die ich persönlich kannte, mehr als alles andere beeindruckten. Das Problem des Krieges als solches interessierte mich nicht. Seine sinnlose Unmenschlichkeit war mir nicht aufgegangen. Aber bald änderte sich das alles, wozu auch einige Erlebnisse mit meinen Lehrern beitrugen. Mein Lateinlehrer, der in den beiden Jahren vor dem Krieg in seinen Unterrichtsstunden die Devise ‚Si vis pacem para bellum (Willst du den Frieden, so halte dich kriegsbereit' – Vegetius Renatus) als seinen Wahlspruch verkündet hatte, war begeistert, als der Krieg ausbrach. Ich merkte jetzt, daß seine angebliche Sorge um die Erhaltung des Friedens nicht echt gewesen sein konnte. Wie war es möglich, daß ein Mann, dem die Erhaltung des Friedens so am Herzen zu liegen schien, jetzt über den Krieg frohlockte? Von da an fiel es mir schwer zu glauben, daß Aufrüstung dem Frieden diene, selbst wenn Menschen dafür eintreten, die mehr guten Willen haben und aufrichtiger sind als mein ehemaliger Lateinlehrer."

Was Fromm vorgeführt bekam, war der Ausbruch nationalistischer Wahnvorstellungen, von denen er annehmen mußte, daß die kollektive Begeisterung, auf die sie stießen, nicht möglich sein konnte ohne eine vorangegangene, im Verborgenen wirkende Beeinflussung, die sich an jene Instinkte wandte, an denen eine vernünftige Argumentation ohnehin abprallen würde. Daß sich auch ehedem vernünftige Zeitgenossen von der Kriegseuphorie anstecken ließen, kam dem Jungen besonders bedenklich vor; sein Verdacht, daß es um die altehrwürdige Vernunft im zivilisierten Abendland vielleicht doch nicht zum allerbesten stand, erhärtete sich zusehends. Ausnahmen schienen nur die Regel zu bestätigen, waren jedoch manchmal durchaus einer Erwähnung wert; so erinnerte sich Fromm später an einen Lehrer, der dem militärischen Schwadronieren, das auch in Schülerkreisen längst um sich gegriffen hatte, eine Pointe entgegensetzte, die zumindest einigen seiner Zöglinge zu denken gab:

„Bestürzt war ich auch über den hysterischen Haß gegen die Engländer, der damals ganz Deutschland erfüllte. Plötzlich waren es elende, bösartige und skrupellose Söldner, die unsere unschuldigen und allzu vertrauensseligen deutschen Helden zu vernichten trachteten. Inmitten dieser nationalen Hysterie ist mir ein entscheidendes Ereignis in Erinnerung geblieben. Wir hatten in unserem Englischunterricht die Aufgabe bekommen, die englische Nationalhymne auswendig zu lernen. Diese Aufgabe war uns vor den Sommerferien gestellt worden, als noch Frieden herrschte. Als dann der Unterricht wieder begann, sagten wir Jungen zu unserem Lehrer – teils aus Ungezogenheit und teils weil wir vom ‚Haß gegen England' angesteckt waren –, wir weigerten uns, die Nationalhymne unseres schlimmsten Feindes auswendig zu lernen. Ich sehe ihn noch vor der Klasse stehen, wie er mit einem ironischen Lächeln über unseren Protest ruhig sagte: ‚Macht euch nichts vor; bis jetzt hat England noch nie einen Krieg verloren.' Hier sprach die Stimme der Vernunft und des Wirklichkeitssinns inmitten des aberwitzigen Hasses – und es war die Stimme eines verehrten und bewunderten Lehrers! Dieser eine Satz und die ruhige, vernünftige Art, in der er geäußert wurde, war für mich eine Erleuchtung. Er durchbrach die verrückte Haßwelle und die nationale Selbstvergötterung, und ich begann nachzudenken und mich zu fragen: ‚Wie ist so etwas möglich?'"

Ähnlich wie bei dem Kollegen Adorno, den er übrigens nicht sonderlich mochte, waren es zwei Schlüsselerlebnisse, die Erich Fromm auf den Weg zur Philosophie brachten. Beide Erlebnisse, der Selbstmord einer von ihm verehrten jungen Frau und der Ausbruch eines wahnsinnig anmutenden Krieges, lösten Fragen in ihm aus, auf die er eine Antwort suchen mußte. Dabei dämmerte ihm schon früh, daß die Antworten nicht bereitlagen, sondern erarbeitet werden mußten. Die Probleme des Menschen, glaubte Fromm zu wissen, lagen im Menschen selbst; eine Gesellschaftsveränderung, die Umwälzung bestehender Herrschaftsstrukturen allein würde nicht ausreichen, um ein neues Denken herbeizuführen. Der Mensch, dieses nach wie vor rätselhafte „Bewußtseinstier", mußte aus seiner eigentlichen Mitte heraus, von seiner Seelen- und Geistesstruktur her, behandelt werden, was zunächst nichts anderes bedeutete, als daß ein neues Denken nur auf der Grundlage radikalen Umdenkens ermöglicht werden konnte. Fromm selbst, den eine geradezu schwärmerisch ausbrechende Wißbegier, eine Neugier auf alles, was Leben war, kennzeichnete, ging den eigenen Bemühungen mit gutem Beispiel voran: Nach dem Abitur, das er 1918 in Frankfurt ablegte, studierte er Jura, Soziologie, Psychologie und Philosophie in Heidelberg; daneben unterzog er sich, sehr zur Freude der gesetzestreuen Eltern, eines intensiven Talmud-Unterrichts. 1922 promovierte er bei Alfred Weber mit einer Dissertion über „Das jüdische Gesetz". Die Herkunft aus dem traditionellen Judentum und die dazugehörige Erziehung prägten Fromms Lebenseinstellung; eine Beeinflussung, zu der er sich bekannte und die auch dann noch anhielt, als der weltweit bekannte Psychoanalytiker und Philosoph mit der jüdischen Orthodoxie längst gebrochen hatte:

„Mein Lebensgefühl ... war nicht das eines modernen Menschen, sondern das des vormodernen Menschen. Das wurde auch dadurch gefördert, daß ich Talmud studiert, daß ich reichlich die Bibel gelesen und viele Geschichten von meinen Vorfahren gehört habe, die alle in einer Welt gelebt haben, die vor dem Bürgertum existierte. Ich erinnere mich... an eine Geschichte, die mir einfällt: Ich hatte einen Urgroßvater, der ein großer Talmudist war. Er war aber nicht irgendwo Rabbiner, sondern er hatte einen kleinen Laden in Bayern, und er verdiente sehr wenig Geld. Eines Tages bekam er ein Angebot, daß er, wenn er etwas reisen würde, etwas mehr verdienen könnte. Er hatte natürlich viele Kinder, und das machte das Leben nicht leichter. Da hat ihm seine Frau gesagt: Nun, würdest du nicht vielleicht doch daran denken, die Gelegenheit zu nutzen, du wärest ja nur drei Tage im Monat fort, und wir würden etwas mehr Geld haben. Da sagte er: Meinst du, ich sollte das tun und mehr als drei Tage im Monat versäumen zu studieren? Sie sagte: Um Gottes Willen nicht, was denkst du! Und es kam nicht in Frage. So hat er den ganzen Tag in seinem Laden gesessen und den Talmud studiert; wenn ein Kunde gekommen ist, ist er etwas ärgerlich aufgefahren und hat gesagt: Gibt es denn keinen anderen Laden? Das war die Welt, die für mich real war. Die moderne Welt fand ich merkwürdig... Bis heute."

Die Geschichten aus einer vormodernen Welt begleiteten Fromm ein Leben lang. Daß er selbst sich auf die Moderne, im besonderen auf ihre Wissenschaft vom Menschen einließ, hatte mit seiner Neugier zu tun, die sich mit dem jeweilig letzten Stand der Dinge keineswegs begnügen wollte und gerade das Erinnern an die Vorzüge vergangener Tage nutzte, um ein neues, die vormoderne Gewißheiten mit einbeziehendes Methodenbewußtsein zu entwickeln. Nach einer zusätzlichen psychoanalytischen Ausbildung eröffnete Fromm 1930 – zu einer Zeit, als er sich selbst noch als Anhänger der Lehren Freuds begriff – in Berlin seine erste therapeutische Praxis. Obwohl ihm die Arbeit mit den Patienten Freude machte und er aus der Analyse anderer ohnehin auch Erkenntnisgewinn für die eigene Person bezog, stellten sich bald erste Zweifel ein, die weniger auf die edlen Absichten des psychologischen Interesses am Menschen zielten, sondern bestimmten Prämissen der Freudschen Weltanschauung galten:

„Ich bin erzogen worden als strikter Freudianer im Berliner Institut und habe zunächst einmal auch Freuds Theorien über Sexualität et cetera geglaubt. Ich bin in dieser Beziehung ein guter Student gewesen, der zunächst einmal annahm, seine Lehrer haben recht, bis er selbst die Materie besser kannte. Ich habe nicht angefangen zu protestieren, bevor ich etwas wußte... Dann aber fing ich nach einigen Jahren an zu zweifeln. Ich sah vor allen Dingen mehr und mehr, daß ich das, was ich finden sollte, im Material des Patienten nicht fand, sondern nur hineininterpretierte. Und ich sah noch etwas: daß ich den Patienten, seine wirklichen Probleme, mit der Freudschen Theorie nicht eigentlich berührte... Es lief doch darauf hinaus, immer wieder auf den Ödipus-Komplex zu sprechen zu kommen, auf die Kastrationsangst, auf all das, was mit der Sexualität zusammenhängt, und mit Ängsten, die darauf bezogen sind. Ich beobachtete, daß das den Menschen, den ich vor mir hatte, häufig gar nicht betraf. Und es geschah etwas, was mir sehr unangenehm auffiel: ich wurde gelangweilt... Ich fragte mich: Warum bist du eigentlich so müde, warum bist du gelangweilt? Mit der Zeit fand ich heraus, daß es einfach daher rührte, daß ich nicht an das Leben herankam, und im Grunde genommen Abstraktionen behandelte, wenngleich in Form von relativ primitiven Erlebnissen, die da in der Kindheit angeblich geschehen waren."

1933 emigrierte Fromm in die USA. Er arbeitete an dem nach New York verlegten Frankfurter Institut für Sozialforschung, mit dem er sich allerdings bald überwarf. Sachliche Differenzen waren der Anlaß für die Trennung, aber auch persönliche Animositäten, die in der ohnehin angespannten Atmosphäre eines isolierten Wissenschaftsbetriebes besonders gepflegt werden konnten. Horkheimer und Adorno, den beiden Leitwölfen des Instituts, war zudem nicht entgangen, daß sich Fromms Gedankengänge von der offiziell vertretenen Sozialphilosophie immer mehr entfernten. Ihm wurde der Vorwurf gemacht, Gesellschaftsanalyse nur noch als bloßes Psychologisieren betreiben zu wollen – eine Kritik, die Fromm absurd vorkam, da er zum Freudschen Wissenschaftsverständnis längst auf Distanz gegangen war und mittlerweile eine Form der Psychoanalyse praktizierte, der er die wesentlichen marxistischen Kategorien, allerdings in sehr freier Interpretation, einverleibt hatte, was die selbsternannten Wächter der reinen Lehre natürlich beunruhigen mußte...

„Mich lockte vor allem seine (Marx', O.A.B.) Philosophie und seine Vision des Sozialismus, die in säkularer Form die Idee von der Selbstwerdung des Menschen ausdrückt, von seiner vollen Humanisierung, von jenem Menschen, für den nicht das Haben, nicht das Tote, nicht das Aufgehäufte, sondern die lebendige Selbstäußerung das Ziel ist. Angefangen mit den philosophischen Schriften von 1844 hat Marx das gezeigt. Und tatsächlich: Wenn Sie diese philosophischen Schriften lesen und nicht wissen, daß Marx der Verfasser ist, und nicht ein guter Marx-Kenner sind, dann werden Sie kaum den Autor erraten. Nicht deshalb, weil der Text etwa atypisch für Marx ist, sondern weil einerseits die Stalinisten und auf der anderen Seite auch die meisten Sozialisten das Marx-Bild so verfälscht haben – als ob Marx eben ausschließlich eine ökonomische Veränderung im Auge gehabt hätte. In Wirklichkeit war die ökonomische Veränderung nur Mittel zu einem Zweck: Es ging Marx entscheidend um die Befreiung des Menschen im Sinne des Humanismus..."

Fromm besaß den Mut, ausgefahrene Denkwege zu verlassen und eigene Ansätze zu entwickeln, die er genauso locker zu handhaben verstand wie seine Studienergebnisse. Wissen bedeutete für ihn einen offenen Prozeß, der weniger durch immense Gelehrsamkeit strukturiert werden sollte als durch die Neugier auf das nach wie vor rätselhafte Treiben der Menschen, deren Unzulänglichkeit auch aus einem Bodensatz der beeindruckendsten soziologischen Untersuchungen noch immer hervorschimmerte. 1940 nahm Fromm die amerikanische Staatsbürgerschaft an; 1949 übersiedelte er nach Mexiko City. Er lehrte Psychoanalyse an der Autonomen Universität und begann mit Ausbildungskursen, die schon bald eine gewisse

Berühmtheit erlangten. Fromms Studenten hatten schnell herausgefunden, daß ihr Lehrer im Gegensatz zu anderen Therapeuten kein dogmatisches Heilungskonzept besaß, nach dem sich die Patienten auszurichten hatten, sondern daß er eine freie Analyse bevorzugte, die Überraschungen für möglich hielt und Revisionen der einmal erzielten Ergebnisse durchaus erlaubte. Eine der ansatzweise neuen Bestimmungen, die Fromm in seinen Arbeiten entwickelte, war der Nachweis des sogenannten „Marketing-Charakters" beim Menschen – eine Persönlichkeitsprägung, die sich aus dem Konsumverhalten der Gesellschaft und ihrer nach kapitalistischen Kriterien organisierten Umgangsformen ergibt. Die angebliche Bedeutung eines Menschen, wirksam auch in dessen eigener Selbsteinschätzung, resultiert aus seinem Durchsetzungsvermögen am Markt: Statussymbole treten an die Stelle von Persönlichkeitswerten; ein imageträchtiges Beziehungsgeflecht reguliert den Gewinn und Erhalt von Machtmitteln, die als unverzichtbar angesehen werden, um das Vorwärtskommen in einer immer unerbittlicher werdenden Leistungsgesellschaft zu ermöglichen ...

„Bei der Marketing-Orientierung ... steht der Mensch seinen eigenen Kräften als einer ihm fremden Ware gegenüber. Er ist nicht mit ihnen eins, vielmehr treten sie ihm gegenüber in einer Rolle auf; denn es kommt nicht mehr auf seine Selbstverwirklichung durch ihren Gebrauch an, sondern auf seinen Erfolg bei ihrem Verkauf. Beides, die Kräfte und das, was sie hervorbringen, sind nichts Eigenes mehr, sondern etwas, das andere beurteilen und gebrauchen können. Daher wird das Identitätsgefühl ebenso schwankend wie die Selbstachtung; es wird durch die Summe der Rollen bestimmt, die ein Mensch spielen kann: ‚Ich bin so, wie ihr mich wünscht.'"

War die Marketing-Orientierung noch weitgehend vom marxistischen Denkmodell bestimmt und somit in ihren Argumentationsmustern zumindest teilweise bekannt, so handelte es sich bei dem Begriff der „Nekrophilie", den Fromm herausarbeitete, um einen originären psychoanalytischen Terminus, der zusätzlichen Erkenntnisgewinn für die Versuche differenzierter Charakteranalyse versprach. Zwar hatte Freud zuvor schon dem Lebenstrieb beim Menschen einen gleichberechtigten Todestrieb an die Seite gestellt, von dem er annahm, daß er zur seelischen Grundausstattung gehört; die Fromm'sche Nekrophilie jedoch bestimmte sich – im Gegensatz zur „Biophilie", der natürlichen Freude an allem Lebendigen – als folgenschwere Anomalie, deren Auswirkungen darüber entscheiden können, ob die Möglichkeiten einer Existenz produktiv und sinnvoll genutzt werden oder zum bloßen seelischen Ballast degenerieren...

„Die Nekrophilie im charakterologischen Sinne kann man definieren als das leidenschaftliche Angezogenwerden von allem, was tot, vermodert, verwest oder krank ist; sie ist die Leidenschaft, das, was lebendig ist, in etwas Lebloses umzuwandeln; zu zerstören um der Zerstörung willen; das ausschließliche Interesse an allem, was rein mechanisch ist. Es ist die Leidenschaft, lebendige Zusammenhänge mit Gewalt entzweizureißen... Nekrophilie als ein psychopathologisches Phänomen... ist Folge ungelebten Lebens, der Unfähigkeit, eine bestimmte Stufe jenseits des Narzißmus und der Gleichgültigkeit zu erreichen... Die Nekrophilie wächst in dem Maße, wie die Entwicklung der Biophilie am Wachstum gehindert wird. Der Mensch ist biologisch mit der Fähigkeit zur Biophilie ausgestattet, psychologisch aber hat er als Alternativlösung die Möglichkeit, nekrophil zu werden."

In seiner zweiten Lebenshälfte avancierte Fromm, ohne es darauf abgesehen zu haben, zum Erfolgsschriftsteller. Ein breites Lesepublikum, das fast jedes seiner Bücher erwartungsvoll entgegennahm, schien nur auf ihn gewartet zu haben, und es wußte gerade das zu würdigen, was speziell einigen seiner Psychoanalytiker-Kollegen zunehmend mißfiel: Fromms Mut zur schlichten These, sein Hang, die Dinge nicht vertrackter darzustellen, als sie waren, und seine noch immer ungebrochene Wißbegier, die sich zu der Einsicht bekannte, daß es Sachverhalte und Problembereiche gab, vor denen eine ins Methodenkorsett gezwängte Seelenbeschau klein beigeben mußte. Größere Zusammenhänge waren gefragt, und Fromm wechselte in aller Stille die Profession: Der Psychologe in ihm wurde zum Philosophen, der sich zusätzliche Kenntnisse erwarb, ohne erprobte Überzeugungen aufzugeben. Der Philosoph Fromm brachte Bücher auf den Markt, deren schnörkellose, ja zutiefst eingängige Titel – wie etwa „Die Kunst des Liebens", „Wege aus einer kranken Gesellschaft", „Die Furcht vor der Freiheit", „Haben oder Sein" u.a.m. – schon anklingen ließen, daß sich hier ein Wissenschaftler zu Wort meldete, der die Kunst, einfach zu schreiben, fast bis zur Simplizität zu perfektionieren verstand. Seiner These von der Nekrophilie blieb Fromm treu; er erweiterte sie sogar um die notwendigen ordnungspolitischen und soziologischen Komponenten, so daß schließlich eine zeitgeistige Diagnose entstand, die auch heute noch, fünfzehn Jahre nach Fromms Tod, von bedrückender Aktualität ist:

„Intellektualisierung, Quantifizierung, Abstrahierung, Bürokratisierung und Verdinglichung – die Kennzeichen der heutigen Industriegesellschaft also – sind keine Lebensprinzipien, sondern mechanische Prinzipien, wenn man sie auf den Menschen statt auf Dinge anwendet. Menschen, die in einem solchen System leben, werden gleichgültig gegenüber dem Leben und fühlen sich vom Toten angezogen. ... Die Welt des Lebens ist zu einer Welt des ‚Nichtlebendigen' geworden: Menschen sind zu ‚Nichtmenschen' geworden – eine Welt des Toten. Symbolisch für das Tote sind nicht mehr unangenehm riechende Exkremente oder Leichen. Die Symbole des Toten sind jetzt saubere, glänzende Maschinen; die Menschen fühlen sich nicht mehr von übelriechenden Toiletten angezogen, sondern von Strukturen aus Aluminium und Glas. Aber die Wirklichkeit hinter dieser antiseptischen Fassade wird immer deutlicher sichtbar. Im Namen des Fortschritts verwandelt der Mensch die Welt in einen stinkenden, vergifteten Ort (und das nicht im symbolischen Sinn). Er vergiftet die Luft, das Wasser, den Boden, die Tiere – und sich selbst."

Die letzten sechs Jahre seines Lebens verbrachte Fromm zusammen mit seiner dritten Frau Annis Freeman im Tessin. Zuvor hatte er sich noch diverse Aktivitäten zugemutet: Er trat zahlreichen Assoziationen bei, darunter der amerikanischen Sozialistischen Partei, die er jedoch bald wieder verließ; er engagierte sich im Wahlkampf-Team des demokratischen Präsidentschaftskandidaten McCarthy, und er war in einer Weise an der Bildung des öffentlich auftretenden guten Gewissens beteiligt, die unter den Intellektuellen alsbald einige flinke Spötter auf den Plan rief. Fromm galt als Experte für alles: Man amüsierte sich darüber, daß er vermessen genug war, in seinen Büchern Themen zu behandeln, die andere für längst abgehandelt hielten. Seine Leser mußte dies nicht erschrecken: Sie fühlten sich von ihm, nach wie vor, gut informiert, was immer auch noch am Kunstgriff des Autors lag, das Einfache einfach und das Komplizierte möglichst unkompliziert darzustellen. Fromms Abhandlungen wurden zu bemerkenswerten Erfolgen, so auch sein Traktat über „Die Kunst des Liebens", in dem er ein Plädoyer hält für den Erhalt individueller Selbständigkeit im Kraftfeld der großen Gefühle:

„Liebe ist nur möglich, wenn sich zwei Menschen aus der Mitte ihrer Existenz heraus miteinander verbinden, wenn also jeder sich selbst aus der Mitte seiner Existenz heraus erlebt. Nur dieses ‚Leben aus der Mitte' ist menschliche Wirklichkeit, nur hier ist Lebendigkeit, nur hier ist die Basis für Liebe. Die so erfahrene Liebe ist eine ständige Herausforderung; sie ist kein Ruheplatz, sondern bedeutet, sich zu bewegen, zu wachsen, zusammenzuarbeiten. Ob Harmonie waltet oder ob es Konflikte gibt, ob Freude oder Traurigkeit herrscht, ist nur von sekundärer Bedeutung gegenüber der grundlegenden Tatsache, daß zwei Menschen sich vom Wesen ihres Seins her erleben, daß sie miteinander eins sind, anstatt vor sich selber auf der Flucht zu sein."

In seinem Buch „Haben oder Sein" schließlich lieferte der Philosoph Erich Fromm ein gesamtgesellschaftliches Erklärungsmodell, das in seiner scheinbaren Einfachheit jene Rückwendung vornahm, die der von undurchschaubaren Verfügungs- und Einschränkungsmechanismen genervte einzelne vielleicht auch selbst schon erwogen hatte und deshalb als erfolgversprechend begreifen konnte: die Rückwendung in die eigene Gewißheit, in ein Selbst, in dem sich jeder der nächste ist. Damit war allerdings nicht ein neuer Egoismus gemeint, sondern ein Sozialverständnis, das Veranlassung gibt, dem allseits grassierenden Besitzdenken eine Absage zu erteilen und statt dessen den Versuch zu wagen, die andere Wahrheit des Lebens zu erfahren – ein Sein nämlich, das Glück und Zufriedenheit aus sich selbst heraus schafft. Fromms Philosophie suchte ihre eigene Bestätigung zu guter Letzt in einer Art innerweltlichen Erlösungslehre, die Überschneidungen mit religiösen Glaubensinhalten keineswegs scheute – der Mensch, so lautet die Botschaft, kann lernen, Mensch zu sein, und die Gewißheiten, die er in sich selber zum Leuchten bringt, errichten ihm eine Welt, in der man noch staunen darf...

„Ein Mensch empfindet zum ersten Mal, daß er eitel ist, daß er Angst hat, daß er haßt, während er in seinem Bewußtsein geglaubt hatte, bescheiden, mutig und liebevoll zu sein. Die neue Einsicht schmerzt ihn vielleicht, aber sie öffnet eine Tür; sie ermöglicht ihm, ein Ende damit zu machen, auf andere das zu projizieren, was er in sich selbst verdrängt. Er geht weiter; er erlebt den Säugling, das Kind, den Heranwachsenden, den Verbrecher, den Wahnsinnigen, den Heiligen, den Künstler, den Mann und die Frau in sich; er kommt mit der Menschheit, mit dem universalen Menschen in Berührung; er verdrängt weniger, ist freier, hat weniger Bedürfnis zu projizieren und gedanklich zu verarbeiten; dann erlebt er vielleicht zum ersten Mal, wie er Farben sieht, wie er einen Ball rollen sieht und wie sich seine Ohren plötzlich für die Musik auftun, während er bisher nur zugehört hat. Wenn er sein Einssein mit den anderen fühlt, sieht er vielleicht zum ersten Mal, daß es eine Illusion ist, sein isoliertes, individuelles Ich für etwas zu halten, das er festhalten, kultivieren und bewahren soll; er wird empfinden, wie nutzlos es ist, die Antwort auf das Leben darin zu suchen, sich zu haben, anstatt er selbst zu sein und zu werden."

„*Vertagendes Denken*"

Theodor W. Adorno

Von den Einflüssen, die ein Philosoph, rückblickend, für sein Philosophieren geltend machen kann, sind bestimmte Kindheitserlebnisse manchmal am eindruckvollsten; die Kindheit nämlich erscheint noch immer als ein weithin unerforschtes Gelände – nicht etwa weil sich die Wissenschaftler ihrer nicht angenommen hätten, sondern weil Kindheit sich in der Vergegenwärtigung des Erwachsenen nur über ausgesuchte Erinnerungen zu erkennen gibt, wobei es einigermaßen rätselhaft bleibt, warum bestimmte Vorgänge zu Erinnerungen werden, somit als wichtig erscheinen, während die weitaus größere Anzahl von Geschehnissen durchfällt und in schnöde Vergessenheit gerät. Kindheitserlebnisse, einmal erinnert, muten hartnäckig an; sie lassen sich kaum noch verdrängen und sind vielseitig interpretierbar. Die Deutung eines Kindheitserlebnisses allerdings bedarf der Phantasie, da die Rückschau einfühlsam sein und das wiederauflebende Geschehen in seiner Zeit zu nehmen hat – ein Vorgang, der, verzichtet er auf Schlußfolgerungen, Wertungen durch Außenstehende in Anspruch nehmen darf, die sich einen Reim auf etwas machen, was vielleicht besser ungereimt bleiben sollte. Eine solche Betrachtung könnte auch für den Philosophen Theodor W. Adorno gelten, der mit autobiographischen Anmerkungen zu seiner Person sehr sparsam umging und gerade deswegen die wenigen Erinnerungen, die er für mitteilenswert hielt, mit um so größerem Gewicht versah. Was der Philosoph von seinen Kindheits- und Jugenderlebnissen anklingen ließ, wirkte geheimnisvoll, weil es auf Mehrdeutigkeit angelegt war; es schien so, als sollte, der Beständigkeit unermüdlicher Melodien ähnlich, die nicht mehr aus dem Kopf wollen, ein Ensemble verwehter Träume wiederbelebt werden, von denen nur noch das Wesentliche geblieben ist – eine Spur nämlich, die in Gedanken verläuft...

„Musik, die wir die klassische zu nennen gewohnt sind, habe ich als Kind kennengelernt durchs Vierhändigspielen. Da war wenig aus der symphonischen und kammermusikalischen Literatur, was nicht ins häusliche Leben eingezogen wäre mit Hilfe der großen, vom Buchbinder einheitlich grün gebundenen Bände im Querformat. Sie schienen wie gemacht, umgeblättert zu werden, und ich durfte sie umblättern, längst ehe ich die Noten kannte, nur der Erinnerung und dem Gehör folgend... Besser als jede andere schickte diese Musik sich in die Wohnung. Sie wurde auf dem Klavier als einem Möbel hervorgebracht, und die sie ohne Scheu vor Stockungen und falschen Noten traktierten, gehörten zur Familie. – Vierhändigspielen legten mir die Genien des bürgerlichen neunzehnten Jahrhunderts als Geschenk an die Wiege im beginnenden zwanzigsten. Die vierhändige Musik: das war die, mit welcher sich noch umgehen und leben ließ, ehe der musikalische Zwang selber Einsamkeit und geheimes Handwerk befahl... Aber das Vierhändigspielen war besser als die Toteninsel überm Büffet: stets noch mußte er wahrhaft die Symphonie erwerben, um sie zu besitzen: sie spielen. Und er spielte sie nicht gänzlich privat; er durfte nicht... Tempo und Dynamik nach dem Belieben seiner Triebregungen modifizieren, sondern er mußte sich nach Text und Vorschrift des Werkes richten, wenn er nicht den Zusammenhang mit dem Partner verlieren wollte."

Die Musik, dargeboten nach den scheinbar zeitlosen Maßstäben bürgerhäuslicher Kunstausübung, brachte schon früh eine Atmosphäre der Wohlgeordnetheit in das Leben des kleinen Theodor Wiesengrund-Adorno. Der Vater Oscar Alexander Wiesengrund – sein Familienname schrumpfte später zum Kürzel, was kein Zufall war, sondern planvoll in die Wege geleitet wurde – spielte nicht nur in dem beschriebenen Szenario trauter Musikpräsentation keine Rolle; als gutbetuchter jüdischer Weingroßhändler wirkte er im Hintergrund und überließ die Erziehung des Sohnes seiner Gattin Maria Wiesengrund, geborene Calvelli-Adorno delle Piane, einer ehemaligen

Opernsängerin deutsch-korsischer Abstammung. Schon der Mädchenname der Mutter war so viel klangvoller und welthaltiger als das, was der Vater betrieb: Geschäfte nämlich, die er in der Regel erfolgreich abschloß, so daß es der Familie an den Insignien äußeren Wohlstands kaum mangelte. Mit zum Haushalt gehörte noch Theodors unverheiratet gebliebene Tante Agathe, die einst als Begleiterin der bekannten Sängerin Adelina Patti gewirkt hatte und von diesen Taten noch in Form einer Legendenbildung zehrte, die sie, über die eigene und die Person der Schwester hinaus, ins Grundsätzliche kehrte – in jene hehre Welt des Feinen und Wohlanständigen, für die schöne Künste, Musik und Dichtung Pate standen, was allerdings einem Rückzugsgefecht gleichkam, für dessen Finale man, bei realistischer Sicht der Dinge, keine übertriebenen Erwartungen mehr hegen durfte. Der angehende Philosoph als Kind zwischen zwei eindrucksvollen Damen, die das Piano traktierten: dieses Genrebild, stimmig bis in die Einzelheiten hinein, begleitete den heranwachsenden Adorno als eine Gewißheit, mit der er rechnen konnte – sie sagte ihm, daß die Ansprüche der Welt sich bescheiden mußten, wenn die Welt selbst wohlausgewogen war und aus dem Urgrund der Musik lebte. Auf Dauer jedoch zeigte sich, daß die Welt keineswegs wohlausgewogen war; eine zunehmend kruder werdende Wirklichkeit ließ sich nicht länger aussperren: Der Schüler Adorno, ein Neid hervorrufender Überflieger, der bereits als Siebzehnjähriger das Abitur machte, erlebte, wie präfaschistisches, antisemitisches Gedankengut salonfähig wurde und das Verhalten der Unbedarften, mit denen er umzugehen hatte, zu prägen begann. In einem seiner bekanntesten Bücher „Minima Moralia" fand sich später – unter der Überschrift „Der böse Kamerad" – die dazu passende Reminiszenz:

„Eigentlich müßte ich den Faschismus aus der Erinnerung meiner Kindheit ableiten können. Wie ein Eroberer in fernste Provinzen, hatte er dorthin seine Sendboten vorausgeschickt, längst ehe er einzog: meine Schulkameraden. Wenn die Bürgerklasse seit undenklichen Zeiten den Traum der wüsten Volksgemeinschaft, der Unterdrückung aller durch alle hegt, dann haben Kinder, die schon mit Vornamen Horst und Jürgen und mit Nachnamen Bergenroth, Bojunga und Eckhart hießen, den Traum tragiert, ehe die Erwachsenen historisch reif dazu waren, ihn zu verwirklichen. Ich fühlte die Gewalt des Schreckbilds, dem sie zustrebten, so überdeutlich, daß alles Glück danach mir wie widerruflich und erborgt schien. Der Ausbruch des Dritten Reiches überraschte mein politisches Urteil zwar, doch nicht meine unbewußte Angstbereitschaft. So nah hatten alle Motive der permanenten Katastrophe mich gestreift, so unverlöschlich waren die Mahnmale des deutschen Erwachens mir eingebrannt, daß ich ein jegliches dann in Zügen der Hitlerdiktatur wiedererkannte: und oft kam es meinem törichten Entsetzen vor, als wäre der Staat eigens gegen mich erfunden worden, um mir doch noch das anzutun, wovon ich in meiner Kindheit, seiner Vorwelt, bis auf weiteres dispensiert geblieben war. Die fünf Patrioten, die über einen einzelnen Kameraden herfielen, ihn verprügelten und ihn, als er beim Lehrer sich beklagte, als Klassenverräter diffamierten – sind es nicht die gleichen, die Gefangene folterten, um die Ausländer Lügen zu strafen, die sagten, daß jene gefoltert würden? Deren Hallo kein Ende nahm, wenn der Primus versagte – haben sie nicht grinsend und verlegen den jüdischen Schutzhäftling umstanden und sich mokiert, wenn er allzu ungeschickt sich aufzuhängen versuchte?"

Zwei Erlebensmuster, ja: zwei Schlüsselerlebnisse formten sich für Adorno zu einem einzigen, in dem die Widerspruchsstruktur gefährdeter Existenz aufgehoben war: Zum einen die Reminiszenz behüteter Kindheit, eingebettet in den Nachklang der großen Musik; zum anderen der Einbruch politischer Dumpfheit, verbunden mit dem Erstarken eines lauernden Fanatismus, der am Anfang nur den Schwächeren einkreiste und schließlich zu einem Vernichtungsprogramm für ganze Völker wurde. Die Synthese aus Geborgenheit und Krudität, aus vergangenem Wohlklang und heftigster zeitgenössischer Dissonanz blieb ihm als Erinnerungsbild gegenwärtig, aus dem er – mit einiger Verspätung, da er sich zunächst mehr der Musik zuwandte – eine Philosophie entwickelte, die, auf bemerkenswertem Niveau und unter der Inanspruchnahme künstlicher Valuten, von der dialektischen Wirklichkeitsstruktur des Lebens handelte. Aus der Gebrochenheit der eigenen Erfahrung gewann Adorno ein Erkenntnismodell, das sich als permanentes Mißtrauensvotum gegen jede Form der Identitätsgewinnung und logischen Vereinnahmung lesen ließ. Die Logik, ersonnen vermutlich einmal, um Ordnung in die Gegenstandswelt zu bringen, geriet in diesem Erkenntnismodell zu einer keineswegs zimperlich auftretenden Bewältigungsapparatur, die der Realität begriffliche Gewalt antun muß, um erfolgreich zu sein und ihre eigentlichen Zwecke erfüllen zu können...

„Zwar ist Vorstellung nur ein Instrument. Die Menschen distanzieren denkend sich von der Natur, um sie so vor sich hinzustellen, wie sie zu beherrschen ist. Gleich dem Ding, dem materiellen Werkzeug, das in verschiedenen Situationen als dasselbe festgehalten wird und so die Welt als das Chaotische, Vielseitige, Disparate vom Bekannten, Einen, Identischen scheidet, ist der Begriff das ideelle Werkzeug, das in die Stelle an allen Dingen paßt, wo man sie packen kann..."

Adorno, vielleicht der letzte echte Dialektiker dieses zu Ende gehenden Jahrhunderts, hat dem Erkenntnisvermögen des Subjekts grundsätzlich mißtraut und ihm zugleich Großes zugemutet. Anders als sein Kollege Hegel, der das Objekt per denkerischer Zwangseinweisung in den Zugriff des idealistischen Systems brachte, betonte Adorno, dem man ein fast erotisches Verhältnis zu den Feinheiten der Theorie nachsagen durfte, den unbedingten „Vorrang des Objektiven": Der Begriff, mag er noch so ausgefeilt sein, bleibt unüberbrückbar von seinem Gegenstand getrennt. Hegel, dem dieses auch durchaus klar war, besaß dennoch die Kühnheit, dem Begriff ein besonderes Übergewicht zu verleihen: Er adelte den Gedanken als bewährten Erfüllungsgehilfen und sprach dem Denken selbst seine Erfüllung zu; der Weltlauf kulminierte im Wissen der Philosophie, der Hegel als Ehrenvorsitzender auf Überlebenszeit zur Verfügung stand – Größeres, wenn man so will: auch Anmaßendes hat die deutsche Professorenphilosophie nie zuwege gebracht. Adorno, dem es an Talent, sich reflexiv zu überheben, ebenfalls nicht mangelte, blieb mit Blick auf die Erkenntnisleistungen des Subjekts hingegen starrsinnig-bescheiden; er schrieb dem Denken, das seinen Gegenstand nur im Begriff erreicht und gerade daraus seine eindeutigsten, das heißt auch: seine aufklärerischen Erfolge bezieht, eine negativ-manipulierende Funktion zu, die als solche nicht hintergehbar ist:

„Denken im Sinne der Aufklärung ist Herstellung einheitlicher, wissenschaftlicher Ordnung und die Ableitung von Tatsachenerkenntnissen aus Prinzipien, mögen diese als willkürlich gesetzte Axiome, eingeborene Ideen oder höchste Abstraktionen gedeutet werden ... Die logischen Gesetze stellen die allgemeinsten Beziehungen innerhalb der Ordnung her, sie definieren sie. Die Einheit liegt in der Einstimmigkeit. Der Satz vom Widerspruch ist das System in nuce ... Nichts wird von der Vernunft beigetragen als die Idee systematischer Einheit, die formalen Elemente festen begrifflichen Zusammenhangs ..."

Adorno hielt die Versachlichung der Weltanschauungen und die damit verbundene Verfügungsprozedur der Natur gegenüber für einen nahezu gesetzmäßig verlaufenden Prozeß, in dem die Subjekte, sollten sie nicht doch noch in den Stand besseren Wissens geraten, nur als mäßig informierte Zuschauer agieren. Aufklärung, die einst mithalf, den Menschen aus seiner selbstverschuldeten Unmündigkeit zu befreien, schlägt wie eine unterdrückende Macht auf ihre Agenten zurück – die vom Menschen ersonnene Logik wird zum Herrschaftsinstrument, das über den Bestand der Objekte verfügt und sich im Selbstverständnis der Subjekte mit einnisten muß:

„Die Aufklärung verhält sich zu den Dingen wie der Diktator zu den Menschen. Er kennt sie, insofern er sie manipulieren kann. Der Mann der Wissenschaft kennt die Dinge, insofern er sie machen kann ... Naturbeherrschung zieht den Kreis, in den Kritik der reinen Vernunft das Denken bannte ... Die Subsumption des Tatsächlichen, sei es unter die sagenhafte Vorgeschichte, sei es unter den mathematischen Formalismus, die symbolische Beziehung des Gegenwärtigen auf den mythischen Vorgang im Ritus oder auf die abstrakte Kategorie in der Wissenschaft läßt das Neue als Vorbestimmtes erscheinen, das somit in Wahrheit das Alte ist."

Am Ende dieses heimtückischen Unterwerfungsvorgangs, der zugleich als Emanzipationsbewegung wie auch als Subsistenzsicherung im großen Stil mißverstanden werden konnte, steht eine Zurichtung des Individuums, das gelernt hat, sich im Räderwerk durchtechnisierter Lebenswelten zurechtzufinden und dabei noch der altehrwürdigen Illusion nachhängen darf, daß jedes Ich unverwechselbar, frei und, nach Maßgabe bestimmter, als notwendig empfundener Sachzwänge, auch Herr seines eigenen irdischen Geschicks sei. Diese *Dialektik der Aufklärung,* die heutzutage an einem Punkt angelangt scheint, der verdeckten Stillstand anzeigen mag oder bereits den Vorgriff bedeutet auf ein glanzloses Ende, wiederholt sich, nahezu unbemerkt und unspektakulär, in jedem Ich, das seiner selbst als gesellschaftliches Wesen gewahr wird; die Individuierung des einzelnen spielt die Tragikomödie nach, mit der sich das Menschheits-Ensemble, so lange schon, auf der ramponierten Bühne der Welt präsentiert:

„Furchtbares hat die Menschheit sich antun müssen, bis das Selbst, der identisch zweckgerichtete Charakter des Menschen, geschaffen war, und etwas davon wird noch in jeder Kindheit wiederholt. Die Anstrengung, das Ich zusammenzuhalten, haftet dem Ich noch auf allen Stufen an, und stets war die Lockung, es zu verlieren, mit der blinden Entschlossenheit zu seiner Erhaltung gepaart. Der narkotische Rausch, der für die Euphorie, in der das Selbst suspendiert ist, mit todähnlichem Schlaf büßen läßt, ist eine der ältesten gesellschaftlichen Veranstaltungen, die zwischen Selbsterhaltung und -vernichtung vermitteln; ein Versuch des Selbst, sich selber zu überleben. Die Angst, das Selbst zu verlieren und mit dem Selbst die Grenze zwischen sich und anderem Leben, die Scheu vor Tod und Destruktion, ist einem Glücksversprechen verschwistert, von dem in jedem Augenblick die Zivilisation bedroht war. Ihr Weg war der von Gehorsam und Arbeit, über dem Erfüllung immerwährend bloß als Schein, als entmachtete Schönheit leuchtet..."

1931 habilitierte sich Adorno mit einer Arbeit über Kierkegaard; die Philosophie hatte, was seine persönliche Interessenlage anging, endgültig zur Musik aufgeschlossen. 1938 übersiedelte er mit dem Frankfurter Institut für Sozialforschung nach New York. Die Jahre der Emigration, in denen wichtige Schriften wie „Minima Moralia", „Philosophie der neuen Musik" und die „Dialektik der Aufklärung" entstanden, bei der Max Horkheimer als Coautor fungierte, währten bis 1949; dann kehrte Adorno nach Frankfurt zurück. Er wirkte nun ganz als Professor, eine Existenzform, die ihm auf den Leib geschrieben war, wie sich herausstellte. Die eigentliche Stärke seiner Philosophie, nämlich die Kunstfertigkeit, Widersprüche auszuhalten, ohne falsche Hoffnungen aufkommen zu lassen, erwies sich anfangs als faszinierend und zeitgemäß; später jedoch kamen handfeste Widerstände auf: Man deutete das Aushalten des Unvereinbaren als ein Aussitzen realer Probleme und diskreditierte das von Adorno ausgesprochene Bildverbot, welches ja durchaus eine altehrwürdige philosophische Tradition besitzt, als ästhetisch verbrämten Eskapismus. Diese Schmähungen, die auf den Philosophen herniedergingen, haben ihn, wie man inzwischen weiß, tief getroffen. Natürlich wurde er dabei nicht nur komplett mißverstanden; seine Philosophie und, in Tateinheit mit ihr, seine Person boten Angriffsflächen genug für Hektiker aller Schulen. Das mag vor allem daran liegen, daß Adorno in den sechziger Jahren einer Zeit vordachte, die sich anschickte, für „vertagendes Denken", so eine der griffigen Formeln seiner Philosophie, keine Sympathien mehr zu hegen. Die Zeichen standen auf Sturm; man besann sich darauf, daß die Dialektik von Marx ja bereits mit revolutionärem Inhalt gefüllt geworden war – man mußte sie nur noch zwingen, in die gußeisernen Dienste der Veränderung zu treten. Hinzu kam, daß Adornos Auftreten in der Schar seiner Gemeinde von kuriosen Zügen nicht ganz frei war, wofür er, der Meister, wohl am wenigsten konnte. Der Philosoph Eckhard Nordhofer hat einmal, trefflich und nicht ohne dezenten Spott, beschrieben, wie es in den Veranstaltungen des Frankfurter Ordinarius zugehen konnte:

„Für die Vorlesung war der große Hörsaal VI der Universität oft zu klein. Tout Francfort fand sich ein. Studenten, noch von keinem Numerus clausus daran erinnert, daß ihr Studium auch mit einer späteren handfesten Berufsarbeit zusammenhängen könnte, ... nahmen mit ausgeprägtem Elendsbewußtsein das alte aristokratische Privileg wahr, philosophieren zu dürfen. Zu uns gesellten sich jene älteren Damen, die ebenfalls ausgestattet waren mit Zeit und dem Sinn fürs Große und Ganze, kurz das Publikum, das wußte, daß es sich an einem Ausnahmeplatz zusammenfand ... Keine der Damen lädt ein, sie anzusprechen. Zu anderen Zeiten hätten diese Töchter für Rilke oder Stefan George geschwärmt. Nun delektieren sie sich an den brillanten Satzperioden des Meisters: Wie schön sind seine Predigten fürs Negative, wie herrlich verboten das Vergnügen der Rhetorik, die leise Genugtuung beim unfehlbaren Eintreffen des passenden Verbs am Ende der kunstvoll exerzierten Grammatik. Die Architektur der Rede scheint ihren Inhalt zu widerlegen, der eben auf jenes Verbot hinausläuft, sich an kosmischer Ordnung und Wohlgeratenem zu ergötzen – nach Auschwitz. Zur Aura des Kults gehört die zelebrierte Künstlichkeit des Hochdeutschen, welches Adorno manchmal atemlos, immer pedantisch genau aussprach, jeden Konsonant so exekutierend, wie man früher die Priester lehrte, die Wandlungsworte zu sprechen ... Schon immer mußte Kultursprache perfekt sein. Der kleinste Fehler macht den Zauber unwirksam ..."

Man hat, als Theodor W. Adornos Zauber unwirksam wurde, Anstrengungen unternommen, um aus dem Philosophen, seinem Spitznamen entsprechend, einen „Teddie"-Bär zu machen. So wie es keine Geistesleistung war, zu gehobener Suffstunde aus Heideggers „Sein und Zeit" zu zitieren, als lese man aus dem Opus magnum eines genialen Blödmanns vor, so gehörten auch keine großen Kunststücke dazu, Adornos Manierismen und die Anekdötchen, die sich um seine Person rankten, zu einer Art Roten Grütze für die gebildeten Stände zusammenzurühren. Die sogenannte Postmoderne, die uns mittlerweile mit allerlei gegenaufklärerischen Schriften versorgt hat, tat ein übriges, um Adorno fürs erste in der verstaubten Ecke zu belassen. Wer ihm, mit dem Staubwedel bewaffnet, zu Leibe rücken wollte, schien das zu tun, um einen glanzlos geschaßten Denker noch einmal so zu kitzeln, daß andere über ihn lachen konnten. Adorno jedoch, das macht man sich heute, ganz allmählich, wieder klar, blieb dem Subjekt in altmodisch-kritischer Treue verbunden: Der „Vorrang des Objektiven", den er nicht müde wurde zu betonen, geht in die erkenntnisbegründenden Reflexionen des Subjekts mit ein und gibt seiner Weltauffassung eine im Nichtidentischen begründete, funktionelle Sicherheit der Orientierung. Aus der „Wahlverwandtschaft von Erkennendem und Erkannten", von der Adorno einmal sprach, erwächst ein negativ geläutertes Selbstverständnis, das mit dem Anderssein der Welt als Objekt vertraut werden kann...

„Vom Subjekt ist Objekt nicht einmal als Idee wegzudenken, aber vom Objekt Subjekt. Zum Sinn von Subjektivität rechnet es, auch Objekt zu sein... Vermittlung des Objekts besagt, daß es nicht statisch, dogmatisch hypostasiert werden darf, sondern nur in seiner Verflechtung mit Subjektivität zu erkennen sei; Vermittlung des Subjekts, daß es ohne das Moment der Objektivität buchstäblich nichts wäre... Um das Ding zu spiegeln, wie es ist, muß das Subjekt ihm mehr zurückgeben, als es von ihm erhält... Nur in der Vermittlung, in der das nichtige Sinnesdatum den Gedanken zur ganzen Produktivität bringt, deren er fähig ist, und andererseits der Gedanke vorbehaltlos dem übermächtigen Eindruck sich hingibt, wird die kranke Einsamkeit überwunden, in der die ganze Natur befangen ist... Wem das Dinghafte als radikal Böses gilt; wer alles, was ist, zur reinen Aktualität dynamisieren möchte, tendiert zur Feindschaft gegen das Andere, Fremde, dessen Name nicht umsonst in Entfremdung anklingt... Ungebrochen allmenschliche Parolen taugen dazu, erneut dem Subjekt gleichzumachen, was nicht seinesgleichen ist. Die Dinge verhärten sich als Bruchstücke dessen, was unterjocht ward; seine Errettung meint die Liebe zu den Dingen... Die Unterscheidung geschieht im Subjekt, das die Außenwelt im eigenen Bewußtsein hat – und doch als anderes erkennt..."

Eine Erweiterung des eigenen Ansatzes, kritische Philosophie im Bewußtsein ihrer nichthintergehbaren Widersprüche zu betreiben, entwickelte Adorno in seiner Ästhetik. Die dort aufgestellte Theorie problematisiert, mit reflexiven Mitteln, die Frage nach den Grenzen des Sag- und Darstellbaren: Ästhetik wird, als künstliches Denken aufgeschobene Wahrheit, zur Sprachkritik, die unter einem übergeordneten Interesse steht. Schon in seinem Hauptwerk, der „Negativen Dialektik", hatte Adorno darauf verwiesen, daß „der Philosophie ihre Darstellung nicht äußerlich" sei, „sondern ihrer Idee immanent" ... Und er fügte hinzu:

„Denken wird erst ... durch sprachliche Darstellung bündig; das lax Gesagte ist schlecht gedacht ... Analog hätte Philosophie sich nicht auf Kategorien zu bringen, sondern in gewissem Sinne erst zu komponieren. Sie muß in ihrem Fortgang unablässig sich erneuern, aus der eigenen Kraft ebenso wie aus der Reibung mit dem, woran sie sich mißt; was in ihr sich zuträgt, entscheidet, nicht These oder Position – das Gewebe, nicht der deduktive oder induktive, eingleisige Gedankengang. Daher ist Philosophie wesentlich nicht referierbar. Sonst wäre sie überflüssig; daß sie meist sich referieren läßt, spricht gegen sie ..."

Adornos Ästhetik kann als eine selbständige Theorie der Erfahrung verstanden werden, mit der das reflektierende Bewußtsein auch heute noch arbeiten kann. Versöhnung, ob aus der Kunst abgelöst oder im Gang der negativen Dialektik bestimmt, vollzieht sich mit den Mitteln des Begriffs, der sich in den Vergegenwärtigungsbemühungen des Subjekts zu behaupten sucht, das, ungeachtet aller Grabreden der Postmoderne, in zäher Unbedarftheit zu überleben scheint. Aus der ästhetischen Ergänzung und Zurüstung seines Denkens könnte dem Subjekt schließlich eine Weltsicht erwachsen, in der Desiderate aufscheinen, die mehr sind als bloße Hinweise auf ein wiederkehrendes leeres Glücksversprechen ...

„In den Kunstwerken ist der Geist nicht länger der alte Feind der Natur. Er sänftigt sich zum Versöhnenden ... Dadurch daß Kunst ihrer eigenen Identität mit sich folgt, macht sie dem Nichtidentischen sich gleich: das ist die gegenwärtige Stufe ihres mimetischen Wesens. Versöhnung als Verhaltensweise des Kunstwerks wird heute gerade dort geübt, wo die Kunst der Idee von Versöhnung absagt, in Werken, deren Form ihnen Unerbittlichkeit diktiert... Kunst möchte mit menschlichen Mitteln das Sprechen des nicht Menschlichen realisieren... Die subjektive Durchbildung der Kunst als einer nichtbegrifflichen Sprache ist im Stande von Rationalität die einzige Figur, in der etwas wie die Sprache der Schöpfung widerscheint, mit der Paradoxie der Verstelltheit des Widerscheinenden."

Aus Adornos Philosophie, über deren Marotten man lästern durfte, läßt sich noch immer das faszinierende Bemühen herauslesen, die Instrumentalisierung des Denkens, der eine Verleugnung der inneren und äußeren Natur entspricht, von ihrem Ursprung her zu begreifen. Adornos Konstruktion der Moderne ist keineswegs obsolet geworden, sondern bietet zu weiterführenden Überlegungen Anlaß: In einer Zeit nämlich, in der die Ausbeutung der Lebensressourcen globale Ausmaße angenommen hat und die damit korrespondierende Herrschaft des Menschen über den Menschen systematisiert worden ist, bleibt Adornos Versuch, eine in sich stimmige Begründung des Selbstbewußtseins mit dem Anspruch des Faktischen zusammenzubringen, allemal nachdenkenswert...

„Daß Vernunft ein anderes als Natur und doch ein Moment von dieser sei, ist ihre zu ihrer immanenten Bestimmung gewordene Vorgeschichte. Naturhaft ist sie als die zu Zwecken der Selbsterhaltung abgezweigte psychische Kraft; einmal aber abgespalten und der Natur kontrastiert, wird sie auch zu deren Anderem. Dieser ephemer entragend, ist Vernunft mit Natur identisch und nicht identisch, dialektisch ihrem eigenen Begriff nach. Je hemmungsloser jedoch die Vernunft in jener Dialektik sich zum absoluten Gegensatz der Natur macht und an diese in sich selbst vergißt, desto mehr regrediert sie, verwilderte Selbsterhaltung auf Natur; einzig als deren Reflexion wäre sie Übernatur... Mit der Verleugnung der Natur im Menschen wird nicht bloß das Telos der auswendigen Naturbeherrschung, sondern das Telos des eigenen Lebens verwirrt und undurchsichtig..."

Adornos eigentliche Stärke war die Philosophie der kleinen Form; auch sie hat – in einer Zeit, in der die großen philosophischen Systeme totgesagt werden – ihre Zukunft möglicherweise noch einmal vor sich. Die luzide und zugleich dunkle Einsichtigkeit von Adornos Aphoristik, so sie denn gelang und nicht unter schlechter Tagesform des Meisters zu leiden hatte, hat der Philosoph Eckhard Nordhofen wie folgt beschrieben:

„Mir fällt der Beryll des Kardinals Nikolaus von Kues, eines anderen deutschen Dialektikers und negativen Theologen von Graden ein: Der Beryll, ein Stein der Erkenntnis, ist leuchtend, durchsichtig, und man sieht durch ihn hindurch das Maximum und Minimum zugleich. Der zugeschliffene Solitär leuchtet wie die Aufklärung selber und ist in seinem selbstgemachten Lichte doch so auratisch wie der Gral. – Der Aphorismus ist die funkelnde, Adorno gemäße Form des Schreibens und Denkens gewesen. Im Ensemble ein Mosaik aus lauter Steinchen des Weisen; und der schräge Lichteinfall sorgt dafür, daß es zumeist die Minima sind, von denen er spricht..."

In der Kunst, die kleine Form zu bedienen, fand auch die von Adorno wiederbelebte Dialektik zu ihrer pointiertesten Ausdrucksform. Einmal befreit aus dem Verfügungsbereich idealistischer Systemformation ließ sie sich als Reflexionsinstrument einsetzen, das dem Nichtidentischen auf abstraktem Terrain wie ein vorzüglich abgerichteter Gedankensuchhund nachspürte. Dialektik war für Adorno keine beliebige Methode, die aus der Philosophiegeschichte als Angebot noch zur Verfügung stand und nur einer zeitgemäßen Nutzung harrte, sondern ein in die Widersprüchlichkeit des Realen selbst mit eingegebenes Erkenntnisvermögen, das sich mit dem Aufweis dessen, was ist, nicht bescheidet. Dafür steht auch der berühmte, bis heute noch uneingelöst gebliebene Schlußaphorismus aus Adornos „Minima Moralia", in dem es heißt:

„Philosophie, wie sei im Angesicht der Verzweiflung einzig noch zu verantworten ist, wäre der Versuch, alle Dinge so zu betrachten, wie sie vom Standpunkt der Erlösung sich darstellten. Erkenntnis hat kein Licht, als das von der Erlösung her auf die Welt scheint: alles andere erschöpft sich in der Nachkonstruktion und bleibt ein Stück Technik. Perspektiven müßten hergestellt werden, in denen die Welt ähnlich sich versetzt, verfremdet, ihre Risse und Schründe offenbart, wie sie einmal als bedürftig und entstellt im Messianischen Lichte daliegen wird. Ohne Willkür und Gewalt, ganz aus der Fühlung mit den Gegenständen heraus solche Perspektiven zu gewinnen, darauf allein kommt es dem Denken an . . ."

Literaturhinweise

„Das Wesen der Dinge"
Platon

Böhme, R.: Von Sokrates zur Ideenlehre, Bern 1959.
De Crescenzo, Luciano: Geschichte der griechischen Philosophie – von Sokrates bis Plotin, Zürich 1988.
Friedländer, P.: Platon, 3 Bde. Berlin 1954 ff.
Martin, Gottfried: Platon, Reinbek 1969.
Platon: Sämtliche Werke. Herausgegeben von W. F. Otto u. a. 6 Bde. Reinbek 1957 ff.
Stockhammer, M.: Platons Weltanschauung, Köln 1962.
Wilamowitz-Moellendorf, Ulrich von: Platon. 2 Bde. Berlin 1919 ff.
Windelband, Wilhelm: Platon, Stuttgart 1921.
Wundt, Max: Platos Leben und sein Werk, Jena 1924.

„Wie ein Gott unter Menschen"
Epikur

De Crescenco, Luciano: Geschichte der griechischen Philosophie – von Sokrates bis Plotin, Zürich 1988.
Diogenes Laertios: Leben und Meinungen berühmter Philosophen, Hamburg 1967.
Epikur: Philosophie der Freude. Eine Auswahl aus seinen Schriften, Stuttgart 1960.
Epikur: Briefe, Sprüche, Werkfragmente. Griechisch/Deutsch, Stuttgart 1985.
Epikur: Von der Überwindung der Furcht, München 1986.
Hossenfelder, Malte: Epikur, München 1991.

„Weder ein Wohl noch ein Übel"
Michel de Montaigne

Friedrich, Hugo: Montaigne, Bern 1967.
Greffrath, Mathias: Montaigne. Ein Panorama, Frankfurt a. M. 1993.
Montaigne, Michel de: Die Essais. Ausgewählt und übertragen von Arthur Franz, Stuttgart 1980.
Montaigne, Michel de: Essais. Auswahl und Übersetzung von Herbert Lüthy, Zürich 1953.
Schultz, Uwe: Montaigne, Reinbek 1989.
Starobinski, Jean: Montaigne – Denken und Existenz, München 1986.

„Der unwissende Philosoph"
Voltaire

Holmsten, Georg: Voltaire, Reinbek 1971.
Orieux, Jean: Das Leben des Voltaire. 2 Bde. Frankfurt a. M. 1968.
Voltaire: Über den König von Preußen, Memoiren. Herausgegeben und übersetzt von Anneliese Botond, Frankfurt a. M. 1967.
Voltaire: Sämtliche Romane und Erzählungen, Frankfurt a. M. 1967.
Voltaire: Briefe aus England. Herausgegeben und übersetzt von Rudolf von Bitter, Zürich 1985.
Voltaire – Friedrich der Große: Briefwechsel. Ausgewählt, vorgestellt und übersetzt von Hans Pleschinski, München 1994.
Voltaire: Briefwechsel, Leipzig 1908.
Voltaire: Aus dem Philosophischen Wörterbuch, Frankfurt a. M. 1967.

„Deine Wissenschaft sei menschlich"
David Hume

Hume, David: Eine Untersuchung über den menschlichen Verstand, Hamburg 1993.
Hume, David: Traktat über die menschliche Natur, Hamburg 1973.
Hume, David: Brief eines Edelmanns, Hamburg 1980.
Hume, David: Dialoge über natürliche Religion, Stuttgart 1981.
Hume, David: The Letters. 3 Bde. Oxford 1931/1954.
Metz, R.: David Hume. Leben und Philosophie, Stuttgart 1929.
Streminger, Gerhard: Hume, Reinbek 1992.

„Daß ihn der Teufel hole"
Denis Diderot

Diderot, Denis: Ästhetische Schriften. 2 Bde. Berlin 1984.
Diderot, Denis: Philosophische Schriften. 2 Bde. Berlin 1984.
Diderot, Denis: Sämtliche Erzählungen und Romane. 2 Bde. München 1979.
Diderot, Denis: Briefe 1742–1781, Frankfurt a. M. 1984.
Enzensberger, Hans Magnus: Diderots Schatten, Frankfurt a. M. 1994.
Lepape, Pierre: Diderot, Frankfurt a. M. 1994.
Starobinski, Jean: Das Rettende in der Gefahr, Frankfurt a. M. 1990.

„Mehr als die Tiefgelehrten wissen"
Novalis

Heftrich, Eckard: Novalis. Vom Logos der Poesie, Frankfurt a. M. 1969.
Hiebel, Friedrich: Novalis. Der Dichter der blauen Blume, München 1972.
Kurzke, Hermann: Novalis, München 1988.
Novalis: Werke. Herausgegeben und kommentiert von Gerhard Schulz, München 1969.
Novalis: Dokumente seines Lebens und Sterbens. Herausgegeben von Hermann Hesse und Karl Isenberg, Frankfurt a. M. 1976.
Preitz, Max: Friedrich Schlegel und Novalis – Biographie einer Romantikerfreundschaft in ihren Briefen, Darmstadt 1957.
Schulz, Gerhard: Novalis, Reinbek 1969.

„Eine Art Maschine"
Charles Darwin

Clark, Ronald: Charles Darwin, Frankfurt a. M. 1985.
Darwin, Charles: Reise eines Naturforschers um die Welt, Stuttgart 1875.
Darwin, Charles: Über die Entstehung der Arten, Stuttgart 1867.
Darwin, Charles: Ein Leben. Autobiographie, Briefe, Dokumente. Herausgegeben von Siegfried Schmitz, München 1982.
Hemleben, Johannes: Darwin, Reinbek 1990.
Ralling, Christopher (Hg.): Die Reise von Charles Darwin, Wiesbaden 1979.
Wuketis, Franz M.: Charles Darwin: Der stille Revolutionär, München/Zürich 1987.

„Die Anschauung von der Geisteswelt"
Rudolf Steiner

Beltle, Erika, und Vierl, Kurt (Hg.): Erinnerungen an Rudolf Steiner, Stuttgart 1979.
Kugler, Walter: Rudolf Steiner und die Anthroposophie, Köln 1978.
Lindenberg, Christoph: Rudolf Steiner, Reinbek 1992.
Steiner, Rudolf: Mein Lebensgang, Dornach 1923–25.
Steiner, Rudolf: Die Rätsel der Philosophie, Dornach 1914 ff.
Steiner, Rudolf: Philosophie und Anthroposophie, Dornach 1904 ff.
Steiner, Rudolf: Ein Weg zur Selbsterkenntnis des Menschen, Dornach 1912.

Steiner Rudolf: Methodische Grundlagen der Anthroposophie, Dornach 1884 ff.
Wehr, Gerhard: Rudolf Steiner. Leben. Erkenntnis. Kulturimpuls, München 1987.

„So will es der Träumer"
Walter Benjamin

Arendt, Hannah: Walter Benjamin – Bertolt Brecht. Zwei Essays, München 1971.
Benjamin, Walter: Gesammelte Schriften. Herausgegeben von Rolf Tiedemann und Hermann Schweppenhäuser, Frankfurt a. M. 1972 ff.
Benjamin, Walter: Briefe. Herausgegeben und eingeleitet von Theodor W. Adorno und Gershom Scholem, Frankfurt a. M. 1966.
Brodersen, Momme: Spinne im eigenen Netz: Walter Benjamin – Leben und Werk, Baden-Baden 1990.
Fuld, Werner: Walter Benjamin, München 1979.
Kaiser, Gerhard: Benjamin. Adorno. Zwei Studien, Frankfurt a. M. 1974.
Nordhofen, Eckhard: Der Engel der Bestreitung, Würzburg 1993.
Witte, Bernd: Walter Benjamin, Reinbek 1985.
Wolff, Charlotte: Innenwelt und Außenwelt, München 1971.

„Homo absconditus"
Helmuth Plessner

Dux, Günter: Helmuth Plessners philosophische Anthropologie im Prospekt, in: Helmuth Plessner, Philosophische Anthropologie, Frankfurt a. M. 1970.
Gehlen, Arnold: Anthropologische Forschung, Reinbek 1964.
Hammer, Felix: Die exzentrische Position des Menschen. Helmuth Plessners philosophische Anthropologie, Bonn 1967.
Landmann, Michael: Philosophische Anthropologie, Berlin 1964.
Plessner, Helmuth: Gesammelte Schriften. 10 Bde., Frankfurt a. M. 1985.
Plessner, Helmuth, in: Philosophie der Selbstdarstellung I, Hamburg 1975.

„Die Antwort des Lebens"
Erich Fromm

Fromm, Erich: Gesamtausgabe in 10 Bänden. Herausgegeben von Rainer Funk, Stuttgart 1980/81.
Fromm, Erich: Über die Liebe zum Leben. Rundfunksendungen, München 1986.

Funk, Rainer: Erich Fromm, Reinbek 1983.
Funk, Rainer: Mut zum Menschen. Erich Fromms Denken und Werk, Stuttgart 1978.
Kessler, M., und Funk, R. (Hg.): Erich Fromm und die Frankfurter Schule, Tübingen 1991.
Wehr, Helmut: Erich Fromm, Hamburg 1990.

„Vertagendes Denken"
Theodor W. Adorno

Adorno, Theodor W.: Gesammelte Schriften. 20 Bde. Herausgegeben von Rolf Tiedemann, Frankfurt a. M. 1970 ff.
Brunkhorst, Hauke: Theodor W. Adorno, München 1990.
Jay, Martin: Dialektische Phantasie. Die Geschichte der Frankfurter Schule und des Instituts für Sozialforschung, Frankfurt a. M. 1976.
Knapp, Gerhard P.: Theodor W. Adorno, Berlin 1980.
Mörchen, Hermann: Adorno und Heidegger, Stuttgart 1981.
Nordhofen, Eckhard (Hg.): Physiognomien. Philosophen des 20. Jahrhunderts in Portraits, Königstein 1980.
Scheible, Hartmut: Theodor W. Adorno, Reinbek 1989.
Van Reijen, Willem: Adorno, Hamburg 1980.
Wiggershaus, Rolf: Theodor W. Adorno, München 1987.

Buchanzeigen

Philosophie und Ethik

Otto A. Böhmer
Sternstunden der Philosophie
Schlüsselerlebnisse großer Denker von Augustinus bis Popper
3., unveränderte Auflage. 1995. 215 Seiten. Paperback
(Beck'sche Reihe Band 1030)

Rafael Ferber
Philosophische Grundbegriffe
Eine Einführung
3., durchgesehene Auflage. 1995. 184 Seiten. Paperback
(Beck'sche Reihe Band 1054)

Robert Spaemann
Moralische Grundbegriffe
5. Auflage. 1994. 109 Seiten. Paperback
(Beck'sche Reihe Band 256)

Otfried Höffe (Hrsg.)
Lexikon der Ethik
In Zusammenarbeit mit Maximilian Forschner, Alfred Schöpf und Wilhelm Vossenkuhl
4., neubearbeitete Auflage. 1992. 332 Seiten. Paperback
(Beck'sche Reihe Band 152)

Vittorio Hösle
Praktische Philosophie in der modernen Welt
2., um ein Nachwort erweiterte Auflage. 1995. 216 Seiten. Paperback
(Beck'sche Reihe Band 482)

Vittorio Hösle
Philosophie der ökologischen Krise
Moskauer Vorträge
2., um ein Nachwort erweiterte Auflage. 1994. 155 Seiten. Paperback
(Beck'sche Reihe Band 432)

Stephan Wehowsky
Gespräche über Ethik
1995. 197 Seiten. Paperback
(Beck'sche Reihe Band 1111)

Aus der Reihe „Denker"

Günter Figal
Sokrates
1995. 144 Seiten mit 6 Abbildungen. Paperback
(Beck'sche Reihe Band 530)

Heiner Roetz
Konfuzius
1995. 133 Seiten mit 4 Abbildungen. Paperback
(Beck'sche Reihe Band 529)

Friedo Ricken
Antike Skeptiker
1994. 174 Seiten. Paperback
(Beck'sche Reihe Band 526)

Christoph Horn
Augustinus
1995. Etwa 240 Seiten mit 3 Abbildungen. Paperback
(Beck'sche Reihe Band 531)

Wilhelm Vossenkuhl
Ludwig Wittgenstein
1995. Etwa 240 Seiten mit etwa 6 Abbildungen.
(Beck'sche Reihe Band 532)

Andreas Graeser
Ernst Cassirer
1994. 235 Seiten. Paperback
(Beck'sche Reihe Band 527)

Zvi Rosen
Max Horkheimer
1995. 173 Seiten mit 10 Abbildungen. Paperback
(Beck'sche Reihe Band 528)

Thomas W. Pogge
John Rawls
1994. 213 Seiten mit 4 Abbildungen. Paperback
(Beck'sche Reihe Band 525)